Gordon Herbert

DIE JUNGS GABEN MIR MEIN LEBEN ZURÜCK

Gordon Herbert

Nationaltrainer und
Basketballweltmeister

mit Jonathan Sierck

DIE JUNGS GABEN MIR MEIN LEBEN ZURÜCK

NXTLVL

Bibliografische Information der Deutschen Nationalbibliothek
Die Deutsche Nationalbibliothek verzeichnet diese Publikation in der Deutschen Nationalbibliografie; detaillierte bibliografische Daten sind im Internet über dnb.dnb.de abrufbar.

Wir freuen uns auf eure Anregungen und Fragen
info@nextlevelverlag.de

Wichtiger Hinweis
Die im Buch veröffentlichten Empfehlungen wurden von Verfasser und Verlag erarbeitet und geprüft. Der Inhalt dieses Buches beruht ausschließlich auf den persönlichen Erfahrungen des Autors und erhebt keinen wissenschaftlichen Anspruch. Die benutzten Begrifflichkeiten sind wertfrei. Eine Garantie kann dennoch nicht übernommen werden. Ebenso ist die Haftung des Verfassers bzw. des Verlages und seiner Beauftragten für Personen-, Sach- und Vermögensschäden ausgeschlossen.

Originalausgabe
3. Auflage 2025

Auch wenn eine gendergerechte Sprache wünschenswert ist, gibt es aus Sicht des Verlages bisher keine befriedigende, gut lesbare Lösung. Der leichten Lesbarkeit zuliebe haben wir des Öfteren von der Doppelung männlicher und weiblicher Formen Abstand genommen. Selbstverständlich liegt es uns fern, dadurch einen Teil der Bevölkerung zu diskriminieren.

Redaktion: Matthias Teiting
Satz: inpunkt[w]o, Wilnsdorf (www.inpunktwo.de)
Korrektorat: Rainer Weber
Cover- und Umschlaggestaltung: www.b3k-design.de, Andrea Schneider & diceindustries
Coverfoto © Nils Schwarz Photography
Druck: Florjancic Tisk, Maribor
Printed in the EU
ISBN Print: 978-3-949458-97-2
ISBN E-Book (PDF): 978-3-949458-98-9
ISBN E-Book (EPUB, Mobi): 978-3-949458-99-6

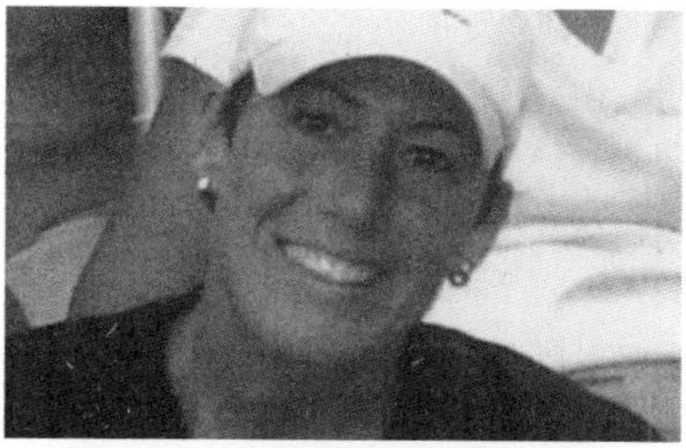

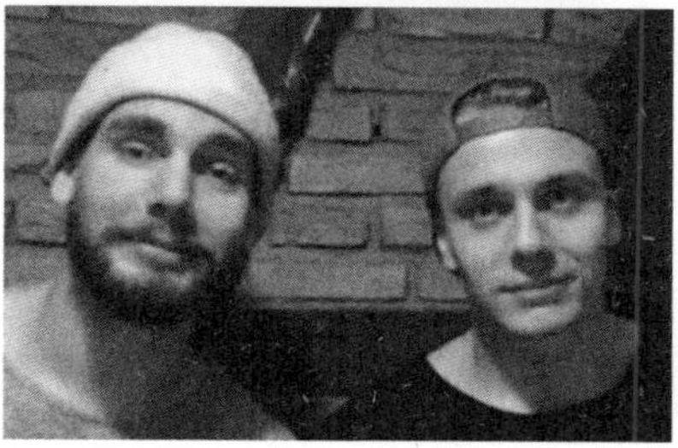

Für meine Kinder Lindsay, Mikael und Daniel. Es gibt nichts Schöneres für einen Vater, als zu sehen, wie sich die eigenen Kinder entwickeln. Euer Charakter und eure Lebenswege erfüllen mich mit großem Stolz! Danke für unsere besondere Verbindung.

INHALT

VORWORT: DIRK NOWITZKI

Deutschland ist Basketballweltmeister! Dass wir das wirklich schaffen, damit hatte ich offen gestanden nicht gerechnet. Aber die Jungs haben ein sensationelles Turnier gespielt, und ich muss klar sagen: Das ist die beste Generation, die wir im deutschen Basketball je gesehen haben. In diesem Team haben wir alles: Athletik, Physis, starke Verteidiger, gute Distanzschützen, Schnelligkeit. Und mit Dennis haben wir zudem einen Leader, der full-court einen überragenden Job macht. Er übt Druck aus, pusht das Team, übernimmt Verantwortung und macht die wichtigen Körbe. Wir haben eine rundum komplette Mannschaft, wie ich sie im deutschen Basketball so noch nie erlebt habe. Deswegen wurden wir auch verdient Weltmeister. Ich habe mich riesig für die Jungs und den gesamten DBB gefreut. Da gibt es so viele Menschen, die seit Jahrzehnten sehr hart hinter den Kulissen im Verband arbeiten, die diesen Erfolg einfach verdienen.

Es ging schon los bei der Heim-EM. Ich war die gesamten drei Wochen mit vor Ort, und bereits da haben die Jungs mich begeistert. Sie erwischten in der Vorrunde eine starke Gruppe und setzten sich trotzdem souverän durch. Da dachte ich mir zum ersten Mal: »Das ist echt eine starke Mannschaft.« Ich dachte allerdings auch, dass der Erfolg mit dem Heimvorteil zusammenhing und das Team sich von der Energie der Fans ein wenig tragen und mitreißen ließ. Bronze war ein richtig gutes Ergebnis und ein starkes Signal für den deutschen Basketball. Aber eine WM ist dann noch mal etwas ganz anderes.

Ich war bei einigen Spielen live dabei und erneut begeistert. Der Sieg gegen Australien war ein erster Fingerzeig von uns und ein insgesamt hochklassiges Basketball-Spiel von beiden Seiten: Es war physisch, schnell, mit vielen Punkten – es hat großen Spaß gemacht zuzuschauen. Da entstand automatisch ein gewisser Optimismus und ein Glaube, dass es diesmal weit für uns gehen kann. Die Art und Weise, wie wir dann alle Spiele gewannen, die Amis schlugen und einzigartigen Teamspirit bewiesen, das hat mich richtig stolz gemacht. Die Jungs und das gesamte Team drumherum haben den deutschen Basketball durch diesen Titel in eine neue Sphäre gehoben. Sie haben Geschichte geschrieben, und die Art und Weise, wie sie das gemacht haben, ist vorbildhaft in unserer modernen Welt. Sie waren bescheiden, fokussiert, teamorientiert und haben eindrucksvoll gezeigt, dass ein starkes Team die rein individuelle Klasse schlagen kann.

Für Deutschland zu spielen, ist immer eine Ehre. Dieses Gefühl reicht bis in meine Kindheit zurück. Da habe ich verschiedene Ballsportarten ausprobiert und es immer genossen, Mannschaftssport zu betreiben. Ich war nie überzeugter Einzelsportler, weil ich die Emotionen mit meinen Teamkollegen teilen wollte. In einem Sportteam lernst du viele wichtige Dinge für dein Leben: Auf individueller Ebene nimmst du vor allem den disziplinierten und respektvollen Umgang mit dir selbst, deinen Mitspielern und dem Trainer mit; und auf Team-Ebene erlebst du, wie wichtig es ist, dass alle an einem Strang ziehen, dass man sich auch mal im Sinne des Teams unterordnet und dass, wenn die Chemie nicht stimmt, auch das Resultat nicht stimmen wird. Teil der Nationalmannschaft zu sein, war als Jugendlicher wie ein Portal in die große, weite Welt für mich. Ich war mit 13 Jahren schon dabei, und wir sind mit dem Team durch Europa gereist. Ohne den Basketball hätte ich damals, wie die meisten meiner Freunde, noch nicht mal Würzburg verlassen. Was mir der DBB in meiner Jugend ermöglichte, das habe ich nie vergessen, und deswegen wollte ich da auch immer etwas zurückgeben. Wir waren mit unserer »78er-Generation« eine super

Truppe, und das hat natürlich zur positiven Erfahrung beigetragen. Einige, denen der Sprung in die A-Nationalmannschaft gelang, kannte ich, seit ich 12 war. Wir hatten eine gute Chemie und großen Spaß zusammen. Dass der ein oder andere Erfolg hinzukam, hat uns zusätzlich motiviert. Ich habe die Zeit immer genossen und viele schöne Erlebnisse fürs Leben mitgenommen.

Einer der emotionalsten Momente meiner Karriere war der Augenblick, als wir uns für Olympia qualifizierten. Schon als kleiner Junge habe ich mir oft die Olympischen Spiele mit meinem Vater angeschaut. Ich war ein riesiger Fan von Olympia und wollte das unbedingt einmal in meiner Karriere erleben. Als wir 2000 die Teilnahme in Sydney und 2004 die Teilnahme in Athen verpassten, saß der Frust richtig tief. Als wir uns dann im dritten Anlauf über ein Qualifying-Turnier in Athen für Peking 2008 qualifizierten, saß ich eine halbe Stunde in der Kabine und habe geweint, weil es mich so bewegt hat. Die Fahne für unser Land tragen zu dürfen und die gesamte olympische Erfahrung war alles, was ich mir jemals erträumt hatte. Das olympische Dorf, die vielen, unterschiedlichen Begegnungen in der Kantine und die permanente Präsenz der Sportler aus der ganzen Welt, das war ein einmaliges Highlight. Du bist da umgeben von Tausenden Spitzenathleten. Du wohnst im Deutschen Haus und erlebst ein Event, bei dem es nicht nur um deinen Sport geht, sondern ein globales Fest des sportlichen Wettkampfs zelebriert wird. Das ist ein irrer Vibe. Auch für die Jungs wird das dieses Jahr eine besondere Erfahrung werden, hoffentlich mit einem deutlich besseren Ergebnis als damals für uns. Nach den beeindruckenden Leistungen bei der EM und dem WM-Titel fliegen wir jetzt nicht mehr unter dem Radar. Die anderen Teams haben uns voll auf dem Schirm, aber die Jungs haben die Klasse und die Erfahrung und mit Gordie auch den richtigen Coach, um das zu meistern. Da ist alles drin – auch die dritte Medaille im dritten Jahr, was wirklich außergewöhnlich wäre!

Gordie kenne ich seit 2000 und hatte schon immer großen Respekt vor ihm. Er ist ein harter Arbeiter mit beeindruckendem Basketballverständnis. Das Bild, wie er nach dem Sieg im WM-Finale am Boden saß, ist für mich das Bild der WM. Da wurde ich auch emotional, als ich das gesehen habe. In solchen Momenten merkst du erst, wie viel in so einer Sache steckt: wie viel Druck, wie viel Einsatz, wie viel Erleichterung. Zu sehen, wie die Emotionen bei ihm rauskamen, was nicht oft passiert, hat mich sehr gerührt, und ich habe mich einfach nur für ihn gefreut.

Gordie hat genau verstanden, wie er die Jungs inspiriert und welches System ihre Stärken am besten fördert. Das verdeutlichen auch die Einblicke, die er zum Innenleben des Teams und seiner Taktik in diesem Buch gewährt. Er coacht hart, wenn es nötig ist, das hat man bei der WM gesehen, aber er ist vor allem fair und wertschätzend und schafft es dadurch, diesen besonderen Zusammenhalt zu erzeugen. Wie eingeschworen die Jungs waren und sich gegenseitig unterstützt haben, das war für alle Außenstehenden zu sehen. Gordie ist es in seiner Karriere gelungen, diesen Mittelweg aus persönlichem Zugang, einem offenen Ohr fürs Team und gesunder Härte gut auszubalancieren. Am meisten für ihn gefreut habe ich mich allerdings, weil er einfach dieser entspannte, schüchterne Typ ist, der überhaupt keine Allüren hat, seinen Mitmenschen unverstellt gegenübertritt und das Beste für sie will. Dass er auf persönlicher Ebene eine derart schwere Zeit durchlebt hat, war mir ehrlicherweise vor diesem Buch nicht bewusst. Ich finde es mutig und wichtig, wie er sich diesem Thema stellt und so offen darüber spricht. Dadurch können wir alle aus seiner Erfahrung lernen und von seinen Einsichten profitieren.

Für den Sport ist es ein Gewinn, dass es Persönlichkeiten wie ihn gibt. Seine Aufrichtigkeit allen Beteiligten gegenüber sollte uns daran erinnern, warum der Sport in unserer Gesellschaft so einen hohen Stellenwert genießt und junge Menschen Sportler werden wollen. Bevor es um Geld, Ruhm, Macht und Aufmerksamkeit geht, gibt es die unverdorbene Liebe zum Sport selbst und zum Miteinander im Team. Gordies Buch und die Geschichten der Spieler sind ein Statement für diese Werte. Und deshalb freut es mich, dass er seine Botschaften und Erfahrungen mit uns allen teilt.

1 NATIONALMANNSCHAFT

»Für Deutschland spielen wir aus Ehre und weil es uns Spaß macht. Der Teamgedanke steht da im Vordergrund.«

Daniel Theis

Gehe ich in den Ruhestand und lasse den Basketball hinter mir? Diese Frage beschäftigte mich täglich, als ich den Sommer 2021 in meinem Ferienhaus in Finnland verbrachte. Ich hatte viele intensive Jahre hinter mir, auf der ganzen Welt Basketball gespielt und war seit dem Ende meiner aktiven Karriere als Trainer tätig. Ich durfte viele Erfolge feiern, hatte jedoch gleichzeitig auf körperlicher und psychischer Ebene tiefe Abgründe durchlebt. War es nun an der Zeit, endgültig Abschied vom aktiven Basketball-Leben zu nehmen und das Trainer-Dasein hinter mir zu lassen? Ich tendierte dazu, diese Frage zu bejahen, bis mich ein völlig unerwarteter Anruf erreichte. Das verrückte an meiner Arbeit ist die Geschwindigkeit, mit der sich die Dinge ändern können. Veränderung ist Tagesgeschäft. Ergebnisse zählen und bestimmen deine Zukunft. Das hatte ich in einem Vierteljahrhundert Coaching oft genug miterlebt und auch bei meinen Kollegen regelmäßig beobachtet. Wenn du das Auf und Ab persönlich nimmst, gehst du daran zugrunde. Komplett kalt lässt es dich trotzdem nie. Dafür bist du zu nah dran und liebst den Sport zu sehr.

Als mich der DBB aus dem Nichts anrief, war ich genau in dieser mentalen Verfassung – ich beschäftigte mich mit dem Loslassen und dem Aufhören. Kein leichter Gedanke, das wird jeder bestätigen können, der das Glück hatte, seine Liebe zum Beruf zu machen. Der DBB wollte erst mal hören, wie meine aktuelle Situation denn aussah. Sie fragten, ob ich grundsätzlich Interesse hätte und mir ein Engagement als Nationaltrainer vorstellen könnte.

Vier Tage später saß ich im Flugzeug von Helsinki auf dem Weg nach Frankfurt. Die Zeit zum Aufhören ist wohl doch noch nicht gekommen, dachte ich mir. Wir führten offene Gespräche darüber, wie eine Zusammenarbeit aussehen könnte, und am selben Tag wurde mir ein Vertrag angeboten. Bedenkzeit: Vierundzwanzig Stunden. Präsident Ingo Weiß hatte sehr klare Vorstellungen, und das sprach mich an. Ich spürte, dass er den Deal wollte, und gab ihm am nächsten Tag meine Zusage. Vermutlich war es die Kombination meiner Erfahrungen aus der NBA, der Euroleague, den verschiedenen Nationalmannschaften und der deutschen Basketball-Bundesliga, die mich interessant für den DBB machte. Einige Nationalspieler hatte ich bereits in ihren Vereinen gecoacht, wodurch eine erste Beziehung zu ihnen bestand. Über mein schlechtes Deutsch wurde zum Glück hinweggesehen, und somit war im September 2021 der Weg frei für meine erste Pressekonferenz als Nationaltrainer der Deutschen Basketballnationalmannschaft. Und genau da begann die Reise, die uns zwei Jahre später in Manila zur ersten Weltmeisterschaft in der Geschichte des DBB führen sollte.

Über das Gewicht meines Auftritts und vor allem der Bedeutung meiner Aussagen bei dieser Pressekonferenz war ich mir bewusst. Es war eine erste klare Botschaft an die Spieler, wohin es gehen sollte und wie ambitioniert wir den Weg beschreiten wollten. Für mich geht es nie darum, wo man gerade steht oder woher man kommt. Mich interessiert einzig und allein, wohin man will. Wo soll die Reise hingehen? Was ist die Vision? Was ist das große Ziel, für das ich die besten Spieler motivieren und auf meine Seite bringen will? Diese Fragen beschäftigten mich vor meinem Auftritt. Ohne eine klare Vorstellung davon, was man erreichen will, braucht man gar nicht erst anzufangen.

Also rief ich die folgende Vision aus: drei Medaillen in drei aufeinanderfolgenden Jahren – EM, WM und Olympia. Verbunden mit der klaren Ansage, dass wir dafür ein dreijähriges Commitment der Spieler brauchen. Ich wollte wissen, wer bereit war, den Weg über mindestens diese Zeit mitzugehen und sich klar zur Nationalmannschaft bekennen würde. Das ist vor allem bei den Spielern aus der NBA wichtig, weil sie diverse Versicherungsthemen klären, ihren freien Sommer opfern und neben ihrem bereits überfüllten Spielplan einige zusätzliche Reisestrapazen auf sich nehmen müssen. Ich wusste damals: Wenn wir eine Ära prägen wollen, dann geht es nur mit diesem Commitment. Ohne einen harten Kern an Spielern, auf die du mehrere Sommer nacheinander zählen kannst, wird es nicht klappen. Die Vorbereitungszeiten sind zu kurz, als dass es gelingen könnte, immer wieder bei null zu starten. Kontinuität sollte der Schlüssel zu unserem Erfolg werden.

Das Commitment der Spieler

Als ich meine Vision und meine Vorstellungen auf der Pressekonferenz kundgab, wurde ich dafür belächelt. Die letzte deutsche Medaille lag mehr als fünfzehn Jahre zurück, und da rief ich nun drei Medaillen in drei Jahren aus. Also kam die offensichtliche Frage auf: »Wovon redet der?« Was niemand, der lächelte, verstand: Ich sprach nicht zu ihnen. Die Pressekonferenz diente mir als Plattform für die erste klare Botschaft an die Spieler. Sie sollten verstehen, dass wir Großes vorhatten und sie Teil davon sein konnten. Die Presse benutzt uns gern, um ihre Storys zu schreiben und Schlagzeilen zu generieren. Wir müssen die Presse im Gegenzug nutzen, um unsere Botschaften zu transportieren und ein wenig Aufmerksamkeit zu erzeugen.

Ich finde es sehr wichtig, dass man darüber spricht, was man erreichen will. Es muss in die Köpfe der Leute – vor allem der Spieler. Ihnen muss das große Bild dauerhaft präsent sein, damit sie den Glauben entfachen können, dass der ganz große Wurf möglich ist. Weil wir alle Angst davor haben, zu scheitern, reden wir ungern darüber, was wir erreichen möchten. Wir haben Angst vor der Fallhöhe, die dadurch erzeugt wird. Was viele nicht verstehen: Das Scheitern kann das Wichtigste sein, das uns widerfährt. In der Rückschau würden mir vermutlich die allermeisten zustimmen, wenn ich sage: Das schmerzhafte Vorrunden-Aus bei der WM 2019 war bereits ein wichtiges Puzzlestück auf der Reise zum Weltmeistertitel vier Jahre später. Eines der schlimmsten Dinge, die man meiner Ansicht nach im Leben tun kann, ist etwas nicht auszuprobieren, weil man Angst hat zu scheitern. Das gilt für jeden Lebensbereich, nicht nur für die sportlichen Ambitionen eines Teams. Sich von der Angst lähmen zu lassen, raubt einem jegliche Chance, Großartiges – ja das scheinbar Unmögliche – leisten zu können. Drei Jahre – drei Medaillen! Mit dieser Vision trat ich an, und mit dieser Vision machte ich mich auf den Weg, um die Spieler für ein dreijähriges Commitment zu gewinnen.

In den Wochen nach der Pressekonferenz traf ich mich mit knapp vierzig deutschen Spielern, um eine Beziehung zu ihnen aufzubauen. Ich wollte verstehen, wo sie standen, und hören, ob sie bereit waren, ein solches Commitment für die deutsche Nationalmannschaft einzugehen. Ich bin durch Deutschland, Europa und Amerika gereist, um die Spieler zu treffen. Dass es auch Spieler gab, die sich nicht mit mir treffen wollten und kein Interesse an unserem Projekt hatten, ist völlig in Ordnung. Ich wollte nur mit Spielern arbeiten, die sich auch wirklich zur Nationalmannschaft bekannten. Wenn ich Spieler anbetteln muss, damit sie dabei sind, dann sind sie nicht die Richtigen. Es sollte eine Ehre sein, für die Nationalmannschaft zu spielen, und nicht eine lästige Pflicht. Deswegen war das erste Telefonat auch immer kurz und bündig: »Willst du dich mit mir treffen, um über deine Rolle in der Nationalmannschaft zu sprechen?« Ich wollte ein »Ja« oder ein »Nein« hören. Mit einem »Vielleicht« hätte ich nicht arbeiten können.

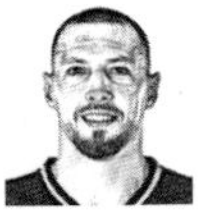

DANIEL THEIS:

Mit Gordie habe ich mich vom ersten Treffen an auf einer Wellenlänge gefühlt. Er hat mich in Amerika besucht, und wir sind schön zusammen Essen gegangen. Wenn du dich mit einem Trainer entspannt unterhalten und auch mal einen Wein zusammen trinken kannst, wenn es nicht immer nur um Basketball geht, sondern du dich auch locker über das Leben unterhalten kannst, dann macht das für dich als Spieler viel aus. Ich freue mich immer auf die Begegnungen und den Austausch mit ihm, weil er ein interessanter, angenehmer und in sich ruhender Mensch ist. Er bringt viel Lebenserfahrung mit, da fragst du auch gern nach und hörst zu. Wir sitzen oft stundenlang zusammen und tauschen uns aus, wenn wir die seltene Chance bekommen, uns unter der Saison zu sehen. Gordie gelingt es, seine angenehme Art mit klarer Disziplin zu kombinieren. Wir haben bei der Nationalmannschaft nicht viele Regeln. Das Einzige, was Gordie ohne Wenn und Aber einfordert, ist Pünktlichkeit. Das ist ihm extrem wichtig, und da hält sich auch jeder dran. Gordie schenkt seinen Spielern großen Respekt, und dadurch bekommt er ihn auch zurück. Pünktlich zu sein war für ihn immer ein Ausdruck von gegenseitigem Respekt. Er versteht, dass es in der Nationalmannschaft anders als im Verein läuft. Im Verein werden die Spieler bezahlt. Für Deutschland spielen wir aus Ehre und weil es uns Spaß macht. Der Teamgedanke steht im Vordergrund. Wir machen es nicht nur umsonst, sondern geben dafür auch viel freie Zeit auf, die wir mit Familie, Freunden und zur Regeneration nutzen könnten.

Der Trainer muss hier eine gute Linie finden, damit alle gern kommen und ihren Spaß haben, ihm trotzdem aber die Mannschaft nicht entgleitet und das Ganze zu sportlichen Enttäuschungen führt. Mit Gordie passt das perfekt. Wir freuen uns alle riesig auf die Sommer mit der Nationalmannschaft. Er will, dass wir den Sport genießen, dass wir frei aufspielen, Freude haben, und er ist immer offen für Ideen von uns, wenn es darum geht, was wir noch besser machen können. Wenn wir mal schlecht trainierten, wird er in Ausnahmefällen laut, um zu zeigen, dass es wirklich um etwas geht. Aber er hat es mit Wettkämpfern zu tun, bis auf wenige Ausnahmemomente geben wir von allein Vollgas. Durch seine Art und Weise sind wir zu einer starken Einheit geworden, in der alle das Beste aus sich herausholen. Er hat den Glauben geweckt, dass wir die erfolgreichste Ära des deutschen Basketballs zusammen prägen können.

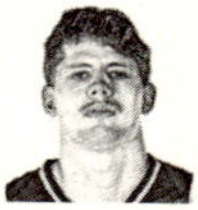

MORITZ WAGNER:

Patriotismus ist in Deutschland ja immer etwas schwierig – was zu einem gewissen Ausmaß auch gute Gründe hat. Ich finde eine Identifikation mit dem eigenen Land trotzdem wichtig. Mir hat der Jugendtrainer von Alba Berlin, Marius Huth, mit dem ich im Basketball aufgewachsen und heute immer noch eng befreundet bin, gesagt, dass die Nationalmannschaft dafür sorgt, dass Menschen in Deutschland zum Basketball gehen. Die A-Nationalmannschaft steht in Deutschland für den Sport. Das haben wir durch die WM auch wieder bemerken können. Die Kinder, die irgendwann anfangen, Basketball zu spielen, sehen sich das Turnier an und fühlen sich zu dem Sport hingezogen. Diese Erfahrung lässt den Basketball in Deutschland wachsen, und das ist mir wichtig. Ich sehe es ein Stück weit als meine Verantwortung an, hier einen Beitrag zu leisten, wenn ich schon in der glücklichen Lage bin, den Sport beruflich betreiben tun zu dürfen. Ich habe selbst noch keine Familie, bin kerngesund und liebe Basketball – da kann ich auch den Sommer für die Nationalmannschaft opfern. Dass die Teamkollegen dann auch noch Typen sind, mit denen es einfach nur Bock bringt, zusammenzuspielen, das macht die Sache richtig rund.

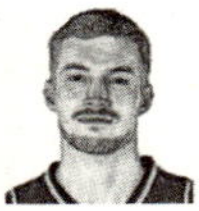

NIELS GIFFEY:

Deutschland hat als Basketball-Nation in den letzten Jahren einen großen Schritt nach vorn gemacht. Der Talentpool ist deutlich größer geworden, was meiner Ansicht nach auch an dem veränderten System der Nachwuchs-Basketball-Bundesliga (NBBL) liegt. Alle U19-Spieler, die aus dem regionalen System der Jugend-Basketball-Bundesliga (JBBL) kommen, können direkt gegen die besten Spieler aus ihrer Altersklasse spielen – bundesweit und manchmal sogar europaweit. Hinzukommt eine weitere strukturelle Veränderung innerhalb der Bundesliga vor etwas mehr als zehn Jahren – die sogenannte 6+6-Regel. Diese Regel verpflichtet alle Bundesliga-Vereine, mindestens sechs deutsche Spieler in ihrem Kader zu haben. Das beschleunigt die Entwicklung deutscher Spieler und führt dazu, dass jüngere Spieler in vielen Fällen schon wichtigere Rollen bekommen und sich deshalb schneller entfalten. Was uns in der Nationalmannschaft zusätzlich geholfen hat: Wir kennen uns alle schon richtig lange und haben eine Gruppe von Spielern, die seit vielen Sommern zusammenkommen. Dadurch weißt du dann einfach, was jemand auf dem Feld kann und wer jemand abseits vom Feld ist. Wir haben über die Zeit einen starken Zusammenhalt entwickelt. Viele von uns sind inzwischen ein bisschen älter, ein bisschen reifer, wir fühlen uns in unseren Rollen wohl und denken ans Team, bevor wir an uns selbst denken. Und mit Dennis und Franz haben wir zudem so ein krasses Batman-Robin-Duo. Das hatten wir früher nicht, da gab es immer nur Dirk.

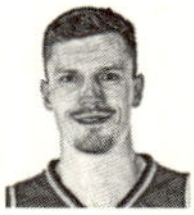

ANDY OBST:

Gordie habe ich zum ersten Mal während seiner Zeit in Frankfurt getroffen, als im Raum stand, dass ich zu ihm wechsle. Er ist heute immer noch derselbe wie damals. Ein offener, ehrlicher, ruhiger Typ, der sehr viel Erfahrung mitbringt und es versteht, mit Menschen umzugehen. Als bekannt wurde, dass er Nationaltrainer wird, fand ich das eine erfreuliche Nachricht. Es kam für uns Spieler schon ein wenig überraschend, wir hatten nicht unbedingt damit gerechnet, weil er in Deutschland zu dem Zeitpunkt nicht sehr präsent war. Aber die Reaktion war bei uns allen ziemlich gleich: »Hey, das ist echt cool. Das kann richtig gut werden!« Wir waren da alle optimistisch gestimmt.

Um die wichtigste Sache habe ich mich direkt am Tag nach der Pressekonferenz gekümmert. Ich musste meinen Schlüsselspieler gewinnen. Also bin ich mit Vizepräsident Armin Andres in ein Auto gestiegen, und wir sind gemeinsam nach Braunschweig gefahren, um Dennis Schröder zu treffen, bevor er für den NBA-Auftakt zurück nach Amerika reisen musste. Wir unterhielten uns zuerst eine gute Stunde zu viert mit ihm und seinem Bruder. Es ging um Basketball und unseren Plan für die kommenden Jahre. Danach saßen wir noch mehrere Stunden zu zweit zusammen und führten ein sehr persönliches Gespräch.

Über Dennis wurde immer viel geschrieben und die Medien zeichneten ein zwiespältiges Bild von ihm: der Ausnahmekönner, der gleichzeitig nicht der einfachste Charakter sei. Ich hatte viel über ihn gehört, hatte in der Vergangenheit gegen ihn gecoacht, als er noch ein Teenager war, aber es war unser erstes persönliches Treffen. Ich bekam einen ganz anderen Eindruck von ihm und verließ das Gespräch voller Demut und Zuversicht. Sein Commitment und seine Professionalität beeindruckten mich. Mir wurde sofort klar, wie viel ihm die Nationalmannschaft bedeutete, und ich wusste: Er wird unser Leader sein und uns in den kommenden Jahren tragen. Auch seine Haltung zu den Themen abseits des Feldes gefiel mir. Er ist ein hingebungsvoller Familienmensch, dem sein unmittelbares Umfeld enorm viel bedeutet. Natürlich hat er in der Vergangenheit nicht alles richtig gemacht, aber Fehler machen wir alle, das gehört dazu. Ich teile die Binse: Trenne dich von den Menschen, die denselben Fehler immer wieder machen, und trenne dich von denen, die noch nie einen Fehler gemacht haben.

Das Gespräch mit Dennis bestärkte mich in der Entscheidung, Trainer der deutschen Basketballnationalmannschaft zu werden. Vor der EuroBasket 2022 in Deutschland kam er zu den Spielen der Nationalmannschaft im Juni-Fenster, obwohl er zu dem Zeitpunkt keinen festen Verein in der NBA hatte und somit seine Versicherung nicht geklärt war. Eine weitere Aktion von ihm, die mir seine beachtliche Hingabe für unser Team zeigte. Die meisten Spieler wären nicht dazu bereit gewesen, unter solchen Voraussetzungen für die Nationalmannschaft zu spielen.

Es war zu dem Zeitpunkt keine leichte Entscheidung, ihn zum Kapitän zu machen, weil ich dafür den verdienten Spieler und langjährigen Kapitän Robin Benzing aus dem Team streichen musste. Robin aus dem Team zu nehmen, war eine der schwersten Entscheidungen, die mein Team und ich in unserer Amtszeit bis dahin getroffen hatten. Sein Herz und sein Engagement für die Mannschaft waren kaum zu übertreffen. Doch die Pflicht eines Trainers besteht auch darin, Entscheidungen zu treffen, von denen man überzeugt ist, dass sie am besten für das gesamte Team sind. Hilft es dem großen Bild? Diese Frage stelle ich mir immer wieder. Jede Entscheidung, die ein Trainer treffen muss, unterliegt dieser Prämisse.

Das gesagt, war es dann wiederum eine der besten Entscheidungen überhaupt, Dennis zum Kapitän zu ernennen. Er nahm das Amt von Beginn an mit großem Stolz, Ehre und viel Respekt an. Und er wusste es zu schätzen, dass er zum ersten Mal von jemandem zum Kapitän ernannt wurde. Es war etwas Besonderes für ihn, und er wollte dem gerecht werden – was ihm mehr als gelungen ist. Er hat sich auf beeindruckende Art und Weise als Leader entwickelt. Dass ihm als Weltmeister nun auch die gebührende Anerkennung und Wertschätzung in Deutschland entgegengebracht wird, freut mich riesig für ihn.

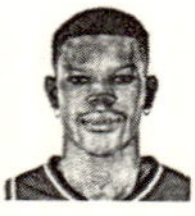

DENNIS SCHRÖDER:

Es ist eine riesige Ehre für mich, Deutschland repräsentieren zu dürfen. Als ich früher mit Ademola Okulaja und Demond Greene andere Dunkelhäutige in der Nationalmannschaft gesehen habe, hat mich das sehr inspiriert. Da habe ich den Glauben geschöpft, trotz meiner Hautfarbe auch mal Teil der Nationalmannschaft sein zu können. Robin Benzing abzulösen, der über Jahre ein sehr geiler Kapitän für uns war, mit dem ich auch eine enge Verbindung habe und von dem ich viel lernen durfte, hat mich sehr stolz gemacht. Als Gordie zu mir kam und mir sagte, er will mich zum Kapitän machen, habe ich mich bereit gefühlt und trotzdem sofort gespürt: Das ist eines der größten Dinge, die mir bisher widerfahren sind. Das hat mir unendlich viel bedeutet.

Viele Menschen machen sich ein Bild, das durch die Medien geprägt ist. Sie sehen etwas in den Nachrichten und nehmen es falsch auf, ohne dich persönlich zu kennen. Gordie kam direkt zu Beginn seiner Amtszeit mit Armin zu mir nach Braunschweig und wir haben bestimmt zwei oder drei Stunden miteinander gesprochen. Er hat da sofort gemerkt, dass ich wirklich nur gewinnen will.

Das ist mein Charakter, meine Identität, seit klein auf. Wenn ich als Kind in etwas nicht gewann, dann habe ich eben so lange weitergespielt, bis ich schließlich doch gewonnen habe. Gordie hat das in dem Gespräch herausgehört. Er hat gespürt, dass ich ein Wettkämpfer im Herzen bin. Er hat aber auch gesehen, dass für mich die oberste Priorität im Leben die Familie ist. Er wusste das zu schätzen und hat ein gutes Gespür für mich als Mensch entwickelt. Anschließend haben wir über meine Rolle und seine Erwartungshaltung an mich gesprochen. Er ist komplett offen, und damit kann ich gut arbeiten. Dieses Gespräch war sehr wertvoll für uns beide und hat den Grundstein für unsere Beziehung und die erfolgreiche Zusammenarbeit bei der Nationalmannschaft gelegt.

Selbstverständlich willst du als Nationaltrainer, dass die besten Spieler für dein Team auflaufen. Doch es erfordert einiges an Kompromissbereitschaft seitens der Spieler, auf ruhige, erholsame Sommer zu verzichten. Der Spielplan und die damit zusammenhängenden Reisestrapazen der NBA- und Euroleague-Spieler sind wirklich brutal, das kann man nicht anders sagen. Das Problem ist: Wenn deine besten Spieler kein Commitment zeigen, wirkt sich das auf alle anderen Spieler aus. Nur wenn deine besten Spieler ein klares Zeichen setzen, fügt sich der Rest von allein. Deswegen war mir auch das Drei-Jahres-Commitment so wichtig und die Freude entsprechend groß, dass bis auf wenige Ausnahmen alle Top-Spieler sofort ihre Bereitschaft signalisierten, diese Reise mit uns anzutreten. Bei uns war es deshalb ganz klar und so haben wir es den Spielern auch kommuniziert: »Seid ihr dabei oder seid ihr raus?« Einen Mittelweg gab es bei uns nicht. Wer im ersten Jahr nicht dabei war, hatte kaum eine Chance, im zweiten Jahr noch mit an Bord zu kommen. Dass

DU WILLST SPIELER IM TEAM HABEN, DIE AUCH UNBEDINGT DA SEIN WOLLEN. ES GIBT NICHTS SCHLIMMERES, ALS SPIELER ANBETTELN ZU MÜSSEN, DASS SIE SPIELEN.

daraus der ein oder andere Konflikt entstand, wurde medial groß aufgegriffen. Doch ich blieb meiner Linie treu, weil ich in meiner Zeit als kanadischer Nationaltrainer so meine Lektionen gelernt hatte. Damals gab es zahlreiche NBA-Spieler, die oft später angereist sind oder bei denen lange nicht klar war, ob sie überhaupt spielen würden. So eine Haltung wirkt sich immer negativ auf das Teamgefüge aus.

Vor meinem Amtsantritt sprach ich mit anderen erfolgreichen Nationaltrainern. Ich hatte mir vorab einen Dreiklang aus den Komponenten »Wertschätzung – Commitment – Fitness« überlegt. Dem entsprachen die drei zentralen Botschaften meiner Kollegen:

1. Bau besondere Beziehungen mit allen Beteiligten und vor allem deinen Spielern auf. Kümmere dich beständig um die Pflege dieser Beziehungen.
2. Setz dich persönlich dafür ein, dass deine besten Spieler für ihr Land auflaufen wollen und sich bereit erklären, in den wichtigsten Zeitfenstern anzureisen.
3. Stell sicher, dass die Spieler in bestmöglicher körperlicher Verfassung zur Nationalmannschaft kommen.

Für den dritten Punkt boten und bieten wir jederzeit Individualtrainings an, falls die Spieler an ihrer Physis arbeiten wollen. Zwei bis drei Wochen vor unseren Camps meldet sich zudem unser Athletik-Coach, Arne Greskowiak, bei den Spielern, um zu hören, wo sie stehen, was sie brauchen und um gemeinsam zu besprechen, wie sich ihre bestmögliche Verfassung sicherstellen lässt. Ich unterhalte mich regelmäßig mit den Vereinstrainern der Spieler, um Einblicke zu bekommen, wie es den Jungs geht und woran aktuell gearbeitet wird. Ich betone vor den Spielern immer wieder: »Wir haben nur ein kleines Zeitfenster zusammen. Wenn ihr in guter Verfassung ankommt, können wir zusammen Erfolg haben. Wenn nicht, könnt ihr nicht Teil des Teams sein, weil das Verletzungsrisiko zu hoch ist und ihr nicht an euer Leistungslimit kommt.«

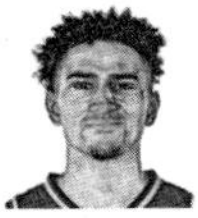

MAODO LO:

Wir sind aus mehreren Gründen Weltmeister geworden. Der erste Punkt, der oft zu kurz kommt: Wir sind eine Mannschaft mit sehr vielen richtig guten, talentierten Basketballspielern, die in den verschiedenen Ligen auf der ganzen Welt spielen. Du brauchst gute Spieler, um eine echte Chance auf Erfolg zu haben. Punkt zwei: unsere Kontinuität. Wir haben uns in den letzten Jahren ständig weiterentwickelt und sind als fester Kern immer mehr zusammengewachsen. Meiner Meinung nach hat das schon 2015 mit Chris Flemming angefangen. Als wir damals die EM in Deutschland spielten, waren wir noch ziemlich jung. Er hat trotzdem schon unser Potenzial gesehen. Ich erinnere mich noch genau, dass er oft sagte und es in seinem Abschlussmeeting als Nationaltrainer noch mal betonte: »Ihr seid junge, talentierte Spieler. Wenn ihr bereit seid, jeden Sommer weiterhin zur Nationalmannschaft zu kommen, füreinander spielt und eine gute Chemie aufbaut, dann werdet ihr etwas Großes erreichen.« Er meinte, es sei ihm eine Ehre gewesen, dafür eine Art Grundstein zu legen. Er brachte einen guten Schwung in unser Team. 2017 spielten wir dann ein vielsprechendes Turnier und waren in der Lage, mit den besten Nationen Europas zu konkurrieren. Die Kontinuität ist geblieben, obwohl wir die WM 2019 ziemlich in den Sand gesetzt haben. Wir sind immer drangeblieben und konnten uns dann für Olympia qualifizieren, womit niemand gerechnet hatte. Es war ein beständiger Prozess – und dann kam Gordie. Er hatte sofort ein gutes Gespür dafür, wie er uns anpacken muss und wie wichtig eine klare Rollenverteilung ist. Im Sommer hast du nur begrenzt Zeit, um mit dem Team zu arbeiten. In so einer kurzen

Phase ist es schwer, Spielzüge, Abläufe, Zusammenhalt und alles, was ein gutes Team auszeichnet, einzustudieren. Dafür brauchen Trainer eigentlich Monate. Gordie war hier total klar, und das hat der Mannschaft enorm geholfen. Wir Spieler brauchen diese Klarheit. Er erkannte unsere Stärken sehr schnell und wusste sie perfekt einzusetzen. Und es ist ihm gelungen, ein Setting zu schaffen, in dem alle am gleichen Strang ziehen. Mit Franz Wagner und Isaac Bonga kamen wichtige Puzzlesteine zum Team dazu, und der feste, eingespielte Kern aus der Zeit von Chris Flemming war auch noch da. Man konnte sofort spüren: Okay, hier kommt eine richtig besondere Truppe an Spielern zusammen. Ich finde, der Weg zur Goldmedaille war ein wunderschöner Prozess, der über mehrere Jahre andauerte und dann durch unseren ersten WM-Titel gekrönt wurde.

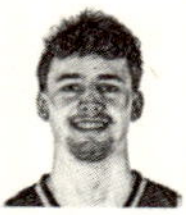

FRANZ WAGNER:

Wir sind an einem speziellen Moment im deutschen Basketball angekommen, weil sehr gute, erfahrene Spieler, die schon lange mit dabei sind, sich gut untereinander kennen und vielleicht ein klein wenig die alte Schule vertreten, auf sehr talentierte, junge Spieler treffen, die ein neues Mindset mitbringen. Moritz und ich nennen das gerne: »Swag mit reinbringen.« Darunter verstehen wir vor allem die Haltung, dass man nicht nur harte Arbeit leistet, sondern auch Leichtigkeit und Spaß hat. Das ist vielleicht nicht das Deutscheste, aber dieses Zusammenspiel hat uns ausgemacht. Dennis vereint als unser Leader die perfekte Kombination von beidem. Er bringt diese Welten zusammen. Unser Teamgeist, wie gut wir als Gruppe harmoniert und zusammengepasst haben, in der Kombination mit diesem perfekten Moment im deutschen Basketball, in dem zwei Generationen zusammenspielen, sind meiner Ansicht nach ausschlaggebend für unseren Erfolg.

Die ersten Spiele als Bundestrainer

Die größte Herausforderung als Trainer einer Basketballnationalmannschaft besteht darin, dass du im Laufe einer Saison verschiedene Spielergruppen zusammenbringen musst. Das hängt vor allem mit den Auflagen der FIBA, NBA und der Euroleague – der höchsten europäischen Spielklasse – zusammen. Während der Zeitfenster für die Nationalmannschaft, die es im Laufe einer Saison gibt, werden bis auf wenige Ausnahmen weder Spieler aus der Euroleague noch von der NBA freigestellt. Das führt dazu, dass dir deine zehn bis fünfzehn besten Spieler während der Saison nie zur Verfügung stehen und du im Laufe eines Jahres mit über dreißig verschiedenen Spielern arbeitest. Innerhalb dieser Perioden spielen wir jedoch die Qualifikationsspiele für die großen Turniere. Im Umkehrschluss bedeutet das: Die Spieler, die dafür verantwortlich sind, dass wir bei den großen Turnieren dabei sein können, werden bis auf wenige Ausnahmen nie in den Genuss kommen, auch nur eine Minute bei einem solchen Turnier zu spielen. Das ist erst mal eine harte Pille, die die Jungs schlucken müssen. Ich möchte ihnen an dieser Stelle ein riesiges Kompliment aussprechen, wie professionell sie damit umgehen und wie gut es ihnen gelingt, ihr Ego hintenanzustellen und sich in den Dienst des größeren Ganzen zu stellen. Das finde ich bemerkenswert, und es ist eine besondere Eigenheit, die der Basketball-Sport aufgrund der internationalen Terminstrukturen mit sich bringt und die vermutlich einer der Gründe dafür ist, dass wir es im Basketball oft mit großartigen Charakteren zu tun haben.

Ein Beispiel: David Krämer. Für das erste Fenster als Nationaltrainer hatte ich ihn nicht nominiert. Ich hatte vor dem Fenster mit allen Spielern, die für mich als Nationalspieler infrage kamen, telefoniert. Ich hatte ihnen gesagt, wie ich sie einschätzte und wie ich mit ihnen plante. David hörte sich das an und meinte sehr klar: »Coach, wenn du mich brauchst, bin ich immer da.« Und das, nachdem ich ihm mitgeteilt hatte, dass ich ihn zunächst nicht auf der Liste hatte. Corona-bedingt konnte einer der sechzehn nominierten Spieler dann nicht ins Vorbereitungscamp kommen. Also nominierte ich David nach. Er schaffte es nicht nur in den Zwölf-Mann-Kader, mit dem wir bei den Spielen antraten, er wurde auch unser Top-Scorer im immens wichtigen zweiten Spiel gegen Polen. Und er war Teil unseres Teams bei der Weltmeisterschaft.

Was die Story noch spezieller macht: In der Saison 1999/2000 hatte ich die Oberwart Gunners trainiert. Teil des Teams war Davids Vater Roman. David lernte ich damals schon kennen: Er war zwei Jahre alt.

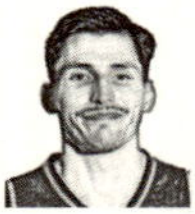

DAVID KRÄMER:

Mein erstes Gespräch mit Gordie fand im Oktober 2021 statt. Er hat mich damals angerufen, als ich gerade vom FC Bayern nach Braunschweig wechselte. Ich hatte keine gute Saison hinter mir, und auch mein Start in Braunschweig verlief etwas schleppend. Er war sehr ehrlich zu mir und meinte: »Ich habe leider keinen Platz für dich im bevorstehenden Fenster mit der Nationalmannschaft.« Dann wollte er wissen, ob ich generell bereitstünde und Interesse hätte, für die Nationalmannschaft zu spielen. Ich habe ihm gesagt: »Schau, Gordie, du weißt, ich bin jederzeit bereit, egal ob du mich brauchst oder nicht. Ich bin sehr dankbar, dass du mich extra angerufen hast, um mir zu sagen, dass du keinen Platz für mich hast.« Mir bedeutet es sehr viel, wenn jemand ehrlich mit mir kommuniziert – vor allem in unserem Business, in dem das nicht die Regel ist. Ein paar Tage später rief er mich an, weil er einen Corona-Fall im Team hatte, und wollte wissen, ob ich nachrücken wollte. Natürlich wollte ich das. Ich war beim ersten Fenster mit dabei, nachdem er den Posten als Bundestrainer übernommen hatte, und bei der Rollenbesprechung wurde schnell klar: Ich würde erst mal keine große Rolle haben. Ich bin trotzdem mit der Einstellung ins Trainingscamp gereist, dass ich mein Bestes geben und schauen würde, was sich daraus ergibt. Die ersten Trainingseinheiten liefen richtig gut. Für mich war es zu dem Zeitpunkt schon ein Erfolg, nicht vor den anderen Spielen wieder aus dem Kader gestrichen zu werden. Gordie sagte mir, dass wir gemeinsam herausfinden würden, wie meine Rolle aussehen könnte. Er meinte, ich solle als zehnter oder elfter Mann von der Bank kommen und in der Offensive und Defense alles geben. Als geborener Slowake, der in Österreich groß geworden ist, war es eine spezielle Ehre, dass ich für die deutsche Nationalmannschaft auflaufen und sie repräsentieren durfte. So eine Chance bekommen nicht viele. Gordie hat auch meinen Dad trainiert, der mir erzählte, er habe es immer geliebt, unter Gordie zu spielen, ich solle es einfach genießen.

Im ersten Spiel gegen Estland bekam ich ein paar Minuten, und es hat mein Selbstbewusstsein gestärkt, dass er mir Vertrauen schenkte. Auf dem Platz fühlte ich mich wohl, hielt mich aber noch ein wenig zurück. Das Spiel verloren wir leider, aber ich habe gemerkt, dass ich bei Gordie grundsätzlich eine Chance bekommen konnte, und ich freute mich schon auf das nächste Spiel gegen Polen. Ich kam wieder von der Bank, hatte dann aber eins meiner besten Spiele. Ich machte über 20 Punkte, und wir gewannen dieses wichtige Spiel. Seitdem hat Gordie mich in jedes Fenster eingeladen. Ich wurde zum Starter und zu einem zentralen Spieler für ihn. Zur EM hat er mich leider nicht mitgenommen. Er hat mir die Gründe genau erklärt, und ich habe ihm gesagt: »Kein Problem, Gordie. Wann immer du mich anrufst, ich bin dabei.«

Für die WM-Fenster wurde ich dann wieder eigeladen und war oft sein Top-Scorer. Ich habe mich unter ihm als Nationalspieler zunehmend wohl gefühlt und war froh, meinen Beitrag leisten zu können, dass sich Deutschland für die WM qualifizierte.

Mein erstes Spiel als Nationaltrainer ging dann direkt in die Hose. Ein WM-Qualifikationsspiel am 25. November 2021 zu Hause in Nürnberg gegen Estland, das mit einer peinlichen 66:69 Niederlage endete. Das war erst mal ein Dämpfer. Nur wenige Wochen zuvor hatte ich mehrere Medaillen als Ziel ausgerufen, um dann direkt mit einer Niederlage zu starten. Zum Glück gab es nur sehr kurz lange Gesichter. Beim nächsten Spiel in Polen drei Tage später war bereits ein gewisser Druck zu spüren. Wir holten einen knappen, etwas glücklichen, sehr wichtigen 72:69 Sieg und starteten eine Serie von acht Erfolgen am Stück. Dieser Lauf war die Basis für den Gruppensieg unser WM-Quali-Runde, ohne den es später nie Gold gegeben hätte. Das Besondere an der deutschen Basketballnationalmannschaft – und damit meine ich ausdrücklich alle Spieler, die für uns auflaufen, egal ob unter der Saison oder während der großen Turniere – ist ihr Umgang mit Niederlagen und wie gestärkt sie aus diesen hervorkommt. Die Reaktion auf die Estland-Niederlage? Wir gewannen das Rückspiel mit mehr als 30 Punkten Unterschied! Die wichtigste Niederlage auf dem Weg zum Weltmeistertitel war jedoch die bittere Halbfinal-Niederlage gegen Spanien bei der EuroBasket 2022. Ohne sie wären wir nicht Weltmeister geworden, da bin ich mir ganz sicher. Dazu später noch einiges mehr. Für mich sind Niederlagen essenzielle Momente. In diesen stellt sich immer die Frage: Geben wir nun auf, oder macht es uns stärker auf dem weiteren Weg?

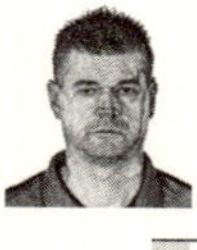

KLAUS PERWAS – ASSISTENZ-COACH:

Ich werde oft nach besonderen Highlights bei den Turnieren gefragt. Da weiche ich meist aus und betone die Fenster unter der Saison. Ich denke zum Beispiel gern an das erste Spiel unter Gordie gegen Estland zurück, das wir verloren haben. Alle reden immer nur von der gewonnenen Weltmeisterschaft und vergessen dabei den Weg, den wir gehen mussten, um überhaupt dabei zu sein. Die Spieler, die in diesen Quali-Spielen für uns auflaufen, bekommen nicht ausreichend Anerkennung für den Job, den sie leisten. Ohne sie gäbe es keine großen Turniere. Der Erfolg hat nicht nur die zwölf Gesichter, die dann im finalen Kader stehen. Du musst dich erst mal qualifizieren. Und es gab einige schwere Spiele, in denen wir richtig kämpfen mussten. Darüber rede ich immer zuerst, bevor es um die offensichtlichen Erfolge geht, die daraus entstanden sind.

Team-Auswahl vs. Team-Aufbau

Nationaltrainer im Basketball machen oft einen entscheidenden Fehler: Es fließt zu viel Zeit und Fokus in die Teamauswahl, anstatt den Fokus auf Teambuilding und Teamaufbau zu richten. Wir können zwölf Spieler auswählen, mit denen wir ins Rennen gehen. Die Entscheidung, wer die zwölf Auserwählten am Ende sein werden, ist hart. Aber mein Credo ist ganz klar: Ich will so schnell wie möglich mein Team mit den zwölf Spielern zusammenhaben, um mich voll darauf zu konzentrieren, wie ich mit diesen zwölf erfolgreich sein kann. Der Selektionsprozess zieht sich oft zu lange hin, und dadurch geht wertvolle Zeit verloren. In meiner Kommunikation bin ich dabei zu hundert Prozent transparent. Ich sage allen Kandidaten: »Die besten neun Spieler bekommen immer einen Platz. Die restlichen drei Plätze hängen von unterschiedlichen Faktoren ab. Wie viel Energie gebt ihr dem Team von der Bank aus? Könnt ihr damit leben, wenn ihr im schlimmsten Fall nicht eine einzige Minute spielt? Was gebt ihr dem Team, das wir zwingend brauchen, um am Ende erfolgreich zu sein?« Das Ergebnis hängt von einem Spagat aus meinem System und den

ES FLIESST ZU VIEL ZEIT UND FOKUS IN DIE TEAMAUSWAHL, ANSTATT DEN FOKUS AUF TEAMBUILDING UND TEAMAUFBAU ZU RICHTEN.

verschiedenen Spielergruppen ab, mit denen ich im Laufe der Saison arbeite. Ich will den Jungs, die uns die Qualifikation ermöglichen, meine Wertschätzung und eine faire Chance geben. Deswegen lade ich immer die fünf besten Spieler aus den Fenstern zum Sommer-Camp ein, das als Vorbereitung auf das bevorstehende Turnier dient. Hier kämpfen alle um einen der zwölf Plätze, und regelmäßig ergreifen auch Spieler aus den Zeitfenstern der Saison ihre Chance. Bei der EuroBasket 2022 ergatterten sich Jonas Wohlfarth-Bottermann, Christian Sengfelder und Justus Hollatz einen Platz. Und Justus und David wurden auf diesem Weg unsere Nummer 11 und 12 bei der WM ein Jahr später. Dass es immer wieder Spieler aus den Fenstern schaffen, bei einem Turnier dabei zu sein, ist eine riesige Extramotivation. Die Spieler kennen und verstehen das System und wissen, dass viele von ihnen nur auf diesem Weg eine Chance bekommen, für ihr Land aufzulaufen. Sie geben alles dafür, die Gelegenheit zu ergreifen und vielleicht doch den Sprung ins Turnier-Team zu schaffen. Das sorgt für eine besondere Dynamik, die zu unserem besonderen Teamzusammenhalt beiträgt.

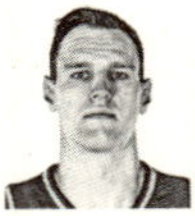

JOHANNES VOIGTMANN:

Gordie hat bei seinem ersten Vorbereitungscamp im Sommer 2022 allen sofort mitgeteilt, dass er möglichst zügig auf seinen Zwölf-Mann-Kader kommen möchte, um dann mit diesem Team konzentriert zu trainieren. Zu Beginn eines Sommers sind wir im Normalfall achtzehn Spieler, und dann reduziert Gordie in zwei bis drei Schritten auf seinen finalen Kader. Obwohl es hart für alle ist, die dann nicht dabei sein können, gelingt es ihm trotzdem, allen das Gefühl zu geben, Teil der gesamten Reise und des Teams zu sein. Er kommuniziert auch offen vor dem Team, dass es Spieler gibt, die sich den Arsch für die Nationalmannschaft aufreißen und alles geben und trotzdem die Möglichkeit besteht, dass sie nicht dabei sein werden. Leon Kratzer ist hier ein gutes Beispiel. Er kam die letzten beiden Sommer topfit zum Camp und hat super Leistungen abgeliefert. Gordie hat ihn beide Male im letzten Schritt gestrichen und ihn nicht mitgenommen. Man hat gemerkt, dass ihm das nicht leichtfiel, aber er hat es klar begründet, war sehr transparent. Gordie bereitet sich sehr gründlich auf die Gespräche vor, wenn er schwere Entscheidungen treffen muss. Er geht da sehr empathisch vor und kann sich gut in die Lage seines Gegenübers versetzen. Das spüren die Spieler, und ich glaube, das hat dazu beigetragen, dass Leon trotz seiner nachvollziehbaren Enttäuschung weiterhin viel mit uns im Kontakt war und uns immer gepusht, unterstützt und sich mit uns gefreut hat. Es sagt viel über den fairen und menschlichen Umgang von Gordie aus, genauso wie über die Größe des Charakters von Leon. Das verdient viel Wertschätzung, weil es echt hart ist und du das erst mal so wegstecken musst.

Die richtige Harmonie und Balance im Teamgefüge einer Nationalmannschaft herzustellen, ist eine der größten Herausforderungen für das Trainerteam. Besonders die richtige Besetzung deiner *Hidden Heroes*, der Spieler 10 bis 12, die nur selten zum Zuge kommen und am wenigsten Spielzeit erhalten, ist eine knifflige Aufgabe. Wenn diese Spieler unzufrieden sind, können sie die gesamte Teamatmosphäre zum Kippen bringen. Wenn sie negative Stimmung von außen machen, überträgt sich das auf alle Beteiligten. Ohne zu spielen, können sie so zu einem Misserfolg beitragen. Gleichzeitig können sie das Team aber auch pushen und für die nötige Energie von außen sorgen – wie es bei uns der Fall war. Die Haltung dieser Spieler trägt entscheidend zum Erfolg einer Mannschaft bei.

Sobald die Mannshaft steht, sprechen wir gemeinsam über Ziele, Werte und unsere Identität. Dabei binde ich die Spieler eng mit ein. Ownership und eine klare Rollenverteilung sind der Schlüssel für einen guten Teamspirit. Ich will, dass sie vor allem die

Ziele mitbestimmen, damit sie sich mitverantwortlich fühlen. Das Ziel muss auch ihr Ziel sein, mit dem sie sich identifizieren, weil wir es gemeinsam festgelegt haben. Dieses Vorgehen in Kombination mit unserer klaren Rollenverteilung hat für eine besondere Teamchemie gesorgt, was wiederrum die Basis für unseren Erfolg darstellt.

2

COACHING

»Hab keine Angst davor, Neues auszuprobieren. Hab keine Angst, den großen Wurf zu riskieren. Wenn du nichts Neues ausprobierst, kannst du auch nichts Neues lernen. Entschuldige dich niemals dafür, dass du etwas getestet hast. Es ist okay, auch mal mit einem Experiment auf die Schnauze zu fliegen, solange du daraus lernst.«

Nick Nurse – Nationaltrainer Kanada (2019–2023)

Meine erste Liebe im Sport war Hockey. Damit fing ich als kleiner Junge an und spielte in Vereinen, bis ich fünfzehn Jahre alt war. Ich war besser im Hockey als im Basketball. Mit Basketball begann ich erst so richtig als junger Teenager. Meine Mutter war Basketballerin, sie brachte mir die Technik bei. Wir spielten täglich in unserer Einfahrt und warfen unzählige Körbe. Erst Jahre später offenbarte sie mir, dass sie mich damals immer gewinnen ließ. Als sie gerade dabei war, Karriere zu machen und sich auf dem Sprung zur Nationalmannschaft befand, heiratete sie meinen Vater. Später sagte sie oft mit einem Augenzwinkern, dass es der größte Fehler ihres Lebens gewesen sei. Sie war eine großartige Athletin, spielte auch hervorragend Tennis und Golf. Da ließ sie mich dann nicht mehr gewinnen.

Zum Glück bekam ich einiges von ihren Genen und ihrer Disziplin ab. Sie brachte mich schon als Kind um sechs Uhr morgens zum Hockey und stellte sicher, dass ich ausreichend trainierte und den richtigen Einsatz zeigte. Sie hatte großen Einfluss auf meine sportliche Karriere, sie war mein erstes Vorbild. Auch abseits vom Sport half sie mir dabei, nicht vom rechten Pfad abzukommen.

Ich hatte viele Jungs in meinem Umfeld, die Drogen nahmen und noch anderen Blödsinn im Kopf hatten. Von den Drogen hielt ich mich immer fern, bei anderen Jugendsünden war ich weniger willensstark. Hier half mir meine Mutter durch ihre liebevolle Art und ihren positiven Einfluss, mich zu nichts anstiften zu lassen, das ich im Nachgang bereuen würde. Mein Vater war Anwalt und einer der intelligentesten Menschen, die ich kennenlernen durfte. Leider hat sich sein Intellekt nicht vererbt, was vielleicht meine schlechten schulischen Leistungen erklärte. Aber was den Fleiß und das disziplinierte Arbeiten betrifft, habe ich mir viel von ihm abgeschaut.

Schon als Teenager trainierte ich täglich stundenlang. Ich gab alles, um mich immer weiter zu verbessern. Das zahlte sich schnell aus. In der neunten und zehnten Klasse wurde ich als Spieler des Jahres unserer Schule ausgezeichnet. Meine Noten hingegen verbesserten sich erst, als mir im College gedroht wurde, dass ich aus dem Team gestrichen würde, wenn sich meine akademischen Leistungen nicht schleunigst steigern. Ein Jahr später war ich *Scholar Athlet* des Jahres.

Während meiner aktiven Karriere waren drei Coaches besonders prägend für mich:

1. Jack Donohue, Trainer der kanadischen Nationalmannschaft. Im Austausch mit ihm spürte ich, wie wertvoll es in einer Trainer-Spieler-Beziehung sein kann, wenn es nicht ausschließlich um Basketball geht. Mit ihm konnte ich viel über das Leben an sich sprechen. Seine Gedankenwelt und der Austausch mit ihm hat mich zu einem besseren Spieler, aber vor allem zu einem besseren und reflektierteren Menschen gemacht. Durch ihn lernte ich, wie wichtig eine ehrliche Kommunikation ist, und dass du als Spieler nie vergisst, wie in den schwierigen Phasen mit dir umgegangen wurde. Als ich 1981 der erste von

vierzig eingeladenen Spielern war, der wieder nach Hause geschickt wurde, kommunizierte er mir unmissverständlich, dass ich noch nicht weit genug sei. Ein Jahr später probierte ich mein Glück erneut und wurde diesmal zwar nicht als Erster wieder nach Hause geschickt, den Sprung ins Team schaffte ich trotzdem nicht. Erst im dritten Anlauf 1983 gelang mir der Durchbruch.

Zu Beginn des Camps nahm mich Coach Donohue zur Seite und sagte: »Gordie, wenn du deine Bullshit-Einstellung aus dem letzten Jahr mitgebracht hast, ist es besser, wenn du direkt wieder nach Hause gehst. Wenn du eine bessere Einstellung mitgebracht hast und akzeptieren kannst, dass du unser 9., 10., 11. oder 12. Spieler sein wirst, dann kannst du in diesem Jahr Teil des Teams sein.« Diese klare Ansage hat sein Ziel nicht verfehlt, und sie hilft mir noch heute bei meinem eigenen Coaching. Im Nationalteam von Kanada war ich immer einer der Spieler 9 bis 12. Die Welt aus dieser Perspektive selbst erlebt zu haben, war eine enorm lehrreiche Erfahrung für mich. Mir wurde klar, wie wichtig diese Spieler für die Dynamik des Teams sind. Ich kann mich gut in unsere Jungs einfühlen, weil ich genau weiß, wie hart es ist, nicht zu spielen und womöglich ein ganzes Turnier lang dabei zu sein, ohne einen einzigen Einsatz zu bekommen. Zu unterstützen, ohne zu spielen, und trotz allem ein guter Mitspieler zu sein, erfordert die Fähigkeit, das eigene Ego zu vergessen und sich komplett in den Dienst des Teams zu stellen. Wenn die Spieler 9 bis 12 falsch besetzt sind und du Jungs im Team hast, die die Rolle des Zuschauens nur schwer ertragen können, Jungs, die ein Ventil brauchen, um ihrem Unmut Luft zu machen, kann dadurch das gesamte Team gebrochen werden. Das nicht nur intellektuell zu verstehen, sondern auch emotional nachempfinden zu können, ist bei der Teamzusammenstellung für mich entscheidend.

2. Don Monson von der Universität Idaho lehrte mich, was Führung mit der harten Hand bedeutet. Er verkörperte mit jeder Zelle seines Körpers das, was wir heute *alte Schule* nennen würden. Er war streng und hart zu uns Spielern, aber wusste, wie er alles aus uns rauskitzeln konnte. Der Erfolg sprach für ihn. In meinem Senior-Jahr an der Uni standen wir im nationalen Ranking auf Platz 4, was eine unglaubliche Leistung war. Wir gingen für ihn durchs Feuer: aus Angst, Respekt und Achtung vor ihm. Besonders gut kann ich mich an ein Auswärtsspiel in meinem letzten Jahr an der Uni erinnern. Wir spielten in Montana und reisten mit einer beachtlichen Sieg-Statistik von 28 : 1 an. Vor dem Spiel wurden wir von den gegnerischen Fans mit Kartoffeln beworfen. Das brachte uns aus dem Konzept, und wir verloren das Match.

Als wir danach in der Kabine saßen, stand in der Mitte des Raums ein Tisch mit einigen Flaschen Cola drauf. Coach Monson war so sauer, er kam rein, sagte kein Wort, sondern schmiss den Tisch um, nahm einige Cola-Flaschen und warf sie nach uns. Er konnte nicht verstehen, wie wir so sensibel sein konnten, dass wir uns aus dem Konzept bringen ließen.

Das war natürlich eine extreme Reaktion, aber sie verfehlte nicht ihren Effekt. So etwas bleibt hängen, das vergisst du nie, und sehr wahrscheinlich passiert es dir nie wieder, dass du dich durch die Fans ablenken lässt. Neben Coach Monson wirken alle jugoslawischen Coaches, die ich erleben durfte und die immer als harte Typen galten, ziemlich entspannt. Coach Monson lehrte mich den unbedingten Willen, zu gewinnen. Für ihn gab es nichts anderes. Wir konnten die perfekte Saison spielen, alle Spiele gewinnen, und er wäre trotzdem beim ersten Ausrutscher an die Decke gegangen. Diese Haltung ist vermutlich nicht nachhaltig, in dem Sinne, dass du das als Spieler über Jahre hinweg mitgehen kannst. Aber eines ist unter ihm garantiert gewesen: Unsere Sinne waren immer – und damit meine ich wirklich immer! – geschärft.

Ich gebe es ungern zu: Als ich als Coach begann, habe ich vieles davon übernommen. Ich war sehr hart und wollte um jeden Preis immer gewinnen. Erst als ich nach Hause kam, mich im Spiegel ansah und die Person, die mich anblickte, nicht mehr sonderlich gut leiden konnte, hinterfragte ich meinen Kurs.

3. Ken Shields – einer der brillantesten Basketball-Köpfe, denen ich je begegnet bin. Er trainierte ebenfalls die kanadische Nationalmannschaft und war eine wichtige Stütze im Laufe meiner Trainer-Karriere. Er besuchte mich in Frankfurt, in meiner Amtszeit als Nationaltrainer in Georgien und in Thessaloniki und gab mir jedes Mal wertvollen Input zu meiner Arbeit als Coach. Er half mir am meisten, als es für mich darum ging, meine Philosophie zu finden und sie weiterzuentwickeln. Ich würde ihn als einen meiner wichtigsten Mentoren im Basketball-Geschäft bezeichnen. Er schrieb mir auch während der EuroBasket und der WM lange Nachrichten und gab mir sehr wertvollen Input – ohne dabei unerwähnt zu lassen, was ich alles falsch mache.

   Ohne Ken wäre ich nicht ansatzweise da, wo ich mich heute befinde. Er stand mir in meiner dunkelsten Phase eng zur Seite, besuchte mich und lebte in Frankfurt zwei Wochen bei mir, war zwei Monate lang in Griechenland an meiner Seite und half mir in Georgien als Assistenz-Trainer aus. Ich kann ihm nicht genug für all das danken, was er für mich getan hat.

Die ersten Schritte zur eigenen Coaching-Philosophie

Coaches bekleiden mehrere Rollen. Wir sind eine Mischung aus Lehrer, Motivator, Kommunikator, Leader und Freund. Bei allem, was wir tun, gehen wir als Beispiel voraus. Wir müssen klar vorgeben, was wir wollen. Und in diese Rolle müssen wir hineinwachsen. Dazu dienen uns die unterschiedlichsten Erfahrungen. Zum Ende meiner aktiven Karriere absolvierte ich einen Master-Studiengang in Sportpsychologie und unterrichtete zeitgleich Sport an einer regionalen Schule. Ich verspürte eine besondere Freude an dieser Kombination: Inhalte vermitteln, sportlich aktiv sein und mit Menschen arbeiten. Dadurch kam mir zum ersten Mal der Gedanke, dass es mir liegen könnte, Coach zu sein. Der nahtlose Übergang vom Spieler zum Trainer gefiel mir ausgesprochen gut. Coaching wurde zu einer Droge für mich. Es war wie eine Sucht, mit den Spielern zu arbeiten und Wege zu finden, aus einer Gruppe von Individuen ein schlagkräftiges und erfolgreiches Team zu formen. Mein Basketball-Wissen war schon immer ausgeprägt. An meiner Kommunikation und dem Aufbau von Spieler-Beziehungen musste ich dafür umso mehr arbeiten. Zu Beginn meiner Coaching-Karriere war die Mentalität noch eine andere, es ging deutlich härter zu, dem Zwischenmenschlichen wurde nur wenig Raum gegeben. Ich brachte die kanadische Hockeymentalität mit: Härte zeigen, sich mit allem, was man hat, auf die Dinge stürzen und sich das holen, was man will. Trainingseinheiten waren intensiver als heute, der Ton rauer, die Stimme lauter. Da habe ich mich in allen Bereichen enorm gewandelt. Die Jungs, die mich während meiner Zeit bei den Frankfurter Skyliners als Vereinstrainer erlebten, zum Beispiel Jo Voigtmann und Isaac Bonga, werden die Charakter-Veränderung vermutlich im Laufe der Jahre beobachtet haben. Die Video-Analyse-Sessions fielen damals besonders intensiv aus. Es passierte nicht selten, dass ich die Fernbedienung gegen die Wand warf und es richtig ungemütlich wurde. Da habe ich mich radikal verändert. Die Kommunikation und der Beziehungsaufbau mit den Spielern haben eine hohe Priorität für mich eingenommen. Das betrifft allerdings fast die gesamte Branche. Die Hardliner sind fast komplett verschwunden, und es wächst eine neue Generation von Coaches heran, die den menschlichen Zugang zum Spieler sucht und auf dieser Basis Höchstleistung und Erfolge erzielt. Doch egal wie sehr sich das Spiel und die Coaching-Ansätze entwickelt haben, es gibt eine Sache, die sich für mich niemals ändert: Wenn die Spieler nicht gewillt sind, hart zu arbeiten, und ich ihren Einsatz und das Teamplay coachen muss, dann irritiert mich das. Diese Dinge müssen die Spieler selbst mitbringen. Das war meine Überzeugung vom ersten Tag an, und die wird sich auch nicht mehr ändern. Wenn wir hingegen als Team auftreten und alles in die Waagschale werfen und trotzdem verlieren, ist das für mich kein Problem, weil wir uns dann nichts vorzuwerfen haben.

WENN DIE SPIELER NICHT GEWILLT SIND, HART ZU ARBEITEN, UND ICH IHREN EINSATZ UND DAS TEAMPLAY COACHEN MUSS, DANN IRRITIERT MICH DAS. DIESE DINGE MÜSSEN DIE SPIELER SELBST MITBRINGEN.

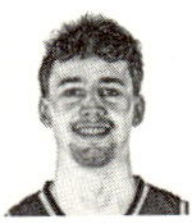

FRANZ WAGNER:

Zwei Ebenen im Coaching sind mir bei meinen Trainern wichtig: die zwischenmenschliche und die fachliche. Je erfahrener ein Trainer ist und je höher das Niveau, auf dem er trainiert, umso mehr spielt die zwischenmenschliche Ebene eine zentrale Rolle. Wenn du keine Basis auf der menschlichen Ebene hast, kein gegenseitiges Vertrauen, dann ist es auch egal, wie gut die fachlichen Kenntnisse sind und was ein Trainer zu dir im Training sagt. Du hörst dann nicht mehr richtig zu. Ich muss sagen, dass mich Gordie hier positiv überrascht hat. Er hat ein sehr gutes Gespür für die »Intangibles«, für die Dinge, die nicht in den Statistiken zu finden sind, aber eine wichtige Rolle für den Erfolg spielen und stark vom Zwischenmenschlichen abhängen. Als ich das erste Mal zur Nationalmannschaft kam, hatte ich noch nicht allzu viel von ihm gehört, wusste nur, dass er lange in der Bundesliga Trainer war. Im ersten Augenblick macht er ja eher einen nerdigen Eindruck, aber ihm gelingt es, immer wieder das Menschliche mit dir anzusprechen, um herauszufinden, wer da eigentlich hinter dem Spieler steckt und was du als Mensch brauchst. Er sieht das. Und auch im Training und im Spiel gibt er dir das Gefühl, dich zu sehen und dich anzunehmen, wie du als Mensch bist. Wie viel Wert ihm diese menschliche Ebene ist, hat mich erstaunt und das hat uns allen gutgetan. Die zweite Ebene sind die Xs und Os: das fachliche Know-how. Ich will spüren, dass ein Trainer einen klaren Plan hat, dass es eine Strategie gibt, wie wir gewinnen können. Es braucht eigene Ideen vom Spiel und für jeden Spieler. Auf unserem Niveau muss man das fast voraussetzen, und da wusste ich vorher schon, dass Gordie ein Vollprofi ist und das sehr gut mit ihm wird. Gordie ist ein logischer Mensch, der klare Regeln und Prinzipien hat, von denen er erwartet, dass sie befolgt werden. Aber seine letzte, ungeschriebene Regel ist zentral für unseren Erfolg: Es ist der Funke an Freiheit, die er uns lässt, weil ihm klar ist und er es auch immer wieder betont, dass wir Spieler am Ende des Tages auch zocken und Spaß haben müssen. Und da hat er eine sehr gute Balance gefunden, die super zu unserem Team passt. Wir schätzen die Disziplin und können den Regeln folgen, genießen aber auch den freien Flow.

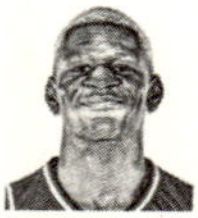

ISAAC BONGA:

Ich kenne Gordie seit ich sechzehn bin, aus meiner Zeit damals in Frankfurt. Er ist ein riesiger Eishockey-Fan und sagt oft, dass die Mentalität und Härte in diesem Sport ihn besonders geprägt haben. Aber für mich ist Gordie vor allem eines: Er ist weise. Er hat immer den passenden Spruch im richtigen Moment. Ob nach dem Training oder vor dem Spiel – er gibt uns mit einer irren Ruhe die richtige Botschaft mit. Das überträgt sich auf alle im Team. Er hat es geschafft, aus jeder Person das Beste herauszuholen. Das gilt für unsere Main-Mans Dennis und Franz, für Moritz, der für das Scoring von der Bank aus zuständig ist, für Maodo, der das Playmaking übernimmt, für mich in der Defense, für Thiemann beim Rebounding und in Bezug auf die Energie, für Andy, der die Gefahr von außen bringt, und immer so weiter – er hat uns allen einen klaren Auftrag erteilt und es geschafft, uns in guten und schlechten Momenten in der Balance zu halten. Wir sind nicht abgehoben und haben nie den Kopf in den Sand gesteckt. Wir waren immer da, wenn es gezählt hat, weil Gordie uns voll auf den Moment fokussiert hat.

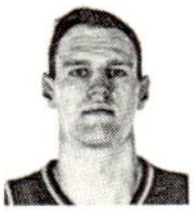

JOHANNES VOIGTMANN:

Ich kann mich noch sehr gut an meine erste Begegnung mit Gordie erinnern. Ich hatte gerade mit neunzehn die Schule in Jena abgeschlossen, und es stellte sich die Frage, zu welchem Bundesliga-Standort ich jetzt gehen würde. Gordie war zu dem Zeitpunkt Trainer in Berlin, und ich konnte erst im Nachhinein einordnen, was damals passiert ist. Die Begegnung war ziemlich komisch. Gordie hat nicht viel gesagt und war sehr streng. Der Zeitpunkt war ungünstig: Ich kam Mitten in der Saison, kurz vor den Play-offs, Gordie war im Stress, hatte eine Millionen anderer Dinge im Kopf, als mit mir ein Probetraining zu machen, zudem ging es ihm damals alles andere als gut, was ich natürlich nicht wusste. Im Nachhinein ist es witzig, weil du bei Gordie im Individualtraining gewisse Dinge wirklich 1000-mal wiederholst. Es hängt dir irgendwann so dermaßen zum Halse raus, aber bei niemandem sitzen die Basics besser als bei ihm. Die Dinge, die ich da mit ihm bei Probetraining gemacht habe, habe ich danach noch hunderttausendmal in meiner Zeit in Frankfurt unter ihm gemacht. Diese erste Begegnung sagt viel über Gordies Charakter aus. Er war sehr höflich, etwas distanziert, weil wir uns gar nicht kannten, zugleich voll fokussiert – er war einfach Gordie. Wobei er als Vereinstrainer deutlich mehr geschrien hat und strenger war. Fordernd ist er immer noch, da hat sich nichts verändert, und das ist auch gut so. Ich muss immer lachen, wenn die Spieler in der Nationalmannschaft verwundert schauen, wenn Gordie mal flucht, weil er das mittlerweile nur noch ganz selten macht, ich ihn aber noch von früher kenne, als das völlig normal bei ihm war.

Was sich bei ihm kein bisschen verändert hat: Gordie ist vom ersten bis zum letzten Tag fair. Bei Gordie haben alle die gleichen Chancen. Das ist eine enorm wichtige und oft unterschätzte Qualität eines Trainers. Bei Gordie musst du wissen: Er lebt Basketball. Der Sport ist sein Leben. Er wacht auf und denkt an Basketball, denkt vor dem Schlafengehen daran und träumt vermutlich auch davon. Er ist ein Basketball-Verrückter, der über jedes Detail nachdenkt. Er verliert nicht gern und macht sich einen unfassbaren Druck, weil er von sich und allen um sich herum die beste Leistung erwartet. Du siehst ihm an, wenn er grübelt und Lösungen für einen Gegner entwickelt. Dann ist er noch kürzer angebunden, als er es eh schon ist.

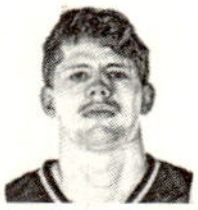

MORITZ WAGNER:

Bei Gordie spürst du seinen sportpsychologischen Hintergrund. Du merkst als Spieler, dass er dich im Training auch mal bewusst nervt, um noch ein anderes Level aus dir herauszukitzeln. Ich muss zugeben, dass es mich besonders nervt, weil es auch noch funktioniert! Durch solche Momente und Aktionen fühle ich mich dem Trainer verbunden, weil ich merke, dass ich ihm vertrauen kann und er genau weiß, was er tut. Er hat eine klare Struktur, ganz klare Prinzipien, das habe ich in der Form so noch nicht erlebt, und das gefällt mir. Er gibt eine klare Struktur vor, aber lässt uns innerhalb dieser Struktur auch eine Freiheit, die es dem einzelnen Spieler ermöglicht, seine eigene kreative Qualität einzubringen. Du bist kein Roboter bei ihm. Er will, dass du die Prinzipien verstehst und innerhalb der Prinzipien, dann auch mal eigene Entscheidungen triffst. Das empfinde ich als sehr angenehm.

Leitprinzipien und klare Konzepte

Ich benötigte mehr als fünf Jahre zu Beginn meiner Karriere als Coach, um überhaupt eine eigene Spielphilosophie zu entwickeln. Ich musste herausfinden, was mir wichtig ist, woran ich glaube und wie ich spielen möchte. Ich bestellte mir damals noch ganz oldschool alle Video-Kassetten aus den USA, an die ich meine Finger bekommen konnte, und studierte die Aufnahmen gründlich, genauso wie sämtliches Material aus Magazinen und Büchern sowie sämtliche Trainingsunterlagen aus den Fortbildungen, an denen ich teilgenommen hatte. Es fühlte sich belebend an, eine neue Perspektive einzunehmen und nach den Jahren als Spieler plötzlich die Brille eines Trainers aufzuhaben. Ich versuchte, jede Erfahrung, die mich als Spieler geprägt hatte, im Kopf noch einmal durchzuspielen. Ich erinnerte mich an jeden Trainer, unter dem ich jemals gespielt hatte. Wie hatten sie trainieren lassen? Was hatte mich selbst als Spieler einen Schritt nach vorn gebracht? Was hatte mir andererseits gar nicht gefallen? Es war der Start einer neuen Ausbildung, ich schwelgte im Gefühl der Aufbruchsstimmung. Ich bildete mich täglich weiter, begann ein Puzzle zusammenzusetzen. Ich probierte einiges aus, behielt die Dinge bei, die gut klappten, verwarf das wieder, was weniger gut aufging. Es war ein beständiger Anpassungsprozess mit dem Ergebnis, dass ich nach einigen Jahren so langsam das Gefühl bekam: Ich begreife, was ich hier mache, ich fühle mich wohl mit meinem Job. Entscheidend bei diesem Prozess war für mich die Einsicht: Authentisch zu sein, ist mein größtes Gut. Ich darf nicht einfach etwas übernehmen, was mich bei einem anderen Trainer angesprochen hat. Es geht darum, die Dinge in meinen eigenen Ansatz zu integrieren. Die blinde Imitation mag anfangs nach dem Weg des geringsten Wider-

AUTHENTISCH ZU SEIN, IST MEIN GRÖSSTES GUT. ICH DARF NICHT EINFACH ETWAS ÜBERNEHMEN, WAS MICH BEI EINEM ANDEREN TRAINER ANGESPROCHEN HAT.

stands und der schnellsten Aufstiegschance aussehen. Aber eine solche Vorgehensweise ist nicht nachhaltig. Und dein Umfeld spürt sofort, wenn etwas nicht von dir kommt und du nicht dahinterstehst.

Eine entscheidende Komponente bei der eigenen Philosophie, vor allem in Bezug auf die Nationalmannschaft ist immer: die Stärken und Schwächen deiner Spieler. Deine Philosophie muss zum Spielermaterial passen. Wenn das nicht der Fall ist, muss ich meine Philosophie anpassen, statt zu erwarten, dass sich die Spieler verändern. Meine Spielidee muss perfekt auf ihre Stärken ausgerichtet sein. Ich glaube seit Beginn meiner Karriere an zwei Dinge: die Entwicklung und Verbesserung von Individuen und die Entwicklung und Verbesserung von Teams. Wenn die Individuen ihr volles Potenzial abrufen, ist auch das Team am besten. Ein solches Team dann perfekt zu formen, ist die Königsdisziplin von uns Coaches. Ich glaube an Gruppenstärke. Je stärker unser Zusammenhalt, je stärker wir als Gruppe sind, umso größer sind unsere Chancen auf Erfolg.

Auf dieser Basis teile ich dann unsere Prinzipien für die Defense und unsere Konzepte für die Offensive mit dem Team. Meine klaren Prinzipien tragen dazu bei, dass die Spieler gleich denken, was sich wiederum positiv auf die Geschwindigkeit der Abläufe auswirkt, und die Geschwindigkeit erhöht im Spitzensport die Chance auf Erfolg. Wir trainieren in der Offensive zuerst die Konzepte, bevor wir über konkrete Spielzüge sprechen, weil ich nicht will, dass die Spieler wie Roboter unterwegs sind. Sie sollen die Konzepte begreifen und sich innerhalb dieser mit Freiheiten bewegen dürfen. Wenn sie nur einstudierte Spielzüge abspulen, hören sie auf, selbst zu denken und eigene Lösungen zu entwickeln. Bei den Konzepten geht es drum, dass einige Zahnrädchen perfekt ineinandergreifen. Es geht dabei vor allem für unsere offensiven Rebounds um unser Positionsspiel, für das wir ganz klare Regeln aufgestellt haben. Die Spieler müssen genau wissen, wann wir einen schnellen Korb nach dem Rebound holen wollen und wann wir das Spiel nach außen verlagern, um einen

Dreier zu werfen. Wir müssen jedoch immer bereit sein, sofort in die Defense zu switchen, wenn wir den Rebound nicht holen. Wir müssen für jeden Fall gewappnet sein. Offensive Rebounds sind deshalb eine Wissenschaft für sich, der wir viel Zeit und Aufmerksamkeit im Training widmen. Bei den offensiven Rebounds genauso wie bei den Übergangsphasen von Offensive zu Defensive gibt es für mich keine Grauzonen. Es gibt Schwarz und Weiß, und daran müssen sich alle halten. Der Vorteil von Schwarz-Weiß ist: Du kannst die Spieler mit in die Verantwortung nehmen. Du beziehst sie in die Konzepte mit ein und allen ist klar, was sie zu tun haben und was von ihnen erwartet wird. Da kann es keine Missverständnisse geben. Je mehr Grauzonen es gibt, umso schwieriger ist es mit der Verbindlichkeit. Wir bereiten uns auf jeden möglichen Fall und jede potenzielle gegnerische Formation vor, defensiv wie offensiv. Wir studieren genau ein, wie wir auf welche Formation reagieren, um den Spielern für jede Situation verschiedene Lösungen mit an die Hand zu geben. Das bringt einen enormen Komplexitätsgrad mit sich, weil du dich auf eine große Menge an Möglichkeiten vorbereiten musst. Ich könnte allein zum Thema, wie wir gegen ein Team spielen, das auf Switches in der Defense setzt, ein komplettes Buch schreiben. Diese Art der Verteidigung hat in den letzten Jahren immer mehr Beliebtheit gewonnen und wird immer geläufiger, weswegen es so wichtig ist, gute Lösungen dagegen im Repertoire zu haben. In unserer Philosophie haben wir klare Regeln, wie wir spielen, wenn wir noch mehr als zehn Sekunden für unseren Angriff haben, und was wir machen, wenn es weniger als zehn Sekunden auf der Uhr sind. Bei einem so hohen Ausmaß an Input in vergleichsweise kurzer Zeit hilft es dir als Trainer enorm, wenn du Spieler mit einem sehr hohen Basketball-IQ hast, was bei uns im Team der Fall ist. Als Vereinstrainer kann ich es mir rausnehmen, in der Vorbereitung auch mal eine ganze Woche nur an der Defense zu arbeiten. Mit der Nationalmannschaft habe ich diesen Luxus nicht, deswegen ist es so wichtig, dass wir uns im

Trainerteam vor den Camps und vor den Turnieren darauf festlegen, worauf wir den Fokus richten wollen.

Folgende Konzepte trainieren wir:

- die Winkel, die wir kreieren wollen, um in gute Wurfpositionen zu gelangen,
- die Geschwindigkeit, mit der wir von hinten rausspielen,
- Bewegungsabläufe mit und ohne Ball,
- die richtigen Abstände zueinander
- und ganz besonders unser Passspiel.

Passen wird zunehmend zu einer aussterbenden Kunst, obwohl es die Basis für einige unserer Konzepte darstellt. Weil das Passspiel als Voraussetzung bei Profis erachtet wird, sitzen die Grundlagen oft nicht zu hundert Prozent. Auch diese müssen deshalb immer wieder trainiert werden. Manchen Spielern mag das zum Hals raushängen, ähnlich wie guten Klavierspielern das Üben von Tonleitern. Doch beim Trainieren der Grundlagen bin ich kompromisslos. Es ist dabei kein Widerspruch, dass ich die Grundlagen bis zum Umfallen trainieren lasse und gleichzeitig ein hohes Maß an Kreativität einfordere – vor allem von unseren besten Spielern. In Kanada lernte ich früh, dass die Grundlagen – die sogenannten *FUNdamentals* – sitzen müssen und wir auf dieser Basis dann Spaß haben können. Den zwei bis drei besten Spielern gebe ich bewusst sehr viele Freiheiten. Ich fordere sogar von ihnen ein, dass sie eigene Spielzüge machen, weil ich in ihre Spielintelligenz vertraue. Das ist besonders in den letzten Minuten und Aktionen eines Spiels entscheidend. Das perfekte Beispiel dafür ist der Lay-up von Dennis Schröder im Finale gegen Serbien in der letzten Minute. Er hat sich diesen Spielzug überlegt, die Freiheit, die er bei uns genießt, genutzt und uns dadurch den spielentscheidenden Vorsprung rausgeholt. In solchen Momenten geht dir als Trainer das Herz auf, weil du siehst, dass deine Spieler die besprochenen Konzepte mit Leben füllen und genau dann in die Praxis umsetzen, wenn es am meisten zählt.

In der Defense erwarte ich von allen dasselbe: vollen Einsatz. Da gibt es keine Ausnahmen, alle müssen mit anpacken und die Drecksarbeit machen, sonst haben wir keine Chance. Als ich als Trainer anfing, trainierte ich zuerst immer die Defense. Mittlerweile mache ich es genau andersrum. Die ersten drei Tage mit der Nationalmannschaft im Camp gehören immer der Offensive, um die Konzepte zu besprechen und darauf aufbauend dann die Spielzüge einzustudieren. Außerdem stellen wir über die Offensive von Anfang an die Aufmerksamkeit und Spielfreude der Spieler sicher.

Im Coaching geht es um unzählige Details. Wenn die Kleinigkeiten stimmen, kann etwas Großes entstehen. Ich hebe das immer wieder hervor: Wir müssen die kleinen Dinge großartig machen, um den maximalen Erfolg zu erreichen. Es wird zu oft über die Details hinweggegangen, weil alle gerne schnell zum großen Bild kommen möchten. Ohne die kleinen Dinge wird es niemals ein schönes, großes Bild geben.

WIR MÜSSEN DIE KLEINEN DINGE GROSSARTIG MACHEN, UM DEN MAXIMALEN ERFOLG ZU ERREICHEN.

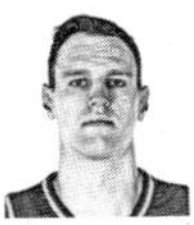

JOHANNES VOIGTMANN:

Gordie bereitet sich und das Team wahnsinnig akribisch auf alles vor. Das ist sein Anspruch. Er will, dass er und die Spieler immer wissen, was sie zu tun haben, um zu gewinnen. Er bereitet dich auf jede Spielsituation vor. Er bildet auch einfach ein super Gespann mit seinen Co-Trainern, weil er ihnen komplett vertraut und weiß, dass er sich auf die Informationen, die er von ihnen bekommt, zu hundert Prozent verlassen kann. Er holt die Spieler da ab, wo sie stehen, und nimmt sie dann mit auf die Reise.

Inspiration von außen

Bei der Entwicklung meiner Philosophie war der Einfluss jugoslawischer Trainer zentral. Als ich 1994 in Finnland meine Karriere als Coach begann und dann über einen kurzen Zwischenstopp in Österreich Anfang des Jahrtausends in Deutschland landete, war der jugoslawische Einfluss im europäischen Basketball immens. Sie brachten den Basketball hierzulande auf ein anderes Niveau. Keine andere Nation hatte damals so starken Einfluss auf den Basketball in Europa. Ich coachte regelmäßig gegen Trainer aus der Region, es entstanden erste Beziehungen. Besonders erwähnenswert ist an dieser Stelle Coach Svetislav Pešić, den ich als einen der großen Pioniere für die Entwicklung des Basketballs in Deutschland sehe. Das erste Mal begegneten wir uns 2001. Gegeneinander spielten wir dann 2002 zum ersten Mal, während seiner Zeit als Chef-Trainer in Köln. Er hatte kurz zuvor, im Sommer 2002, mit Jugoslawien die Weltmeisterschaft in Amerika gewonnen und hatte damals schon ein spezielles Auftreten. Er hatte diese Aura, die es ihm ermöglichte, das Spiel vom Rand aus wirklich zu beeinflussen. Er scheint ein Selbstbewusstsein aus Stahl zu haben und wollte immer um jeden Preis gewinnen. Pesic war immer er selbst, zu hundert Prozent authentisch und unbeirrbar auf seinem Pfad. Ein unglaublicher Wettkämpfer und Gewinnertyp. Er verkörperte den Spirit der Jugoslawen: sich auf die eigenen Stärken besinnen und diese gnadenlos ausspielen. Von ihm lernte ich damals zwei Dinge:

1. Wähle dir die wenigen Punkte gezielt aus, in denen du am allerbesten sein willst, und schenke ihnen im Training viel Zeit und Energie.
2. Erzeuge als Trainer bewusst Widerstände und kleine Konflikte.

In Letzterem war Pešić der Meister. Er hat immer wieder gezielt für kleine Spannungen gesorgt. Warum machen wir Trainer das? Es zeigt uns, wie resilient unser Team ist und wo es noch lernen muss, um mit Widerständen klarzukommen. Sind sie gewillt sich durchzubeißen, oder lassen sie sich schon beim ersten Widerstand aufhalten?

Wir lieferten uns viele hart umkämpfte Spiele. Fast immer mit dem besseren Ende für ihn. Es begann während meiner ersten Amtszeit in Frankfurt, als er Köln trainierte, und erreichte einen vorläufigen Höhepunkt, als er von 2012 bis 2016 Trainer des FC Bayern München war und ich meine längste Amtszeit bei den Skyliners hatte. Unsere Wege kreuzten sich gefühlt jährlich in den Play-offs, und jedes Mal begrub seine Mannschaft unsere Titel-Ambitionen. Dass wir ausgerechnet gegen ihn und die serbische Mannschaft im WM-Finale antraten und ich durch den Triumph gleichzeitig meinen ersten wichtigen Sieg gegen ihn einfahren konnte, fühlte sich zuerst surreal an. Er war mein größter Widersacher auf der Trainerbank und wurde gleichzeitig zu einem Freund, dessen Lebenswerk ich staunend bewundern darf. Als Trainer hat er alles gewonnen. Seinen Respekt für unsere Leistung zu spüren, bedeutete mir viel. Wir waren uns im Gespräch nach der WM einig: Die beiden Mannschaften, die als Team am besten funktionierten, waren ins Finale gekommen. Das Finale hat gezeigt, was Teamplay bedeutet und wohin es einen führen kann. Die größten Erfolge entstehen durch das Zusammenspiel Einzelner, die im Auftrag des Teams antreten. Das spürten wir beide und konnten es nach der epischen Schlacht im Finale beim jeweils anderen noch einmal würdigen.

Das Auftreten jugoslawischer Trainer in den frühen Jahren war ausnahmslos laut. Es wurde viel geschrien und noch mehr eingefordert. Geführt wurde mit der harten Hand. Wie schon gesagt:

Bei mir war es nicht anders. Ich forderte in jeder Trainingseinheit ein hohes Maß an Intensität und physischer Härte ein. Es verging keine Einheit, ohne dass ich mindestens einmal laut wurde. Gegen ein Team mit einem jugoslawischen Coach anzutreten, war immer ein Kampf. Man wusste, was auf einen zukam. Insbesondere die Defensive stand stabil. Jeder Ballbesitz war eine kleine Schlacht in sich, um den Sieg zu erringen. So martialisch die Sprache hier ist, so umkämpft waren die Spiele. Die Anforderung an Spieler war klar: Wer nicht seinen Teil dazu beiträgt, dass gewonnen wird, ist raus. Diese Einstellung und Gewinnermentalität machten die DNA ihrer Teams aus. Die Ausrichtung auf die Defensive schaute ich mir genauso ab wie die Gewinnermentalität und den eisernen Fokus auf ein paar wenige Stärken, die zu echten Waffen wurden.

Als ich in Deutschland durchstartete, war ich immer ein Defense-First-Coach. Mein Ansatz lautete: Aus einer stabilen Defensive heraus hole ich die meisten Siege. Mittlerweile sehe ich das anders. Ich lege immer noch höchsten Wert auf eine ordentliche Defensive, widme mich jedoch viel mehr dem offensiven Part unseres Spiels. Ich fordere Kreativität und Vielseitigkeit in unserem Angriffsspiel, damit wir einerseits schwerer auszurechnen sind und andererseits die Spieler mehr mitdenken und Eigeninitiative entwickeln. Die Spieler müssen so viele Entscheidungen treffen, da ist es wichtig, dass sie auch mal außerhalb der Box denken und das Zepter selbst in die Hand nehmen. Es ist ein bisschen wie bei einer Rede. Wenn ich sie nur auswendig lerne, stehe ich plötzlich blank und versteinert da, wenn ich mal meinen roten Faden verliere. Wenn ich hingegen lerne, frei zu sprechen, und meine zentralen Punkte kenne, wenn ich mich auf mein Wissen und meine Fähigkeiten verlassen kann, dann bin ich viel schwerer aus dem Konzept zu bringen, auch wenn etwas Unerwartetes passiert.

Lebenslang lernen

So wie die Spieler sich beständig weiterentwickeln müssen, muss ich das auch als Trainer. Meine heutige Philosophie hat nichts mehr mit der vor fünfundzwanzig Jahren zu tun. Das Spiel verändert sich fortwährend – da ist es wichtig, auf der Höhe zu bleiben. Während der letzten beiden Jahre habe ich beispielsweise regelmäßig bei anderen Coaches hospitiert. Ich werde immer wieder gefragt, warum ich das tue, ich wäre doch schon professioneller Coach auf höchster Ebene. Ich glaube aber, dass ich das nur bleibe, indem ich kontinuierlich weiterlerne und an mir arbeite. Deshalb sage ich auch immer wieder ganz bewusst: Das Leben ist ein Berg und kein Strand. Wenn wir nicht mehr zu lernen gewillt sind und den anstrengenden Aufstieg nicht in Kauf nehmen, werden wir bequem, landen im übertragenen Sinne am Strand und stagnieren. Immer wenn ich das Gefühl habe, dass das passiert, weiß ich: Es ist Zeit für eine Veränderung.

DAS LEBEN IST EIN BERG UND KEIN STRAND. WENN WIR NICHT MEHR ZU LERNEN GEWILLT SIND UND DEN ANSTRENGENDEN AUFSTIEG NICHT IN KAUF NEHMEN, WERDEN WIR BEQUEM, LANDEN IM ÜBERTRAGENEN SINNE AM STRAND UND STAGNIEREN.

Ich frage mich das selbst regelmäßig: Befinde ich mich noch auf dem Aufstieg, bin ich noch gewillt, die Anstrengungen auf mich zu nehmen, den Berg weiter zu erklimmen, jeden Tag besser zu werden und Neues zu lernen? Oder bin ich vom Kopf her schon wieder am Strand? Ich spreche in diesem Zusammenhang auch gern von einem abwärtsfahrenden Fahrstuhl. Solange wir täglich investieren und unsere Hausaufgaben machen, geht es aufwärts, wir erklimmen Stufe um Stufe. Es geht mir hierbei um die grundsätzliche Haltung. Zwischendurch den schönen Ausblick genießen, um die Batterien aufzuladen, das mache ich natürlich auch. Doch sobald wir aufhören, beständig an uns zu arbeiten, befinden wir uns im Fahrstuhl nach unten. So erging es mir zum Beispiel gegen Ende meiner langen Amtszeit in Frankfurt. Ich spürte, dass ich stagnierte, mich nicht mehr verbesserte und es Zeit für eine Veränderung war.

Also probierte ich einiges aus. Ich engagierte mich als Coach-Consultant bei den Brooklyn Nets, trainierte die kanadische Nationalmannschaft als Chef-Trainer in den Abstellfenstern während der Saison und als Associate-Headcoach bei den Turnieren und nahm eine Herausforderung in Russland bei Awtodor Saratow an. Ich brauchte neuen Input, neue Erfahrungen, einen Wechsel der Luft, die ich atmete. Meine Zeit mit der kanadischen Nationalmannschaft zum Beispiel war wertvoll für mich, weil ich die Möglichkeit hatte, unter Chef-Coach Nick Nurse zu arbeiten. Seine Philosophie war ganz anders all meine eigene und wich auch stark von allem ab, was mir aus Europa bekannt war. Er betonte im Austausch mit mir immer wieder: »Hab keine Angst davor, Neues auszuprobieren. Hab keine Angst, den großen Wurf zu riskieren. Wenn du nichts Neues ausprobierst, kannst du auch nichts Neues lernen. Entschuldige dich niemals dafür, dass du etwas getestet hast. Es ist okay, auch mal mit einem Experiment auf die Schnauze zu fliegen, solange du daraus lernst.«

Auch der Austausch mit Kenny Atkinson während meiner Zeit bei den Brooklyn Nets war eine große Bereicherung, und auch meine Erfahrung in Russland, wo großer Wert auf Taktik gelegt wird, ermöglichte mir in einem fortgeschrittenen Stadium meiner Karriere noch einmal gänzlich neue Einsichten. Das war das Beste, was mir passieren konnte und brachte mich einen großen Schritt voran. Doch wirklich angekommen fühlte ich mich erst, als ich Trainer der deutschen Nationalmannschaft wurde. Hier kam für mich alles zusammen, und ich konnte den Gordie, der gern laut wurde, um etwas einzufordern, den Gordie, den ich nicht so gern mochte, hinter mir lassen und Raum für einen neuen Gordie machen. Einen Gordie, der es genießt, mit den Spielern zu arbeiten und der sich von einem neuen Leitsatz beflügeln lässt: Die Last der Reise darf auf Dauer niemals größer sein als die Lust an der Reise.

Ich beobachte andere Trainer unheimlich gern bei ihren Trainingseinheiten. Ich will sehen, wie sie arbeiten, wie sie kommunizieren, was sie vermitteln. Und dann gehe ich im Nachgang mit ihnen essen und teile meine Beobachtungen, frage sie nach bestimmten Situationen und lasse mir ihr Handeln erklären. Das hält mich frisch, so komme ich auf neue Ideen, bleibe inspiriert und erweitere konstant meinen Horizont. Auf höchster Ebene sind es in den meisten Fällen Nuancen, die den Unterschied machen. Im Austausch mit meinen Kollegen sorgt die geteilte Liebe zum Spiel für eine Atmosphäre des wertschätzenden, kollegialen Austauschs und Fachsimpelns, statt der Sorge: Hier will jemand abkupfern, am besten behalte ich alle Geheimnisse für mich. Über den Austausch mit Ettore Mesina, dem Trainer von Olimpia Milano, freue ich mich beispielsweise jedes Mal. Er ist sehr offen, ein hochintelligenter Coach mit einer genauen Vorstellung vom Spiel. Während der WM rief ich ihn zwei Mal an, um seine Einschätzung zu einem gegnerischen Spieler zu hören und mir beschreiben zu lassen, wie er gegen ihn verteidigen ließ. Diese Art von vertrauensvoller Beziehung zu anderen Trainern bedeutet mir viel.

Den Austausch mit Tuomas Iisalo, den ich während seiner Zeit in Bonn gern besucht habe und mit dem ich eine finnische Vergangenheit bei demselben Team teile, genieße ich ebenfalls sehr. Ich schätze den kollegialen Umgang mit ihm und freue mich immer, mit Trainern zu sprechen, deren Philosophie meiner eigenen diametral gegenübersteht. Aus solchen Gesprächen kann ich am meisten mitnehmen, weil ich ja nicht nach einer Bestätigung meines Ansatzes suche, sondern vielmehr meinen Blick aufs Spiel ergänzen möchte. Dafür brauche ich eine möglichst stark von meinem Blickwinkel abweichende Sicht.

Den italienischen Coach Andrea Trinchieri, der den FC Bayern München von 2020 bis 2023 trainierte, habe ich als Nationaltrainer ebenfalls regelmäßig beim Training besucht. Dadurch konnte ich gleich zwei Fliegen mit einer Klappe schlagen: Ich kann ihn beim Training beobachten und außerdem einige Nationalspieler treffen und mir ein Bild von ihrer Verfassung machen.

Sergio Scariolo, Nationaltrainer Spaniens, ist ein weiterer Kollege, den ich schätze, und mit dem ich den Austausch sehr genieße. Für mich ist er der beste Nationaltrainer, den es im Basketball gibt – entsprechend wertvoll war seine Perspektive auf das Trainieren von Nationalmannschaften für mich. Als ich ihn fragte, warum die spanische Nationalmannschaft über Jahre hinweg so erfolgreich sei, war seine Antwort ganz einfach und klar: »Sie genießen es, dabei zu sein. Sie spielen gern für Spanien.« Daraus nahm ich für mich mit, dass es die Basis sein muss, eine Atmosphäre zu schaffen, in der sich die Spieler wohlfühlen und es genießen können, für die Nationalmannschaft unterwegs zu sein. Ich steckte viel Energie in die Frage: Wie gelingt es mir, die Zeit mit dem Team so zu gestalten, dass die Spieler wirklich unbedingt dabei sein wollen? Erst als ich darauf eine Antwort gefunden hatte, widmete ich mich dem Sportlichen.

Taktische Kniffe

Mit Thomas Tuchel habe ich mich über den Unterschied zwischen Basketball und Fußball in Bezug auf die Rolle des Trainers ausgetauscht. Er meinte lachend, dass er mich beneidet, weil wir im Basketball viel mehr Möglichkeiten haben einzugreifen. Und da hat er natürlich vollkommen recht. Wir können beispielsweise eine Auszeit nehmen, wenn wir das gute Momentum des Gegners durchbrechen wollen. Oder ich nehme eine Auszeit, wenn ich eine wichtige Botschaft ans Team habe. Oder wenn ich unserem besten Spieler die Chance geben möchte, einfach mal kurz durchzuatmen. Im WM-Spiel gegen Australien, das erste Spiel nach der Verletzung von Franz, hat Dennis zum Beispiel fast komplett durchgespielt. Also nahm ich im letzten Viertel eine Auszeit nur für Dennis, damit er eine kleine Pause bekommt.

Bei der FIBA, dem Weltbasketballverband, sind die Auszeiten allerdings nur eine Minute lang, im Unterschied zur NBA, wo es drei Minuten sind. Zwischen den Vierteln sind es nur zwei Minuten. Da hat man wenig Zeit, eine Botschaft zu formulieren. Sie darf die Jungs auf keinen Fall überladen, es gilt hier eher die Maxime: weniger ist mehr! Ich sage zu meinen Co-Trainern: »Ihr habt fünfzehn Sekunden, welchen Input habt ihr für mich?« Dann gehe ich zu den Spielern in den Kreis und habe fünfunddreißig bis vierzig Sekunden, um ihnen meine Gedanken mitzuteilen. Jede Auszeit ist einzigartig und verfolgt immer ein klares Ziel. Mal verändern wir die Deckung, mal stellen wir in der Defense oder Offensive etwas um, ein anderes Mal geben wir einen Spielzug vor. Im letzten Viertel gegen Lettland nahmen wir eine Auszeit, um einen neuen Spielzug zu integrieren, der auf Franz zugeschnitten war und den wir während der gesamten WM noch nicht genutzt hatten, weil Franz verletzt war. Bret, der zugleich auch Assistent bei Orlando in Florida ist und Franz dadurch bestens kennt, hatte die geniale Idee. Wir spielten den Zug zuvor schon während der EM 2022 und konnten dadurch für einige entscheidende, unerwartete Aktionen sorgen. Bei der WM machte Franz mit dem Spielzug mehrere überlebenswichtige Körbe hintereinander, und wir manövrierten uns aus einer schwierigen Lage heraus.

Am Ende geht es bei den Auszeiten immer nur um eine Sache: Wir versuchen, die Wahrscheinlichkeit des Sieges zu erhöhen und teilen den Spielern nur die wichtigsten Dinge mit, um dieses Ziel zu erreichen. Ich bin der festen Überzeugung, dass Erfolg planbar ist. Dennoch gibt es immer unplanbare Situationen, die eintreten und für den besonderen Nervenkitzel bei den Fans und auch bei uns Trainern

> ICH BIN DER FESTEN ÜBERZEUGUNG, DASS ERFOLG PLANBAR IST.

sorgen. Deshalb spreche ich hier auch von der Wahrscheinlichkeit des Sieges. Diese können wir steigern. Und dafür tun wir alles. Wir geben den Spielern in der Vorbereitung aufs Spiel und während den Pausen einen möglichst klaren Plan, was sie tun müssen, um das Spiel zu gewinnen. Diesen Plan trichtern wir ihnen häppchenweise ein, damit sie ihn so gut wie möglich umsetzen. Der Gegner macht natürlich dasselbe, weswegen wir immer wieder gegensteuern und uns anpassen müssen. Dazu dienen uns die Auszeiten, die Pausen zwischen den Vierteln und die Halbzeitpause. Meine Spieler müssen sich mit dem Plan wohlfühlen und überzeugt sein, dass wir damit gewinnen können.

Einer der wichtigsten Momente des Spiels ist die Phase unmittelbar nach der Halbzeit. Die ersten drei bis vier Minuten im dritten Viertel sind oft entscheidend für das gesamte Momentum des Spiels. Hier kippen Spiele gern mal in die eine oder andere Richtung. Das liegt am Gewicht der Halbzeitansprache und wie diese Pause genutzt wird. Hier hast du als Trainer die größte Gelegenheit zum Feinjustieren und die Sinne der Spieler noch mal zu schärfen. Die Ansprache muss auf den Punkt sitzen, die Spieler müssen mit neuer Energie auf den Court zurückkehren und genau wissen, was sie zu tun haben. Wir betonen jedes Mal aufs Neue, wie wichtig der Start zurück ins Spiel ist. Dabei geht es primär darum, den Takt und die Geschwindigkeit des Spiels vorzugeben und ein klares Signal der Stärke an den Gegner zu senden.

Abschließend lässt sich zum Thema Coaching festhalten: Wenn du nicht kritikfähig bist, kannst du kein erfolgreicher Coach sein. Es liegt in der Natur des Jobs, dass du ständig von Experten hinterfragt wirst und deine Entscheidungen angegriffen werden, sobald ein Schachzug nicht aufgeht. Nicht selten gehen die Attacken auch unter die Gürtellinie. Du musst dir treu sein, an dem festhalten, woran du glaubst, und beständig nach vorn marschieren. Denn du gibst die Richtung vor, und niemand sonst.

3 TEAMSPIRIT

»Wir waren wie Brüder, die alles füreinander gemacht haben, um am Ende zusammen ein großes Ziel zu erreichen. Jeder hat sein Ego zu Hause gelassen, wir waren einfach eine große Familie.«

David Krämer

Es gibt den legendären Dialog zwischen Phil Jackson und Michael Jordan, in dem Phil Jackson zu Michael Jordan sagt, dass es kein »I in Team« gibt. Und Michael Jordan erwidert, dass es »I in win« gibt. Ich habe lange darüber nachgedacht, weil ich zu Beginn meiner Trainerkarriere den Gedanken von Phil Jackson teilte und mir Ähnliches von zahlreichen Coaches über dreißig Jahre lang eingetrichtert wurde. Ich habe Phil Jacksons Haltung entsprechend an meine Spieler weitergegeben und eine egobefreite, mannschaftsdienliche Haltung eingefordert. Mittlerweile sehe ich die Sache anders. Es gibt ein »I in Team«, weil wir das individuelle Talent für den Erfolg brauchen. Aber das Team muss immer zuerst kommen. Diese Haltung macht uns bei der Nationalmannschaft so stark. Wir erkennen die individuelle Klasse von Franz und Dennis und allen anderen an und freuen uns darüber, sie in unserem Team zu haben, weil wir wissen, mit ihnen können wir Spiele gewinnen. Aber jeder im Team verkörpert eine Grundaussage: Das Ich ist niemals größer als das Wir. Der Teamzusammenhalt macht uns stark. Allein kann niemand Spiele gewinnen.

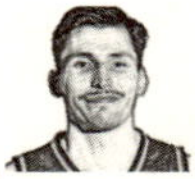

DAVID KRÄMER:

Ich habe während des ganzen WM-Sommers ein Tagebuch geführt und freue mich jedes Mal, wenn ich darin blättere. Natürlich war der Sieg im Finale ein einmaliges Lebens-Highlight, aber wenn ich nach Highlights gefragt werde, dann sage ich oft als Erstes: Der ganze Sommer war ein großes Highlight. Jeden Tag, den ich mit den Jungs verbringen durfte, habe ich genossen. Das sind alles Erinnerungen fürs Leben. Die Camps, die Vorbereitungsspiele, die Trainings, die Reisetage, die vielen gemeinsamen Essen, Kartenspiele, Abu Dhabi, Japan und dann die K.-o.-Spiele in Manila – das war alles sehr besonders für mich. Aber über allem steht für mich unser Zusammenhalt im Team. Wir waren wie Brüder, die alles füreinander gemacht haben, um am Ende zusammen ein großes Ziel zu erreichen. Jeder hat sein Ego zu Hause gelassen, wir waren einfach eine große Familie Als ich das gesehen und gespürt habe, wusste ich: Wir können echt etwas reißen. So einen Teamspirit aufzubauen, ist nicht einfach. Vor allem wenn hier Spieler zusammenkommen, die es gewohnt sind, in ihren Teams tragende Säulen zu sein, und trotzdem ist niemand beleidigt, wenn er mal weniger spielt, weniger Punkte macht und sich in den Dienst der Mannschaft stellen muss. Für mich ist dieses Team ein Bund fürs ganze Leben. Der wird für immer Bestand haben und niemand kann uns das nehmen.

Wir wählen Spieler in den meisten Fällen wegen ihrer individuellen Klasse aus. Auch in Organisationen werden Menschen aufgrund ihres Skillsets in bestimmte Positionen befördert. Und daraus entsteht erst einmal nichts anderes als eine Gruppe von Individuen, die etwas Bestimmtes gut können. Die zentrale Frage ist nur: Wie formt man aus dieser Gruppe ein Team, das es gemeinsam schafft, das Unmögliche möglich zu machen?

Der gängigste Fehler beim Teambuilding: Die meisten starten zu spät damit. Nämlich erst dann, wenn schon Krisenstimmung herrscht. Teambuilding beginnt an Tag eins. Die Atmosphäre im Team hat genau hier ihren Ursprung, deshalb muss zu diesem Termin alles gut vorbereitet sein. Bei uns wird das Teambuilding sogar noch früher zum Thema. Vor den Camps und vor der Zusammenkunft der Spieler sitzen wir im Kreis unseres Trainerstabs zusammen und legen den Grundstein für eine gute Teamchemie. Wir haben dabei eine Regel: Wir einigen uns darauf, dass es unter uns in Ordnung ist, anderer Meinung zu sein. Aber wenn wir den Raum verlassen, dann treten wir als Einheit auf. Wir wollen, dass unsere Spieler ein Team sind, und genau das können wir nicht erwarten, wenn der Trainerstab nicht geschlossen auftritt.

TEAMBUILDING BEGINNT AN TAG EINS. DIE ATMOSPHÄRE IM TEAM HAT GENAU HIER IHREN URSPRUNG, DESHALB MUSS ZU DIESEM TERMIN ALLES GUT VORBEREITET SEIN.

Diese Haltung übertragen wir auf viele kleine Situationen. In den Trinkpausen kommen wir beispielsweise kurz als Team zusammen, bilden einen Huddle und demonstrieren damit: Wir sind ein Team. Das mag auf den ersten Blick aufgesetzt klingen, es sendet jedoch ein Signal an alle Beteiligten und sorgt für Verbundenheit. Darauf lege ich allergrößten Wert. Genau deshalb essen wir auch zusammen und ergreifen immer wieder Maßnahmen, um den Teamspirit zu fördern. Meine Herangehensweise ist dabei in den meisten Fällen spielerisch. Oft lasse ich mir kleine Spielereien einfallen, bringe Preise mit, und der Gewinner bekommt etwas von mir überreicht. Mal sind es lustige Kartenspiele, mal Würfe von der Mittellinie, mal kleine Quizze. All das, was mich auch schon als Spieler glücklich gemacht hat. Sportler sind Spielkinder. Spiele machen den Kopf frei und lockern die Atmosphäre auf. Die Würfe von der Mittellinie mache ich zum Beispiel besonders gern, wenn wir ein Abendspiel haben. Da lasse ich zum Abschluss der finalen Trainingseinheit alle noch mal von der Mittellinie werfen. Wir machen dabei Witze mit- und übereinander und vergessen für einen Augenblick den Leistungsdruck. Wenn wir ein Spiel am Nachmittag haben, trainieren wir vormittags nicht mehr, sondern machen ein gemeinsames Videostudium des Gegners und gehen noch bestimmte Spielszenen durch. Danach lege ich einen 100-€-Schein auf den Tisch, und wir spielen ein Spiel. Der Gewinner darf sich das Geld nehmen. Oder ich bilde Gruppen, die gegeneinander in einem Spiel antreten, bis nur noch eine Gruppe übrig ist und gewinnt. Es sind Kleinigkeiten, aber dadurch entsteht immer eine gewisse Atmosphäre, die sich positiv auf das Team und unser Zusammensein auswirkt.

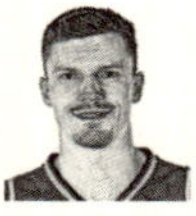

ANDY OBST:

An Spieltagen, wenn wir uns in der Früh noch Videos vom Gegner angeschaut haben, dann haben wir danach oft noch Karten gespielt oder Würfe von der Mittellinie gemacht. Da ging es immer um ein wenig Geld, und das sind Kleinigkeiten, bei denen du als Mannschaft noch mal Spaß hast, ein wenig zockst, etwas hin und her stichelst – so etwas tut allen gut. Und Gordie hat da auch diese lockere Ausstrahlung, die es sehr angenehm macht. Da ist nie etwas aufgesetzt, gezwungen oder forciert. Das spürst du als Spieler, und das sorgt für viel Vertrauen.

Wir gehen unser Teambuilding auf drei Ebenen an: auf dem Court, abseits des Courts in verschiedenen Locations und im Meeting-Raum. Im Meeting-Raum legen wir unsere Performance-Ziele fest, sprechen über unsere Identität, also über das, was uns als Mannschaft ausmacht, und gönnen uns zudem hin und wieder meine Lieblingsmaßnahme: den Positivitätskreis. Wir setzen uns dabei alle in einen Kreis, und eine Person beginnt und sagt drei wertschätzende Dinge über den Sitznachbarn. Davon machen wir dann mindestens eine Runde.

Wenn ich spüre: im Team stimmt etwas nicht, die Stimmung ist nicht gut, dann sage ich sogar manchmal das Training ab, um genau diese Übung zu machen.

Auf dem Court versuche ich immer wieder, ein zentrales Signal zu senden: Als Team sind wir um einiges stärker. Dafür kommen wir oft in einem Kreis zusammen und erzeugen eine physische Nähe. Neben dem Platz ist es mit der Nationalmannschaft nicht so einfach, die nötige Zeit zu finden, um besondere Maßnahmen zu ergreifen. Ich überlege mir regelmäßig etwas, aber da hat man es als Vereinstrainer leichter. Wenn ich eine ganze Saison mit den Spielern habe, habe ich gemeinsame Ausflüge geplant und diese mit Abenteuern bestückt. Wir haben uns dann gegenseitig von steilen Klippen abgeseilt, sind in wilden Gewässern Kajak gefahren, und ich habe uns immer wieder Herausforderungen gesucht, die sich nur in der Gemeinschaft erfolgreich bewältigen ließen. Unabhängig davon, was wir beim Teambuilding machen, ich stelle immer Gruppen aus vier bis fünf Spielern zusammen. Warum? Weil wir wollen, dass sich die Spieler miteinander austauschen, sich auch über den Basketball hinaus kennenlernen, sich gegenseitig unterstützen und spüren: Ich kann mich hier auf jeden verlassen. Und weil sie feststellen, was ein Team mit einer überschaubaren Gruppengröße alles gemeinsam bewerkstelligen kann. Genauso wie auf dem Basketballplatz.

Letztlich geht es beim Teambuilding um eine einzige Sache: einen Zusammenhalt zu erzeugen, in dem sich die Menschen gegenseitig unterstützen, sich umeinander sorgen und verstehen, dass wir nur im Miteinander Einzigartiges leisten können. Einem Einzelnen kann das in unserem Sport nicht gelingen. Deswegen hat es mich auch besonders stolz gemacht, als eine Vielzahl von Menschen, die uns nach dem Weltmeistertitel gratulierten, meinten: Wenn man euch spielen sah, hat man vor allem eine Sache gesehen: ein intaktes Team. Darum geht es mir. Das war das größte Kompliment, das man mir und uns machen konnte.

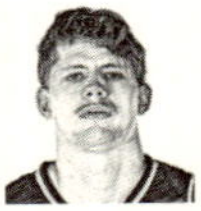

MORITZ WAGNER:

Es gibt mehrere Gründe, warum wir Weltmeister geworden sind. Am Ende ist es ein Mix aus einer sehr talentierten Mannschaft und einem einmaligen Zusammenhalt im Team. Wir kennen uns jetzt alle lange genug, mit all unsren Macken und Vorlieben, um gut aufeinander eingehen zu können. Das finde ich sehr wichtig für den kurzen Zeitraum, den wir jeweils zusammen sind, weil man wenig Eingewöhnungszeit hat. Wir waren alle ready für das, was kommt. Dadurch konnte das Talent optimal ausgespielt und eingesetzt werden. Talent allein hilft nur leider gar nichts, wenn du kein Team bist. Und das haben wir dem Leadership von Gordie und seinem Team zu verdanken, dass die Spieler es dann als Einheit auf den Platz bringen konnten.

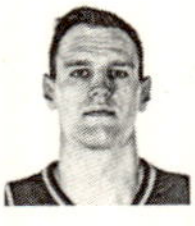

JOHANNES VOIGTMANN:

Der Grundstein für unseren Erfolg ist, dass wir eine hochtalentierte Mannschaft haben, mit einer guten Mischung aus jungen und sehr erfahrenen Spielern, die sowohl aus der NBA als auch der Euroleague kommen. Es ist eine Zusammenstellung von unterschiedlichen Charakteren, von sehr introvertiert bis sehr extrovertiert, eine gesunde Mischung in allen Aspekten. Dass viele von uns schon sehr lange mit dabei sind und viele Misserfolge mit der Nationalmannschaft erlebt haben, schweißt zusätzlich zusammen. Und durch Gordie und sein Team hatten wir für jedes Spiel einen guten Plan. Wir wussten immer, was zu tun ist, um den nächsten Gegner zu schlagen.

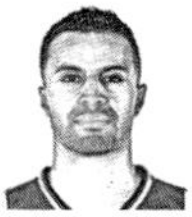

JOHANNES THIEMANN:

Gordie hat das Team umgekrempelt und uns eine klare Identität gegeben. Die Jahre vor seinem Amtsantritt waren die Grundlage für die erfolgreiche Heim-EM und den WM-Titel, aber die Klarheit von Gordie, wie er das Team haben will und jeden Spieler sieht, das war der Schlüssel, den wir gebraucht haben. Bei Gordie wusste jeder von Beginn an, was von ihm erwartet wird, das hatten wir in der Form vorher nicht. Das hat dann auch dazu geführt, dass du dich als Spieler leichter zurücknehmen konntest und sich alle in den Dienst des Teams gestellt haben. Dadurch, dass er jedem von uns sagt, was das Team von uns braucht und was jeder von uns einbringen soll, macht er es uns deutlich leichter, weil wir uns auf genau diese Dinge dann konzentrieren können. Bei der Nationalmannschaft brauchst du das, weil du so wenig Zeit miteinander hast, um dich auf ein Turnier vorzubereiten. Der Vorteil an den kürzeren Zeitfenstern ist allerdings, dass das Eigeninteresse niedriger ist als im Verlauf einer ganzen Saison. Während der Saison willst du dich auch selbst viel mehr weiterentwickeln. Bei der Nationalmannschaft hingegen willst du einfach den Titel, du willst den maximalen Erfolg mit deinem Team erzielen. Das Teamgefüge und der Zusammenhalt waren unglaublich, so etwas ist echt selten. Typen wie David Krämer dabei zu haben, die oft keine Sekunde gespielt, aber vierzig Minuten lang maximal Stimmung fürs Team gemacht haben, nie schlechte Laune hatten, sondern im Gegenteil das Team ständig gepusht haben, so etwas ist enorm wichtig und einfach geil. Das kann man nicht anders sagen.

Rennpferde und Schweine: Die Bedeutung von klaren Rollen

Klare Rollen sind die Basis dafür, dass alle Beteiligten ihren Job perfekt ausüben können, weil alle im Team verstehen, wer wofür verantwortlich ist. Im ersten Schritt mache ich mir immer Gedanken darüber, welche Rollen es zu verteilen gibt. In jedem Team brauchst du deine Leader, die vorangehen, die Botschafter für unsere Werte sind und für mich als verlängerter Arm auf dem Court agieren. Im Basketball brauchen wir Physis, Härte und defensive Stabilität. Mindestens eine Person muss diese Attribute verkörpern und als positives Beispiel für den Rest des Teams dienen. Ich lege viel Wert darauf, dass innerhalb der verschiedenen Rollen-Bereiche der Basketball-IQ gleichmäßig verteilt ist, damit wir kluge Entscheidungen auf dem Court fällen. Was in keinem Team fehlen darf, ist die Rolle des Teamplayers, der das nötige Fingerspitzengefühl mitbringt, um für ein positives Binnenklima und gute Energie zu sorgen. Du brauchst die Kreativen, die das Spiel gestalten und für Überraschungsmomente sorgen können. Was auch auf keinen Fall fehlen darf, ist die Gefahr von außen. Dafür benötigen wir Spieler, die eine hohe Treffsicherheit aus der Dreier-Distanz mitbringen. Du brauchst Veteranen, die Erfahrung verkörpern und Ruhe ausstrahlen – vor allem in engen K.-o.-Spielen ist das wichtig, weil da plötzlich die Nerven eine große Rolle spielen. Und dann hast du deine Teamplayer, die Spieler 10 bis 12, die das Team von der Bank aus pushen, immer bereit sein müssen, wenn wir sie brauchen, und das mitbringen, was uns im Team punktuell noch fehlt. Das ist von Team zu Team unterschiedlich, weswegen die Besetzung dieser Rollen oft besonders schwierig ist. Manchmal brauchst du einen Back-up fürs Shooting, ein anderes Mal ist es eher die Physis, die meist mit der Körpergröße und dem aggressiven Spiel zusammenhängt.

Besonders wichtig bei den Spielern 10 bis 12 ist, dass sie mit wenig Einsatzzeit zurechtkommen können und sich stets in den Dienst des Teams stellen.

Sobald mein Trainerteam und ich uns einig über die genaue Rollenaufteilung sind, beginne ich im zweiten Schritt die Gespräche mit den Spielern. Ich bespreche dabei mit jedem Spieler einzeln, wie seine Rolle aussieht, was ich mir von ihm erwarte und welchen Beitrag er für das Team leisten soll.

Wenn ich mit jedem Spieler gesprochen habe, rufe ich im dritten Schritt das gesamte Team zusammen und stelle der kompletten Gruppe noch mal jede Rolle von jedem Spieler vor. Wir machen einen Stuhlkreis und widmen uns dem Thema mit voller Aufmerksamkeit. Alle sollen wissen, wer welche Rolle übernimmt und was wir als Team von wem erwarten dürfen. Diese Transparenz hilft allen, weil die Zuständigkeiten geklärt sind und die Spieler vor der versammelten Mannschaft erklären, nach ihren Fähigkeiten alles für ihre Rolle zu geben. Ich betone zugleich, dass sich die Rollen auch verändern können, dass sie nicht in Stein gemeißelt sind. Wir müssen oft auf äußere Umstände reagieren, und das kann zur Veränderung der Rolle eines Einzelnen führen. Die Verletzung von Franz im ersten WM-Spiel war zum Beispiel ausschlaggebend dafür, dass sich einige Rollen für ein paar Spiele geändert haben. Aber auch die Leistung kann zu einer Veränderung der Rolle führen. Dann ist es mein Job, dem Team klar zu kommunizieren, dass es eine Anpassung der Rollen gibt. Wir müssen immer alle auf demselben Stand sein, damit keine Unklarheiten und Missverständnisse entstehen.

Den Spielern gefällt die eigene Rolle nicht immer, aber sie müssen sie akzeptieren, weil es das Beste für das Team ist. Mein Job als Coach ist es dann, ihnen genau zu erklären, warum es für das Team so wichtig ist, dass sie genau die für sie vorgesehene Rolle übernehmen. Das ist vor allem in einer Nationalmannschaft wichtig, weil hier die besten Spieler eines Landes zusammenkommen, die es oftmals gewohnt sind, eine tragende Säule ihres Vereins zu sein. In unserem Rahmen müssen sie sich dann fügen. Ein perfektes Beispiel dafür ist Johannes Thiemann. Wenn ich über Rollen spreche, unterscheide ich gern zwischen Rennpferden und Schweinen. Das klingt erst mal ziemlich plakativ und wenn die Spieler zum ersten Mal davon hören, ruft das die unterschiedlichsten Reaktionen hervor. 2022 fanden die Spieler die Formulierung so komisch, dass unser Fitnesstrainer nach dem Teammeeting dann T-Shirts mit Rennpferden und Schweinen machen ließ und sie an alle verteilte.

Doch was meine ich damit? Jedes Team braucht beides, um erfolgreich zu sein. Schweine sind Spieler, die das Spiel beeinflussen können, ohne Punkte zu machen. Sie machen sehr viel Drecksarbeit auf dem Platz und opfern sich für das Team auf. Schweine sind oft Rollenspieler, die viele kleine Dinge besonders gut machen. Besonders wichtig ist: Schweine dürfen niemals versuchen, Rennpferde zu sein. Rennpferde allerdings müssen auch die Arbeit der Schweine machen. Ich erwarte von allen, dass sie sich nicht zu schade sind, Schweinsarbeit zu machen. Dennis und Franz haben das aufopferungsvoll umgesetzt, gekratzt und gekämpft und alles auf dem Platz gelassen. Den Rennpferden räume ich viele Freiheiten ein. Sie haben das Können und das nötige Selbstbewusstsein, sich selbst Chancen zu kreieren und zu punkten. Ein Rennpferd sorgt für gute Wurfpositionen für sich selbst genauso wie für andere. Und ein Rennpferd ist aus drei Positionen stark, wenn es ums Punktemachen geht: außerhalb der Dreier-Linie, innerhalb der Dreier-Linie und am Korb selbst. Meiner Ansicht nach darf es maximal drei Rennpferde in einem Team geben.

Als ich Johannes fragte, was er glaubt, in unserem Team zu sein, überlegte er kurz und meinte: »Coach, ich glaube, ich bin 50/50.« Und ich habe ihm daraufhin unmissverständlich gesagt: »Nein, hier bist du ein Schwein. Bei Alba Berlin bist du ein Rennpferd, aber während deiner Zeit bei Ludwigsburg warst du ein Schwein. Und hier brauchen wir dich als Schwein. Hier musst du besonders physisch spielen, dich noch mehr reinknien, als du es im Verein gewohnt bist, und die nötige Drecksarbeit machen. Das zeichnet dich aus. Du hast einen unglaublichen Spirit, den brauchen wir hier.«

Schweine machen die kleinen Dinge mit größter Hingabe, geben alles für das Team und halten den Rennpferden den Rücken frei. Im Nachgang wurde mir dann gesagt, dass daraus ein Witz in der Umkleidekabine entstanden ist und sie Johannes »Ludwigsburgs Schwein« nannten.

Isaac Bonga ist ein weiteres gutes Beispiel. Er hat NBA-Erfahrung und ist eines unserer größten deutschen Talente. In meinem Rollengespräch mit ihm und vor dem Team war meine Botschaft eindeutig: »Isaac wird unser Defense-Star. Wir werden keine Medaille holen, wenn er in der Defense nicht unser stärkster Mann ist.« Ich hob die Bedeutung seiner Rolle bewusst hervor, um ihm den Rücken zu stärken und dem Team klarzumachen, welches Gewicht seine Rolle hat. Sein Beitrag in der Offensive mag dadurch schlanker ausfallen, aber er sorgt dafür, dass wir in der Defense der unangenehmste Gegner sind. Nach der Verletzung von Franz änderte sich seine Rolle übergangsweise – er spielte eine zentralere Rolle in der Offensive und lieferte auch da exzellent ab.

Die Rollenaufteilung

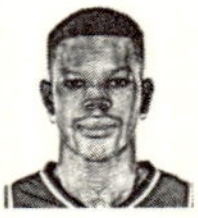

Unsere Leader

DENNIS SCHRÖDER: KAPITÄN UND RENNPFERD 1

Gordie hat vom mir eingefordert, ein Leader zu sein. Er wollte, dass ich immer alles gebe, was in mir steckt, und dadurch ein Beispiel für alle anderen setze. Ihm war es wichtig, dass ich zu einer guten Teamchemie beitrage und das Team besser mache. Seine Rollenverteilung ist immer sehr interessant. Er gibt Franz und mir viele Freiheiten, weil er weiß, dass wir das brauchen und sein Vertrauen mit Leistung zurückzahlen. Er sagt auch offen vor dem Team, dass wir die sogenannten Rennpferde sind, mehr Würfe nehmen, oft eigene Spielzüge gestalten und für Kreativität im Spiel sorgen. Gleichzeitig sagt er aber auch, dass wir genau wie der Rest vom Team die Drecksarbeit machen, hart spielen und verteidigen müssen, weil wir sonst nicht weit kommen werden. Mir haben dieses Bild und die Einstellung gefallen, weil ich vorher schon so war, dass ich alles getan habe, um Spiele zu gewinnen. Es hat perfekt zu meiner Spielweise gepasst. Ich hatte das Gefühl, dass alle sofort verstanden haben, was Gordie von ihnen erwartet, und wir es deshalb so gut umsetzen konnten.

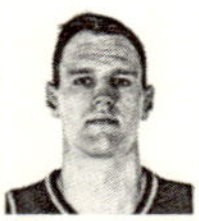

JOHANNES VOIGTMANN: CO-KAPITÄN UND GLUE GUY

Mit zwölf Mann im Kader muss du sicherstellen, dass jede Rolle abgedeckt ist und diejenigen, die zwangsläufig weniger bis gar nicht spielen, auch gut mit dem System umgehen können. Es hat mich beeindruckt, dass jeder von uns seine Rolle nicht nur angenommen, sondern mit vollem Einsatz umgesetzt hat. Das hat bei der WM exzellent funktioniert. Ich selbst bin ein vielseitiger Spieler und kann das Spiel auf unterschiedliche Art und Weise beeinflussen. Ich bin gut und verlässlich im Passspiel, kann gut von außen werfen und soll als Co-Kapitän natürlich zusammen mit Dennis als Leader auf dem Platz vorangehen. Meine Rolle besteht weniger darin, viele Punkte zu machen, ich bin eher eine helfende Hand für den Coach und Dennis und versuche, eine gute Balance in unser Spiel zu bringen. Ich war der sogenannte »Glue Guy« für uns, derjenige, der die Fäden zusammenbringt.

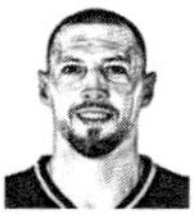

DANIEL THEIS: ERWEITERTER LEADER UND VETERAN

Gordie hat von mir erwartet, als einer der Leader und erfahrensten Spieler im Team, auf dem Feld als gutes Beispiel voranzugehen. Er wollte, dass ich dem Team von allem etwas gebe. Ich sollte Punkte beitragen, im Rebounding meine Stärke zeigen und in der Defense viel Härte ins Spiel bringen. Wir wussten alle, dass Dennis und Franz unsere ersten Optionen im Scoring sind, aber Gordie hat klar kommuniziert, dass sich die anderen nicht hinter den beiden verstecken sollten. Das hat in der WM dann so funktioniert. Wir hatten in den meisten Spielen verschiedene Scorer und mit Isaac, Moritz, Andy und Co. einige Jungs im Team, die dann auch auffangen konnten, dass Dennis im Viertelfinale gegen Lettland eins seiner schlechtesten Spiele überhaupt hatte. Wir sind dann nicht, wie früher, als Team eingebrochen, sondern konnten es gemeinsam gewinnen.

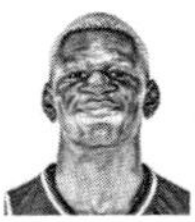

Physis und Defense

ISAAC BONGA: DEFENSE MAIN MAN

Meine Rolle bestand darin, in der Defensive der Main Man zu sein und den besten Spieler vom Gegner zu stoppen. Natürlich gibt es im Team schon mal Momente, in denen sich einige denken, sie hätten auch gern den Ball öfter in der Hand und würden mehr punkten, aber wir haben alle unser Ego auf die Seite geschoben, um dem Team das zu geben, was es wirklich braucht. Für mich war klar: Ich gehe da raus und spiele jedes Spiel so hart, wie es nur irgendwie geht. Mein Mindset war: Der beste Spieler des gegnerischen Teams wird heute seinen schlechtesten Tag haben, weil er gegen mich spielen muss. Mit dieser Einstellung bin ich in jedes Spiel gegangen. Mein Block gegen Brunson im USA Spiel war dann ein echtes Highlight für mich und meinen Job. So ein Block setzt Energie bei allen frei und zeigt, dass es nicht einfach ist, gegen uns Punkte zu machen. Das hat uns auch als Team ausgezeichnet, dass wir jeden Gegner spüren ließen, wie hart es gegen uns wird.

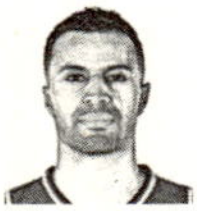

JOHANNES THIEMANN: PHYSIS UND HUSTLE

In Berlin übernehme ich eine ganz andere Rolle. Gordie hat zu mir gesagt, dass ich in der Nationalmannschaft einer der besten Verteidiger sein und möglichst physisch spielen muss. Und wenn sich die Chance ergibt, soll ich offene Würfe nehmen und punkten. Das ist für mich im Vergleich eine sehr reduzierte Rolle, aber mir war klar, was von mir gefordert wurde, und darauf konnte ich mich dann fokussieren. Er hat vor dem gesamten Team erklärt, was von welchem Spieler erwartet wird, und so konnte sich niemand auf den Schlips getreten fühlen, weil die Erwartungen klar abgesteckt waren. Von seinem Bild mit den Rennpferden und Schweinen darf man sich nicht angegriffen fühlen, zumal es im Englischen, wenn Gordie es sagt, auch noch mal netter als im Deutschen klingt. Seine zentrale Botschaft war für alle unmissverständlich: Schweine dürfen sich für nichts zu schade sein, gehen dahin, wo es dreckig ist; sie machen die harte, unangenehme Arbeit. Rennpferde ziehen den Karren und haben deshalb mehr Freiheiten. Schweine dürfen nie die Ambition haben, ein Rennpferd sein zu wollen, aber Rennpferde müssen auch die Drecksarbeit der

Schweine mitmachen. Mit solchen Aussagen können wir Sportler arbeiten. Vor allem weil er zuerst ein Einzelgespräch mit allen führte und erst dann vor der Gruppe über jeden gesprochen hat.

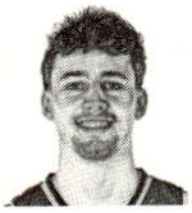

Die Kreativen

FRANZ WAGNER: SILENT ASSASSIN UND RENNPFERD 2

Bei den Gesprächen waren bestimmt ein paar Jungs dabei, die nicht ganz happy mit ihrer Rolle waren, weil sie auch aus ihren Vereinen anderes gewohnt sind. Aber bei der Nationalmannschaft müssen wir uns alle ein Stück weit zurücknehmen, und das haben wir auch getan. Für mich persönlich war es relativ einfach, weil meine Rolle sehr ähnlich zu der in Orlando ausgefallen ist. Ich habe spielerisch viele Freiheiten bekommen. Gordie hat vor allem Kreativität von mir gefordert, das liegt meinem Spiel und meinen Fähigkeiten, ich musste mich nicht groß umstellen. Mir hat es sehr imponiert, wie wir das als Team gelöst haben. Es ist nicht selbstverständlich, dass Spieler in ihrer Prime mit Ende zwanzig, Anfang dreißig derartige Einschränkungen schlucken und sagen, sie sind cool mit allem und wollen einfach nur den maximalen Erfolg im Team.

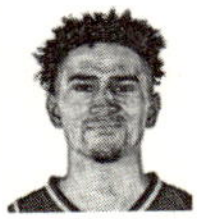

MAODO LO: KREATIVER PLAYMAKER UND 1-GEGEN-1-KILLER

Meine Rolle bestand darin, hinter Dennis zu kreieren und sowohl für mich als auch für die Mannschaft gute Positionen zu erzeugen. Ich sollte meine Stärken einsetzen, um der Mannschaft offensiv wie defensiv möglichst viel zu geben. Meine Stärke ist auf jeden Fall das kreative Spiel, zudem kann ich durch meine 1-gegen-1-Fähigkeiten oft Vorteile für uns schaffen.

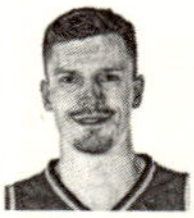

Gefahr von außen

ANDY OBST: SHOOTING UND VIELFALT

Als Shooting-Guard wurde von mir vor allem erwartet, dass ich das Feld für Dennis und Franz großmache, damit sie das Spiel penetrieren können. In der Defense sollte ich solide stehen und natürlich immer ready sein, mal ein paar wichtige Dinger reinzuschmeißen. Ich war immer geduldig und wusste, dass meine Mitspieler mich finden werden. Sie wissen einfach, wo ich stehe.

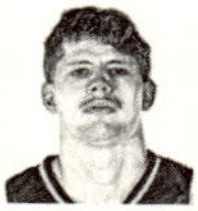

Der X-Faktor – die Intangibles

MORITZ WAGNER: MR. ENERGY

Meine Rolle bei uns hängt vorrangig mit den sogenannten »Intangibles« zusammen – den Dingen, die sich nicht unmittelbar greifen lassen und die man nicht aus der Statistik herauslesen kann. Da geht es viel um das Zwischenmenschliche, die Energie und Harmonie untereinander, und um das Gespür für die gute Balance. Wenn ich ehrlich bin, ist das auch ein Opfer, das ich bringe. Weil ich auch einfach nur Basketball spielen und zocken will. Dann zugleich abseits vom Platz Energie zu spenden und für einen guten Zusammenhalt zu sorgen, ist eine zusätzliche Verantwortung.

Auf dem Court habe ich eine Art X-Faktor-Rolle. Ich kann auch mal für mich selbst kreieren, spiele aber sonst immer im Dienst des Teams, bringe sehr viel Energie mit, beobachte genau, wie das Spiel gerade läuft, und bringe dann das mit, was es in der Phase braucht. Das ist eine große Herausforderung, weil die Arbeit immer unterschiedlich ausfällt und du als Spieler ein gutes Gespür mitbringen musst, was es genau braucht. Mal ist das geballte Energie, mal ist es viel Physis, mal mehr Kommunikation, und mal muss ich auch einfach die Klappe halten und die anderen machen lassen. Das ist nicht einfach, und deshalb ist es sehr wichtig, dass dir jemand klar kommuniziert, dass das deine Rolle ist.

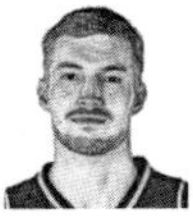

Die Hidden Heroes: Spieler 10 bis 12

NIELS GIFFEY: DIE ALLZWECK-WAFFE

Ich hatte eine Art Wellen-Rolle. Ich war als Back-up für Franz eingeplant und sollte ihn und Isaac supporten und entlasten. Franz ist natürlich ein Spieler, der in einem Spiel auch mal komplett heiß laufen kann. Ich kann dann mit meiner Erfahrung etwas Ruhe und Konstanz ins Spiel bringen. Ich bin eher ein Werfer und weiß meinen Wurf in den meisten Fällen gut einzusetzen. In der Verteidigung fühle ich mich immer wohl, und das Team und der Coach können sich bei mir darauf verlassen, dass ich voll da bin, wenn ich gebraucht werde. Ich komme mit meiner kleineren Rolle klar, kann damit effektiv arbeiten und dem Team dienen.

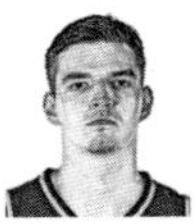

JUSTUS HOLLATZ: DER STABILISATOR

Ich war zum ersten Mal 2020 unter Henrik Rödl Teil der Nationalmannschaft. Ein Jahr später unter Gordie hat sich meine Rolle sofort verändert. Ich wurde von beiden zuerst in einem Fenster unter der Saison eingeladen. Bei Gordie war ich direkt Starter und hatte viel Verantwortung als Spieler, sollte Situationen für mich selbst und für andere kreieren und viele Punkte machen. Bei den Turnieren, wenn die NBA- und Euroleague-Spieler dabei sind, stelle ich mich natürlich hinten an und nutze jede kleine Chance, die ich bekomme. Für mich ist das kein Problem, ich bin reflektiert genug, um zu wissen, dass ich noch nicht ganz auf dem Level der anderen bin, trotzdem dem Team aber etwas geben kann. Dass ich überhaupt eine Erfahrung wie die WM mitnehmen durfte, dafür bin ich sehr dankbar und stolz.

Durch die Verletzung von Franz habe ich in der Gruppenphase deutlich mehr Minuten bekommen, als ich dachte. Dass ich zum Ende hin dann gar nicht mehr gespielt und nur noch Energie von draußen eingebracht habe, war kein Thema. Wir haben alle alles gegeben, um Gordies Vorstellungen so gut es ging umzusetzen. Er ist trotz klarer Vorstellungen gleichzeitig immer offen für Vorschläge von uns Spielern, die er dann in seine Überlegungen mit einbezieht. Dieses Zusammenspiel aus seinen eigenen Ideen und den Gedanken von uns Spielern, das funktioniert richtig gut. Das ist nicht selbstverständlich, so ist sicher nicht jeder Trainer. Er hat da keinen übertriebenen Stolz, sondern denkt ausschließlich daran, was das Beste für den Teamerfolg ist.

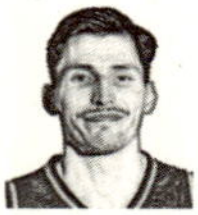

DAVID KRÄMER: DER ZWÖLFTE MANN UND ALL-TIME SUPPORT

Mir war klar: Wenn ich es ins Team schaffe, wird meine Rolle sehr begrenzt sein. Aber das war mir egal. Ich wollte um jeden Preis dabei sein. Gordie war von Anfang an sehr fair zu mir. Er hat immer klar kommuniziert, ich habe nicht ein Mal erlebt, dass er irgendwelche falschen Versprechen gemacht hat. Weil er selbst Spieler war, kann er sich gut in uns reinversetzen und versteht, wie wir uns fühlen. Ich kann mich noch genau an unser Gespräch in Hamburg erinnern, vor der Abreise nach Abu Dhabi, als Gordie den letzten Cut machen musste. Gordie hat zu mir gesagt: »David, du bist der zwölfte Mann. Aber ich muss von dir wissen, ob du damit leben kannst, dass du vielleicht gar nicht spielen wirst. Kannst du trotzdem alles für das Team geben?« Für mich war das gar keine Frage. Ich habe sofort gesagt: »Na klar. Egal wie viele Sekunden oder Minuten ich spiele, ich werde immer hundertzehn Prozent für dich und dieses Team geben. Du bekommst von mir die beste Leistung, die ich geben kann.« Einem Menschen, der mir immer ehrlich begegnet, für den tue ich alles. So ist Gordie, und das finde ich einzigartig in unserem Business und schätze es sehr.

Die Presse schreibt gern großartige Dinge über deine besten Spieler. Sie übersehen dabei in den meisten Fällen jedoch die Nuancen, die es braucht, um den ganz großen Erfolg zu erreichen. Wie Niels seinen Job auf dem Platz erledigte, David das Team pushte oder Justus performte, nachdem er zwei Spiele gar nicht gespielt hatte, das findet kaum Beachtung in der öffentlichen Wahrnehmung. Für mich sind jedoch genau das die entscheidenden Aspekte, die ich auch gern in Kabinen-Ansprachen hervorhebe. Ohne den Elan von diesen drei Spielern, wird deine Neun-Mann-Rotation niemals so aufgehen, wie es bei uns der Fall war. Für das Trainerteam ist es natürlich erfreulich zu sehen, dass deine Spieler- und Rollenauswahl wie geplant klappt.

Der Kapitän, den du auswählst, muss nicht zwangsläufig dein bester Spieler sein. Es muss jemand sein, der die zentralen Werte, die ich als Trainer vorgebe, versteht und ins Team trägt. Ich lebe diese Werte als Trainer vor, und meine beiden Kapitäne müssen sie ebenfalls verkörpern. Dennis und Jo sind meine verlängerten Arme und die ersten Übersetzer und Vermittler unserer Werte und Philosophie. Was die Kombination aus Dennis und Jo so besonders macht: Sie spielen beide mit großer Hingabe für die Nationalmannschaft, und sie sind beide Familienmenschen. Die Familie ist für sie das Wichtigste im Leben. Sie nehmen ihre Familien mit, wenn wir für unsere Spiele im Sommer auf Reisen sind. Und sie repräsentieren Deutschland mit großem Stolz als Kapitäne. Ihre Führung besteht darin, dass sie andere befähigen, großartiges auf dem Court zu leisten, und dass sie ihnen den nötigen Raum dafür bieten. Und sie zollen sich auch gegenseitig den nötigen Respekt und stellen sicher, dass alle im Interesse des Teams handeln – auch sie selbst. Eine bezeichnende Szene dazu: Als wir nach dem WM-Triumph ins *aktuelle Sportstudio* vom ZDF eingeladen wurden, meinte der Moderator Sven Voss über Dennis als Kapitän, dass es von außen so wirke, als könne er in dem Team alles machen, als würde er besondere Freiheiten genießen und auch mal seine Extrawurst bekommen. Jo sprang an der Stelle ein und meinte, dass das so nicht stimme, dass Dennis sich genauso an die Regeln und Standards halte, wie alle anderen auch. Eine Aussage, die zum Ausdruck bringt, was uns so stark macht. Wir sind eine Einheit, und alle respektieren das, ohne aus der Reihe zu tanzen.

Erwartungen klären: Drei Voraussetzungen für alle

Noch bevor ich die individuellen Rollen mit den Spielern kläre, spreche ich drei Dinge an, die ich von jedem auf dem Platz erwarte, unabhängig von der Rolle:

1. **Verteidige deine Position.** Kein Spieler darf uns in der Defense zur Last fallen. Jeder muss ins 1-gegen-1 gehen, sonst haben wir keine Chance, ein Spiel zu gewinnen. Es kann nicht jeder ein defensives Ass sein, aber jeder muss zumindest vollen insatz in der Defensivarbeit leisten.

2. **Rebounde deine Position.** Dabei geht es mir um die Haltung und die Einstellung. Alle müssen verstehen, worum es uns in der Defense und in der Offensive geht, und die nötige Präsenz mitbringen, um nach jeder Spielsituation sofort wieder in die eigene Position zurückzufinden. Gutes Rebounding gewinnt dir Championships. Hier erwarte ich hundert Prozent.

3. **Setze die Half-Court-Offensive um.** Wir müssen das Spiel immer wieder bewusst verlagern, um gute Winkel für den Wurf zu bekommen. In der Offensive geht es mir vor allem darum, was wir tun, bevor wir werfen, und was wir unmittelbar nach dem Wurf machen. Beides hängt stark davon ab, was für Würfe wir uns erarbeiten, und deshalb ist mir dieser dritte Punkt so wichtig. Wenn wir uns keine guten Wurfpositionen erarbeiten, wird es richtig schwer, Spiele zu gewinnen.

Diese drei Punkte sind nicht verhandelbar. Wer sich nicht daran halten will, kann nicht für unser Team auflaufen. Das ist jedem klar. Das sind Grundvoraussetzungen, die in Stein gemeißelt sind.

Was die individuellen Rollen angeht, gebe ich den Spielern dann drei Punkte mit, die nur auf sie persönlich zugeschnitten sind. Ich sage ihnen außerdem, woran sie noch arbeiten können und was ich im Detail von ihnen erwarte. Die Details teile ich dann nicht mit der Gruppe. Vor dem Team geht es mir nur darum, dass alle wissen, wer wofür verantwortlich ist.

Unsere Identitäten

In unserem Team haben wir drei Identitäten definiert, die wir uns zuschreiben. Dafür haben wir uns in drei Gruppen zu je vier Spielern aufgeteilt und haben folgende Punkte diskutiert:

- Wie hart wollen wir spielen?
- Wie smart wollen wir spielen?
- Wie wollen wir uns verhalten?

Aus diesen Gesprächen sind dann unsere Identitäten entstanden. Wir haben gemeinsam festgehalten, dass uns an erster Stelle unsere physische Härte auszeichnen soll. Wir nahmen uns vor, dass wir extrem hart spielen, dabei aber immer fair bleiben und den Sportsgeist nie verlieren würden.

Dann haben wir das Thema Kommunikation in den Fokus gerückt und festgehalten, dass wir viel und klar miteinander kommunizieren werden: auf und neben dem Feld. Wir sprechen Dinge direkt an, scheuen uns nicht davor, Unbequemes auf den Tisch zu packen, machen dies aber immer in der Absicht, besser zu werden, und nicht, um jemanden zu verletzen oder einen Mitspieler schlecht aussehen zu lassen.

Und schließlich hielten wir noch einen dritten Aspekt fest: das Zusammensein genießen. Bei diesem Punkt haben wir am meisten diskutiert. Ein Teil der Gruppe wollte *Zusammensein* als dritten Aspekt haben, während ein anderer Teil für *Genießen* plädierte. Dann stand Niels auf und meinte: »Warum nehmen wir nicht einfach: Zusammensein genießen«. Damit war die Diskussion beendet.

Wir sind alle Profis und wollen das Maximum aus der gemeinsamen Zeit herausholen. Wir treten an, um erfolgreich zu sein. Aber wenn wir die gemeinsame Reise nicht genießen können, hat der Erfolg nicht denselben Wert. Zu hören, dass die Spieler im Nachgang von einer Art Klassenfahrt sprechen und meinen, dass diese Gruppe Menschen für immer miteinander verbunden sein wird, egal wie viel Zeit vergeht und was in der Zwischenzeit auch passieren mag, das berührt mich tief in meinem Herzen und zeigt mir: Die Maßnahmen erfüllen ihren Sinn. Wir haben alle drei Punkte wirklich gelebt und verkörpert. Wir spielten hart, aber fair; wir kommunizierten viel miteinander, bekamen uns manchmal in die Haare, aber es diente immer der Sache. Wir genossen das Zusammensein.

Mir ist bei erfolgreichen Teams und erfolgreichen Organisationen immer eine Sache aufgefallen: Man erkennt eine Identität, wenn man von außen auf das Team oder die Organisation blickt. Viel von dem, was wir uns vornehmen, ist messbar. Wir wollen eine Medaille, da gibt es nur schwarz oder weiß. Wir erreichen oder verfehlen das Ziel. Das Wichtigste auf Teamebene hingehen ist nicht messbar: Unsere Identität. Wenn diese nicht gegeben ist, brauchen wir gar nicht erst über unsere Ziele sprechen, weil wir keine Chance haben werden, sie zu erreichen, wenn diese Basis nicht gegeben ist. Ich will, dass die Spieler wissen, was sie wollen, dass sie sich wirklich Gedanken darüber machen. Dadurch fühlen sie sich eingebunden und stehen noch mehr für unser Team ein, weil es auch ihr Baby ist. Und jeder schützt sein Baby.

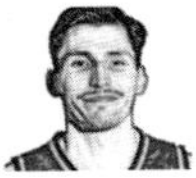

DAVID KRÄMER:

Als wir in Manila im Hotel waren, habe ich oft die anderen Teams beim Essen beobachtet und dann unsere Dynamik angeschaut. Die anderen Teams saßen verteilt in kleinen Gruppen, weil es bei den Tischen nur maximal sechs Stühle gab. Es sind Kleinigkeiten, aber dass wir die Stühle und Tische zusammenrückten und beim Essen immer geschlossen zusammensaßen, hat einen wichtigen Unterschied ausgemacht. Uns wurde nicht gesagt, dass wir das tun sollen, es kam einfach ganz natürlich aus uns heraus. Es war klar: Wenn wir essen, dann essen wir zusammen. Wir haben uns unterhalten und das Zusammensein genossen. Das sind Momente, in denen du dir denkst: Diese Kleinigkeiten machen es am Ende aus. Vor allem, weil so ein Zusammenhalt heutzutage eher selten ist.

Gemeinsame Ziele

Die zentrale Maßnahme des Teambuildings besteht für mich darin, dass wir gemeinsam Ziele definieren und verabschieden müssen. In diesen Prozess binde ich alle Spieler mit ein, weil ich will, dass unsere Ziele von allen mitbestimmt werden, damit sich auch alle verantwortlich fühlen. Wenn ich mich hinstelle und Ziele vorgebe, ohne die Spieler mit ins Boot zu holen, nehme ich ihnen die Verbindlichkeit und die Verantwortung. Ein Team zu sein bedeutet auch: Wenn wir unsere Ziele nicht erreichen, sind wir gemeinsam gescheitert. Aber wenn wir erfolgreich sind, dann unter anderem deshalb, weil wir zu hundert Prozent hinter dem stehen, was wir erreichen wollten. Niemand kann sich hinter Zielen verstecken, die er mitentwickelt hat.

NIEMAND KANN SICH HINTER ZIELEN VERSTECKEN, DIE ER MITENTWICKELT HAT.

Als Leader gebe ich die Vision und die Richtung vor. Die konkreten Ziele hingegen gestalten wir gemeinsam. So haben wir das auch bei der Heim-EM und der Weltmeisterschaft getan. Ich habe die Spieler in drei Gruppen aufgeteilt und sie gebeten, sich über unser Abschneiden Gedanken zu machen. Jede Gruppe sollte ihre Ziele an ein Whiteboard schreiben, dann kamen wir als gesamtes Team zusammen und diskutieren die Ergebnisse. Und ich muss den Spielern an der Stelle ein riesiges Kompliment machen: Die Jungs sind richtige Wettkämpfer, die unsere Ziele und die Messlatte im Zweifel sogar noch höher setzen, als ich es selbst tun würde.

Was unser Ziel für die WM anging, waren wir uns weitestgehend einig. Zwei Gruppen kamen zurück mit dem Ziel: eine Medaille gewinnen. Die Gruppe von Dennis sagte nur ein Wort: »Gold.« Wir einigten uns auf zwei Ziele, die eng miteinander zusammenhingen: eine Medaille gewinnen und uns für Olympia qualifizieren. Die beiden besten europäischen Teams der WM sind automatisch qualifiziert, was bedeutet, dass eine Medaille im Normalfall auch für die Olympia-Qualifikation ausreicht, weil mit den USA, Kanada und Australien gleich drei auf Medaillen favorisierte Teams nicht aus Europa kommen, es also höchst unwahrscheinlich ist, dass bei einer Weltmeisterschaft nur europäische Mannschaften auf dem Treppchen stehen.

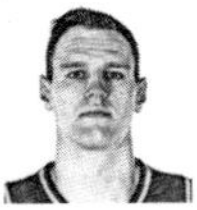

JOHANNES VOIGTMANN:

Gordis Ziele-Meetings sind legendär. Die gab es schon, als ich noch Spieler in Frankfurt bei ihm war. Besonders wichtig ist es für ihn, dass die Ziele messbar und greifbar sind. Alle müssen sich etwas darunter vorstellen können, sonst verfehlt das Ziel seinen Zweck. Das machen wir auch bei der Nationalmannschaft mit ihm so: Wir arbeiten als Team ein großes Ziel aus und bestimmen anschließend die Performance Ziele, die in jedem Spiel messbar sein sollen. Darauf bezieht er sich dann später gern im Feedback. Bei ihm hängt alles miteinander zusammen. Es gibt eine Vision, die Ziele und Werte, die Identität, und daraus entsteht bei ihm eine besondere Teamkultur. Die Art, wie er die Spieler einbindet, ist richtig gut. Du machst dir immer zuerst für dich Gedanken, gehst dann in kleine Gruppen, bevor das Thema am Ende mit allen diskutiert wird. Dadurch fühlen sich alle abgeholt, und du weißt immer, woran du bist und worum es allen geht. Da kommt der Psychologe in ihm durch, das ist schon alles sehr durchdacht. Vor allem die Komponente, dass du dich immer verantwortlich fühlst, weil du die Ziele ja selbst zusammen mit allen anderen ins Leben gerufen hast.

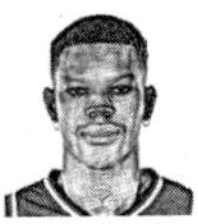

DENNIS SCHRÖDER:

Ich kann mich noch genau an das Meeting erinnern, in dem wir die Ziele für die WM besprochen haben. Wir wurden während der gesamten WM von Magenta begleitet. Die haben im Nachgang dann ja auch eine schöne Doku gemacht. Aber währenddessen wussten wir nicht genau, wie ihre Absichten aussehen, ob die es gut mit uns meinen oder nicht. Wir kannten die Magenta-Leute nicht persönlich, und deswegen waren wir etwas skeptisch, wenn es um besonders intime Themen ging – wie eben unser genaues

Ziel für die WM. Ich wünschte, wir hätten sie damals nicht rausgeschickt, als wir die Ziele intern diskutiert und verabschiedet haben. Aber in Deutschland wird es dir im Nachgang oft um die Ohren geschlagen, wenn du bei einem Turnier scheiterst und im Vorfeld vor laufender Kamera gesagt hast, du willst eine Medaille holen oder, wie in meinem Fall, sogar die Goldmedaille. Da gibt es dann ein großes, negatives Echo. Vielleicht waren wir deshalb etwas zu vorsichtig.

Gordie hat uns in dem Meeting in Gruppen aufgeteilt. Wir haben unsere Ziele diskutiert und dann in der großen Runde darüber gesprochen. Vor ein paar Jahren haben wir immer etwas kleinlaut gesagt: Wir denken von Spiel zu Spiel. Mittlerweile sind wir deutlich selbstbewusster geworden, und jede Gruppe kam zurück und hat klar gesagt, sie wollen eine Medaille. Wenn du wirklich hart arbeitest und weißt, was du jeden Tag investierst, dann darfst du auch große Ziele ausrufen. Das ist dann keine Arroganz, sondern du bist selbstbewusst und hast dir dieses Selbstbewusstsein hart erarbeitet. Ich habe gesagt, ich will Gold. Und daran habe ich auch fest geglaubt. Ich bin ein Wettkämpfer, ich will gewinnen und das Größte holen, was geht. Das ist immer das Ziel.

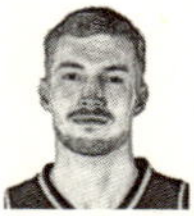

NIELS GIFFEY:

Vor der WM saßen wir in einem Konferenzraum in einem riesigen Hotel in Abu Dhabi. Gordie hat uns in drei Gruppen mit jeweils vier Spielern eingeteilt und uns mehrere Fragen gestellt, die nicht einfach zu beantworten waren. Wir sollten unsere Ziele für den Sommer diskutieren, darüber sprechen, welche Identität wir an den Tag legen wollten, und welche Werte uns im Umgang miteinander wichtig sind. Dann sind wir als Gruppe zusammengekommen, um unsere Ergebnisse zu präsentieren und gemeinsam zu diskutieren. Als es um die Ziele ging, haben alle gesagt, dass sie bei der WM eine Medaille holen wollen. Der Einzige, der gesagt hat, »Ich will die Goldmedaille gewinnen«, war Dennis. Und du hast anhand der Reaktion von uns anderen Spielern gemerkt, dass genau das niemand hatte aussprechen wollen, weil der Druck und die Erwartungshaltung dann noch mal eine ganz andere wären. Aber Dennis war in seiner Haltung ganz klar. Respekt an ihn, weil er den Gedanken von Gold dadurch mitkreiert und einen ersten Samen in unseren Köpfen gepflanzt hat. Und dann hat er das Vorhaben auch noch mit uns in die Realität umgesetzt.

Die Performance-Ziele legen wir für jedes Spiel separat fest. Das kann zum Beispiel lauten: den Gegner unter 80 Punkten halten und entsprechend hart verteidigen. Mit zwei Ausnahmen – Australien und den USA – ist uns das in jedem Spiel gelungen. In der Offensive hatten wir das Ziel, weniger als zehn Turnovers pro Spiel zu machen. Performance-Ziele müssen immer spezifisch und messbar sein. Für jedes Spiel legen wir drei Performance-Ziele fest. Die Spieler sind auch hier eng eingebunden und bestimmen diese drei Ziele gemeinsam mit dem Trainerteam.

Schwere Gespräche

Der Tag, an dem ich den Spielern mitteilen muss, dass sie es nicht in den Zwölf-Mann-Kader schaffen und ihr Traum von der Teilnahme an einem großen Turnier vorerst geplatzt ist, ist der Tag, den ich am meisten in meinem Beruf hasse. Spieler zu enttäuschen, die aufopferungsvoll für unser Team, unser Land und ein großes Karrierehighlight kämpfen, ihnen mitzuteilen, dass sie nicht dabei sein werden, obwohl sie es verdient hätten – menschlich und sportlich –, ist nicht einfach. Auf diese Gespräche bereite ich mich sehr gründlich vor. Ich will den Spielern genau erklären, was meine Beweggründe sind, rede dabei nichts schön und bin komplett transparent. Das ist das Mindeste, was ich in solchen Momenten tun kann.

Im Normalfall habe ich immer sechs Kandidaten, die auf der Kippe stehen, von denen ich zwei nicht mitnehmen kann. Ich führe immer mit allen sechs ein Einzelgespräch. Vor der WM starteten wir unser Camp mit achtzehn Spielern in Bonn und trennten uns dort von den ersten vier Spielern. Somit war klar, dass es noch zwei weitere Spieler treffen wird. In den meisten Fällen spüren die Spieler vorher schon, ob sie dabei sein werden oder nicht. Aber es gibt immer Härtefälle, und als Coach bist du derjenige, der die Nachricht überbringen muss. Die härteste Entscheidung vor der WM traf Leon Kratzer. Er erwartete zurecht, dabei zu sein, denn er spielte eine beeindruckende Bundesliga-Saison, war in dem Jahr meiner Ansicht nach der beste Center der Liga, erfüllte auch im Camp seinen Job und hätte es verdient, in unserem finalen Aufgebot zu stehen. Aber uns fehlte ein weiterer starker Wurfschütze für den Fall, dass Andy Obst sich verletzt und wir einen Back-up brauchen. Deswegen fiel unsere Entscheidung zugunsten von David Krämer aus. Es tat weh, Leon die Entscheidung mitzuteilen, weil ich wusste, wie viel ihm die Teilnahme bedeutet hätte. Ich legte ihm meinen Gedankengang offen dar, und er nahm es, trotz des Schocks, sehr professionell auf. Er wünschte dem Team auch danach den Erfolg noch genauso sehr wie zuvor, und das rechne ich ihm hoch an. Es zeigt seinen besonderen Charakter, den ich schon während unserer Zusammenarbeit in Frankfurt schätzte. Ihm steht die Tür auch zukünftig immer offen, er wird bei den kommenden Turnieren immer die Chance haben, Teil des Teams zu sein. Solche Entscheidungen sind sehr hart, und bei den letzten Cuts ist es nie eine Entscheidung gegen jemanden, sondern immer für jemanden.

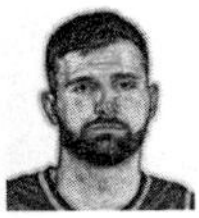

LEON KRATZER:

Ich werde oft gefragt, ob ich nicht sauer auf Gordie bin. Darauf stelle ich immer dieselbe Rückfrage: »Wie könnte ich sauer auf jemanden sein, der mir so viel in meinem Leben gegeben hat?« Ja, er hat mich zwei Mal ganz zum Schluss gecuttet. Aber worauf schaue ich später dann zurück? Auf die beiden Cuts oder auf das, was er mir in all den Jahren mitgegeben hat? Er hat mich in meinem Leben derart bereichert, da haben die Cuts kein Gewicht, auch wenn sie natürlich wehgetan haben. Ich werde zum Beispiel nie vergessen, wie er mich empfing, als ich nach Frankfurt zu ihm wechselte. Ich kam aus Bamberg, spielte dort kaum, und Gordie gab mir nicht nur die Chance, in der BBL Fuß zu fassen. Er gab mir von Tag eins an das Gefühl, mich unbedingt dabeihaben zu wollen, und interessierte sich für mein Wohlbefinden auch abseits des Platzes. Er kommunizierte bis heute immer offen mit mir, und deshalb ist es mir auch leichtgefallen, mir den Arsch für ihn aufzureißen – egal ob im Verein oder für die Nationalmannschaft. Er versetzt sich oft in die Lage des Spielers und kann nachempfinden, wie es einem geht. Das können nicht viele Trainer. Dafür brauchst du viel Empathie, und die hat Gordie einfach. Das sage nicht nur ich, so geht es den meisten von uns, weil wir alle auch andere Trainer kennen, denen es scheißegal ist, wie es dir geht – Hauptsache du bringst deine Leistung. Gordie ist das Gegenteil davon.

Die beiden Sommer mit Gordie, vor der EM und vor der WM, waren sehr interessant für uns Spieler. Gordie hat einen neuen Wind reingebracht, und wir waren alle gespannt, wie er die Camps und den Sommer handhaben wird. Da ich ihn aus Frankfurt kannte, überraschte es mich nicht, wie schnell es ihm auch bei der Nationalmannschaft gelang, eine stimmige Einheit aufzubauen. Die klare Rollenverteilung war ein Schlüssel dafür. Du spürst als Spieler natürlich, in welche Richtung es in etwa für dich gehen wird. Vor der EM war es für mich abzusehen, dass ich nicht dabei sein würde. Es war trotzdem bitter, aber mich hatten ein paar Verletzungen zurückgeworfen, und ich wusste, dass ich nicht meine stärkste Phase hatte. Anders war es vor der WM. Da war es sehr, sehr bitter, nicht dabei zu sein. Ich machte mir riesige Hoffnungen und kam aus einer überragenden Saison mit Bonn ins Camp. Wir gewannen die Champions League und wurden unglücklich Vizemeister. Ich hatte einen großen Beitrag zu diesen Erfolgen beigesteuert und konnte im Camp an diese Leistungen anknüpfen. Das Trainerteam und die Mitspieler spiegelten mir das auch, und ich gab alles, um diesmal dabei zu sein. Der Cut kam deshalb überraschend für mich. Ich dachte, ich hätte mich ins Team gekämpft und hatte das Gefühl, dass ich der Mannschaft diesmal etwas geben könnte, was in der Form nicht vorhanden war. Mein innerer Dialog lautete: »Schau mal, Leon: Das ist deine Chance, diesmal wirst du da reinrutschen und als elfter oder zwölfter Mann mit dabei sein. Das ist die Gelegenheit für dich.«

Der Cut kam dann vom Timing her früher als erwartet. Das spricht allerdings für die Konsequenz von Gordies Philosophie, dass er so viel Zeit wie möglich mit seinen zwölf Spielern haben will. Ich saß mit Andy Obst und einem weiteren Kollegen beim Frühstücken in Berlin, als Gordie schrieb und darum bat, dass wir zurückkommen sollten, weil Gespräche anstanden. Dann teilte er uns mit, wer mit zur WM fahren würde und wer nicht. Ich musste seine Entscheidung erst mal verdauen und Zeit vergehen lassen. Die Enttäuschung saß tief, es war schon wirklich hart für mich. Und gleichzeitig habe ich gemerkt, wie schwer es Gordie gefallen ist und wie aufrichtig er in seiner Kommunikation war. Er hat mir seine Meinung erklärt und genau geschildert, wie er das Team sah und was er als Trainer brauchte. Bei Gordie weißt du, dass er Entscheidungen ausschließlich im Interesse des Teams trifft. Da ich ein Spieler bin, der immer mannschaftsdienlich unterwegs ist, konnte ich seine Entscheidung nachvollziehen. Der Teamerfolg ist am wichtigsten, so weh es auch tut, am Ende geht es nicht um mein Ego. Und das Ergebnis sollte ihm ja auch recht geben.

Dass sich die Jungs während des Turniers regelmäßig bei mir meldeten, um zu hören, wie es mir geht, zeigt, wie besonders unser Teamspirit ist. Das sind einfach nur gute Jungs. Wir sind miteinander verbunden, weil wir alle mit Stolz dabei sind und unsere Rolle im Team bestmöglich erfüllen wollen. Die Jungs dann bei der WM spielen zu sehen, war natürlich mit einem gewissen Wehmut verbunden, aber ich habe bei jedem Spiel extrem mitgefiebert und mich nach jedem Sieg riesig für alle gefreut. Dass das Team so ein geiles Turnier abgerissen und dem deutschen Basketball dadurch so viel gegeben hat und so viel Euphorie entfachen konnte, ist für alle Fans des Sports einfach nur überragend. Und das steht für mich an erster Stelle.

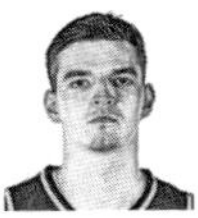

JUSTUS HOLLATZ:

Wir wussten vor der WM alle, dass es einen Cut geben wird und nicht alle Spieler dabei sein können. Gordie hat im ersten Meeting klar gesagt, dass nicht die besten zwölf Spieler dabei sein werden, sondern eine Einheit entstehen muss und alles dem Teamgedanken und dem Teamerfolg untergeordnet wird. Er hat betont, dass er die neun bis zehn besten Spieler mitnehmen wird und die Auswahl der anderen Spieler ihm dann besonders wichtig ist, weil sie damit zurechtkommen müssen, dass sie eventuell gar nicht spielen werden und trotzdem Energie bringen und alles geben sollen. Diese Klarheit hat dafür gesorgt, dass alle mit seinen Entscheidungen, auch wenn sie für manche bitter waren, besser leben konnten. Dadurch ist ein Wettkampf für die Plätze 10, 11 und 12 entstanden. Alle haben sich voll reingehängt, obwohl wir wussten, dass wir vielleicht nicht mal eine Sekunde spielen werden. Als die Entscheidungen dann anstanden, hat er die Einzelgespräche gesucht und allen sehr transparent seine Gedanken kommuniziert und seine Entscheidungen ausführlich und fair erklärt. Du hast bei Gordie gespürt, wie schwer ihm die letzten Cuts gefallen sind, dass es auf menschlicher Ebene eine harte Aufgabe ist, die ihn persönlich mitnimmt. Er wusste, dass jeder alles gegeben hat und wir natürlich alle davon träumen, mit dabei zu sein.

Wie stark unser Zusammenhalt innerhalb der erweiterten Nationalmannschaft ist, hat man daran gemerkt, wie sehr sich alle darüber gefreut haben, dass wir es geschafft haben und Weltmeister geworden sind, auch wenn sie selbst nicht dabei waren. Sie waren auch noch Teil der WhatsApp-Gruppe. Andy und ich haben direkt nach dem Sieg gegen Serbien mit Leon einen FaceTime-Call gemacht, weil sein Cut vor der WM der letzte und dadurch besonders hart war. Auch während der WM haben wir ihn ein paarmal angerufen, um zu hören, wie es ihm geht.

Ein starkes Team zusammenzustellen, ist wie der Bau eines komplexen Puzzles. Die Stücke müssen perfekt ineinandergreifen und ein stimmiges Gesamtbild ergeben. Die großen Teile beim Puzzle, die Eck- und Randstücke, sind oft leicht zu erkennen und ergeben sich von allein. Die Kunst besteht darin, den Rest so zu wählen, dass ein fertiges Bild entsteht. Es geht darum, Schwächen zu kompensieren und ein Gespür zu haben, was das Team vor allem auch zwischenmenschlich braucht, um auf allen Ebenen auf Höchstleistung zu performen. In der Theorie klingt das einfach, aber es braucht eben Menschen, die diesen Gedanken wirklich verkörpern und ins Team transportieren können. Unser Mann dafür ist Mo. Er bringt etwas mit, das nur er dem Team geben kann. Seine Energie, sein Enthusiasmus, seine positive Lebenseinstellung – so etwas habe ich in der Form noch bei keinem Menschen erlebt, und genau das überträgt er auf die gesamte Mannschaft. Er bringt einen gewissen Faktor mit, der schwer zu greifen, aber sofort spürbar ist, wenn er fehlt.

Unsere Identität, Werte, Ziele und Rollen klar zu definieren und festzulegen, stellt für mich das Herzstück des erfolgreichen Teambuildings dar. Persönlich kann ich sagen, dass ich diesen Aspekt der Zusammenarbeit mit den Spielern besonders liebe. Es bereitet mir eine riesige Freude, mit den Spielern und meinem Coaching-Team tief in diese Themen einzutauchen und gemeinsam an unserer DNA zu arbeiten. Ohne diese Arbeit wären wir nichts weiter als ein zusammengewürfelter Haufen von Individuen, die gut Basketball spielen können. Erst durch die geteilte Identität, die gemeinsamen Werte, ein motivierendes Ziel und unsere klaren Rollen und Verantwortlichkeiten werden wir zu einem besonderen Team.

4

EUROBASKET 2022

»Die Heim-EM hat uns sehr geholfen, weil wir da spürten, was wir für Möglichkeiten haben, wenn wir als Team auftreten. Das hat einen irren Glauben in uns freigesetzt und zu der Überzeugung geführt: Uns kann niemand schlagen, wenn wir unser Spiel spielen und zusammenhalten.«

Andy Obst

Ich bin kein Verfechter langer Vorbereitungscamps. Ich will die Jungs zwölf bis dreizehn Tage zusammen haben, in denen wir die ersten vier bis fünf Tage viel trainieren und Vorbereitungsspiele machen. Dann gebe ich ihnen für drei Tage eine Pause, um dann fünf bis sechs Tage lang das Tempo noch mal anzuziehen. Und dann starten wir durch!

Ich will vermeiden, dass wir zu lange während des Sommers aufeinandersitzen, deswegen plane ich die Camps bis ins letzte Detail. Wir haben immer Individual-Coaches und Fitnesstrainer mit dabei, die sicherstellen, dass die Belastung passt und die Spieler fit sind. Bedingt durch den engen Zeitplan bei der EuroBasket und dem Programm vorab – inklusive der Testspiele, dem Supercup und der WM-Quali, die sehr eng an das Ende der Saison gekoppelt war – kamen einige Spieler nicht in ihrer besten Verfassung. Nichtsdestotrotz kämpften wir erfolgreich gegen alle diese Widrigkeiten an und konnten mit dem Turnier einen wichtigen Schritt in unserer Entwicklung machen. Wir wollten bei der Heim-EM den Grundstein für eine erfolgreiche Ära legen und den Funken zu den Fans überspringen lassen. Dafür gibt es keine bessere Bühne als ein großes Turnier im eigenen Land. Wir gingen zwar nicht als Favorit ins Turnier, aber den Gastgeber muss man immer auf dem Schirm haben. Für mich war es das erste Turnier mit dem Team und wir wollten gemeinsam ein Statement setzen.

In der Vorbereitung auf die Euro 2022 gab es einige Höhen and mindestens genauso viele Tiefen. Die Vorbereitung lief nicht ideal und war leider etwas zu kurz, weil wir unmittelbar vor dem Auftaktspiel gegen Frankreich noch zwei WM-Quali-Spiele gegen Schweden und Slowenien bestreiten mussten. Beide konnten wir für uns entscheiden, was immer gut fürs Selbstbewusstsein ist, aber die Gewissheit, dass zwei unserer wichtigsten Spieler, Mo Wagner und Isaac Bonga, sich kurz vor der EuroBasket verletzten und deshalb nicht spielen konnten, trübte die Stimmung. Der klare 90 : 71-Sieg gegen die Slowenen war dennoch ein Statement, das für ordentlich Auftrieb sorgte. Slowenien reiste als Titelverteidiger und mit Luka Dončić, fraglos einem der weltbesten Basketballer, zur EM an. Unser Sieg sorgte für Zuversicht und Euphorie im eigenen Land, und das übertrug sich auf unser gesamtes Team. Zumindest diese Energie nahmen wir mit in die Gruppenphase der EM.

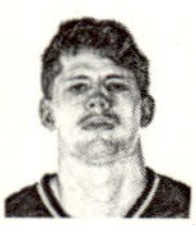

MORITZ WAGNER:

Als ich mich vor der EM verletzt habe und dann da geblieben bin, weil ich trotzdem noch ein Teil der Mannschaft sein wollte, da hat Gordie mir sehr geholfen. Er hat mir gesagt, dass ich eh nichts mehr an der Situation ändern konnte und sie also annehmen musste. Er hat mir auch zu verstehen gegeben, dass mir niemand böse ist und wir die Situation als Team durchstehen werden. Als Leader musst du immer ein Gefühl der Stabilität vermitteln. Gordie ist während des gesamten Turniers immer so fokussiert und gibt alles, um dich als Spieler perfekt vorzubereiten, da habe ich mich richtig gefreut, als er auch mal Emotionen gezeigt hat und klar wurde: Okay, er ist auch nur ein Mensch. Er war für uns immer ein Symbol der Stärke, das gibt dir als Spieler sehr viel Halt.

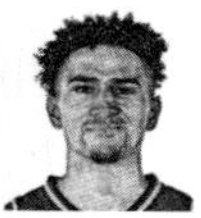

MAODO LO:

Gordie versteht sehr gut, wer ich als Spieler bin. Er ermutigt mich immer dazu, das auch zu zeigen, und erwartet es jeden Sommer von mir. Es hilft enorm, wenn dein Trainer deine Stärken versteht. In seinem ersten Jahr kam er zu mir und hat über die Rollenverteilung in unserem Team gesprochen. Und dann sagte er, dass er mich als einen der besten Guards in Europa sieht. Er meinte, er sieht in mir die Fähigkeit, als Spieler auch mal Spiele zu übernehmen. Und dann ergänzte er: »Maodo, das braucht die Mannschaft. Das musst du uns geben.« Ich fand das interessant, weil wir Spieler wie Dennis und Franz haben, und dann einem Spieler wie mir, der nicht in der ersten Reihe unterwegs ist, zu sagen, du hast auch diese Fähigkeit zu führen, und die brauchen wir, das gibt dir als Spieler viel Selbstbewusstsein. Zu hören und zu spüren, ich habe einen Trainer, der versteht, wozu ich in der Lage bin, der das sogar von mir fordert, das hat mir für die EuroBasket wahnsinnig viel Rückenwind gegeben und mich auch bei der WM bestärkt.

Ein weiterer Schlüssel für die gelungene Heim-EM war die Personalie Daniel Theis. Er war drei Tage im Vorbereitungscamp und bekam Probleme mit seinem Knie. Er hatte einen laufenden Vertrag mit den Indiana Pacers in der NBA und hätte ganz einfach sagen können: »Danke – ich bin dann mal weg.« Aber er machte das Gegenteil. Er ging für zwölf Tage nach München, um mit einem Spezialisten täglich seine Reha zu absolvieren, und stieß dann wieder zum Team dazu. Er hatte kein Spiel gemacht und trainierte ein einziges Mal, bevor wir die Entscheidung treffen mussten, ob er dabei sein kann. Ich ging das Risiko ein, weil mir klar war: »Wenn wir hier was reißen wollen, dann brauchen wir Daniel dafür.« Sein Comeback war essenziell für unser Team vor und während des Turniers. Er hat eine großartige EM gespielt und seinen Charakter gezeigt. Das war ein Schlüsselmoment für uns. Er hat allen gezeigt, was ihm die Nationalmannschaft bedeutet, und kam 2023 zum Vorbereitungscamp für die Weltmeisterschaft zurück und war in einer sensationellen körperlichen Verfassung. Er hat sich dafür zerrissen, in einer derartigen Verfassung anzukommen, und für mich war er ein Jahr später der beste Spieler der WM, über den nicht gesprochen wurde. Ich rechne ihm das hoch an. Er wurde zentraler Bestandteil unserer Führungsriege.

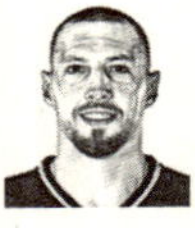

DANIEL THEIS:

Vor der EuroBasket 2022 hatten wir ein Vorbereitungsspiel in Belgien. Nach einem falschen Schritt habe ich Beschwerden in meinem Knie gespürt. Ich habe über Tage probiert, das mit mir mitzuschleppen, es irgendwie loszuwerden, bis es irgendwann gar nicht mehr ging. Dann bin ich durch Vermittlung von Dennis nach München zu Dr. Müller-Wohlfarth geflogen und war etwas länger als eine Woche dort, um rechtzeitig fit zu werden. Ich habe einen harten Reha-Plan absolviert mit einigen Spritzen, Bestrahlung zur Auflösung der Überreizung und viel Training. Das war nicht einfach. Ein Tag bevor der Kader für die EM bekannt gegeben werden musste, war noch offen, ob ich dabei sein kann. Der Coach hat ein Risiko in Kauf genommen und mich nominiert. Ich habe mich durch die EM gebissen und alles gegeben. Es war eine Heim-EM, auf die ich mich mega gefreut hatte, da kam es für mich nicht infrage, das zu verpassen.

Die Werte leben

Vor der WM, ein Jahr später, habe ich zu Niels Giffey, Justus Hollatz und David Krämer gesagt: »Wir spielen eine Neun-Mann-Rotation. Es kann sein, dass ihr gar nicht spielt. Aber wenn ihr eure Chance bekommt, dann müsst ihr bereit sein.« Wie bereit sie waren, überraschte uns dann trotzdem. Sie hatten die Aussage wörtlich genommen und lieferten in jeder einzelnen Sekunde auf dem Platz ab. Das war beeindruckend zu sehen. Dass ein so verdienter, erfahrener Spieler wie Niels mit Anfang dreißig das einfach so hinnimmt, kein einziges negatives Wort über seine wenigen Minuten verliert, seine Rolle akzeptiert, alles für das Team gibt, in den Auszeiten wertvolle Tipps mit seinen Kollegen teilt – unvergessen bleibt sein Hinweis an Dennis im WM-Halbfinale gegen die USA, den ich später noch genauer aufgreife – ehrt ihn und zeigt, was für ein besonderer Charakter er ist. Wenn sich seine Mitspieler nicht für ihn eingesetzt hätten, wäre Niels allerdings gar nicht erst Teil der Reise mit der Nationalmannschaft gewesen. Mir lag viel am Commitment der Spieler, weswegen ich einen hohen Stellenwert darauf richtete, dass sie jeden Sommer ohne Ausnahme dabei sind. Ich wollte das Thema selbst vorleben und dem Team das auch klar signalisieren. Zu der Erkenntnis, dass ich an einer Stelle mit Niels übers Ziel hinausschoss und entgegensteuern musste, verhalfen mir seine Mitspieler, wofür ich ihnen sehr dankbar bin. Die Kehrseite der Commitments ist der Verzicht, worüber zu wenig gesprochen wird. Der Preis für Spitzenleistung, den die Spieler bereit sind zu zahlen, ist extrem hoch. Ohne Fokus geht es nicht. Für Niels fiel die Hochzeit seines besten Freundes genau in das Zeitfenster des EM-Vorbereitungscamps. Er wollte – was nachvollziehbar ist – als Trauzeuge dabei sein. Das bedeutete allerdings, dass er wichtige Teile der Vorbereitung verpasst hätte.

DER PREIS FÜR SPITZENLEISTUNG, DEN DIE SPIELER BEREIT SIND ZU ZAHLEN, IST EXTREM HOCH. OHNE FOKUS GEHT ES NICHT.

Ich wollte hier an der falschen Stelle ein Zeichen setzen und lud ihn aufgrund seines vermeintlich fehlenden Commitments nicht ein. Er sprach mit seinen Mitspielern über die Situation, was dazu führte, dass Dennis mich am Abend vor dem Beginn des Camps anrief und sagte: »Coach, ich habe gehört, dass du Niels nicht einlädst.« Das bestätigte ich ihm, woraufhin er erwiderte: »Niels war jedes Jahr im Sommer bei der Nationalmannschaft. Er ist ein ausgezeichneter Mitspieler und wertvoll für das Team und unseren Zusammenhalt. Er hat sich noch nie beschwert und stellt sich immer in den Dienst der Mannschaft. Bitte denke da noch mal drüber nach.« Dennis war zu dem Zeitpunkt noch nicht unser Kapitän, aber mir gefiel, wie er sich für seinen Mitspieler einsetzte. Das waren starke Aussagen von ihm, die seine Leadership-Skills noch einmal deutlich machten.

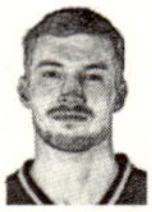

NIELS GIFFEY:

Vor dem Vorbereitungscamp auf die Heim-EM gab es einen kleinen Zwischenfall. Als Gordie Nationaltrainer wurde, hat er mich in Litauen besucht, wo ich zu dem Zeitpunkt eine eher schlechte Saison spielte. Er wollte wissen, ob ich Teil der Nationalmannschaft sein wollte und gewillt wäre, ein Commitment über drei Jahr abzugeben. Ich habe mich jeden Sommer auf die Nationalmannschaft gefreut und wollte auch unter ihm ein Teil davon sein. In dem Gespräch hatte ich ihm geschildert, dass mein bester Freund in dem Zeitfenster des Camps heiraten wird und mich gefragt hat, ob ich die Zeremonie für ihn leiten kann. Ich habe Gordie gebeten, mir zu sagen, ob ich das machen und trotzdem Teil des Teams sein könnte. Er hat mir nicht direkt eine Antwort gegeben, und wir sind dann so verblieben, dass ich auf jeden Fall dabei sein würde. Wir hatten dann beide eine intensive Saison und haben nicht mehr darüber gesprochen. Ich bin ein paar Wochen vor dem Start der Vorbereitung auf die EM nach Deutschland gekommen und habe mit ein paar Teamkollegen über die Situation gesprochen. Ich habe mich daraufhin bei Gordie gemeldet und meinte, dass ich die fehlende Rückmeldung von ihm nun als Zustimmung werten würde, weil ich sonst die Hochzeit ja absagen oder zumindest mit meinem besten Freund über eine Lösung sprechen müsste. Das Problem war, dass es teamintern in den Jahren zuvor immer mal wieder Ärger gegeben hatte, weil Spieler kurzfristig absagten und Gordie das unbedingt vermeiden wollte. Für Gordie war Commitment einfach das Wichtigste. Deswegen hat er gesagt, dass er die Sache noch mal im Team besprechen wollte. Eine Woche vor Beginn des Camps habe ich Klarheit gebraucht, weil mein Kumpel natürlich mit mir plante und ich zwischen den Stühlen saß. Gordie hat mir dann kommuniziert: »Halt dich bereit, aber vermutlich werden wir dir absagen müssen, weil wir das klare Commitment von allen brauchen.« Ich war zu dem Zeitpunkt in meinem neunten Jahr bei der Nationalmannschaft und hatte immer alles für das Team gegeben, ich war jeden Sommer dabei. Für den Sommer 2022 mit der Heim-EM hatte ich schon Wochen vorher mit dem Training begonnen und mit einigen Mitspielern in Berlin trainiert. Meine Team-Mates meinten deshalb, sie würden dazu gern noch mal mit Gordie sprechen. Sie sagten ihm, dass ich in den Jahren zuvor immer gezeigt habe, dass ich für die Nationalmannschaft da bin, und dass ich mein Commitment nun wirklich bewiesen habe. Ich habe dann noch einmal mit Jo und Dennis telefoniert, ihnen die Situation genau erklärt und gesagt, dass ich meinem besten Kumpel nicht mehr absagen konnte. Beide sind besondere Familienmenschen, die auf Zusammenhalt viel Wert legen, und sie konnten meine Haltung gut nachvollziehen. Ich habe klar gemacht, wie gern ich bei der EM dabei wäre, und gefragt, ob sie mir eventuell helfen können. Dennis hat daraufhin Gordie angerufen und ihn gebeten, die Entscheidung noch einmal zu überdenken. Am Morgen des Trainingsstarts habe ich dann grünes Licht von Gordie bekommen, ich habe erfahren, dass ich beim Camp dabei sein durfte, direkt meine Sachen gepackt und meiner Frau gesagt, dass ich für mindestens einen Monat weg sein würde. Dann habe ich mich auf den Weg nach Köln zum Training gemacht. Gordie hat gesagt, das Team habe entschieden, dass ich um einen Platz kämpfen dürfe, und das habe ich dann auch getan. Zwischendrin bin ich nach Zürich gefahren, durfte eine wunderschöne Hochzeit mitgestalten und konnte trotzdem bei der EM dabei sein. Ich habe so viele andere Hochzeiten, Geburtstage, Junggesellenabschiede, Beerdigungen und sonstige wichtige Ereignisse für den Basketball verpasst, da hat es sich gut angefühlt, dass ich für meinen besten Freund da sein konnte.

Aus Niederlagen lernen

Unsere Vorrunden-Spiele in Köln liefen super, auch wenn wir eine Niederlage gegen die Slowenen schlucken mussten. Die Stimmung in der Lanxess-Arena war Weltklasse. Es hieß von vielen Seiten, dass wir den besten Basketball gespielt hätten, und ich war mehr als zufrieden mit unseren Leistungen. Durch die Siege gegen Frankreich, Bosnien-Herzegowina, Litauen und Ungarn standen wir im Achtelfinale und trafen in Berlin auf Montenegro. Es war eine Pflichtaufgabe für uns, die wir glanzlos und mit unnötiger Spannung meisterten. In der ersten Halbzeit konnten wir unsere gewohnte Leistung abrufen und uns einen großen Vorsprung erarbeiten. In der zweiten Hälfte verloren wir dann etwas Momentum, aber in K.-o.-Spielen geht es ums Gewinnen, und manchmal gehören eben auch unschöne Siege dazu.

Im Viertelfinale wartete dann mit Griechenland und Giannis Antetokounmpo, einem der größten Stars der Basketball-Weltbühne, einer der Top-Favoriten auf uns. Als Außenseiter in dieses Spiel zu gehen, beflügelte uns. Wir spielten genau den mitreißenden Basketball, den ich sehen wollte. Und wir blieben bis zum Ende konzentriert, nahmen mutige Würfe in der Offensive und hielten defensiv mit viel Härte dagegen. Der Sieg gegen die starken Griechen sorgte für viel Euphorie im Team und in unserem Umfeld. Zu viel Euphorie, wie sich herausstellen sollte.

Im Halbfinale wartete Spanien auf uns, und ich beging einen Fehler, der mir den Schlaf der darauffolgenden Nacht raubte. Wir verloren denkbar knapp und unglücklich mit 91 : 96. Die Niederlage wäre vermeidbar gewesen, und ich hatte meinen Teil dazu beigetragen. Ich habe noch nie eine Mannschaft so niedergeschlagen gesehen wie nach diesem Spiel. Als ich in die Kabine ging, sah ich nur hängende Köpfe. Es herrschte Totenstille, und ich wusste nicht, was ich den Spielern in diesem Augenblick sagen sollte. Also erinnerte ich sie an unser gemeinsames Ziel, für das wir angetreten waren: eine Medaille. Ich sagte ihnen, dass wir unser Ziel immer noch erreichen konnten, dass sie ihre Köpfe heben und die Nacht zur Regeneration nutzen sollten und wir am nächsten Morgen einen Weg finden würden. Ich selbst sah mich einer brutalen Frage ausgeliefert: Hatte ich diesem Team in der Spielvorbereitung wirklich alles gegeben, damit es das Spiel gewinnen konnte? Und die ehrliche Antwort war: Nein, das hatte ich nicht getan. Als ausgebildeter Sportpsychologe hätte ich dem Team besser helfen müssen, den emotionalen Sieg gegen die Griechen einzuordnen und zu verarbeiten. Wir hatten uns immer noch euphorisiert gefühlt durch den Sieg, als wir in die Vorbereitung für das nun allerdings komplett neue Spiel gingen. Das war meine Schuld.

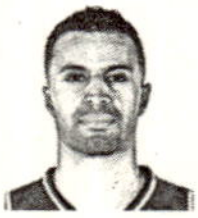

JOHANNES THIEMANN:

Wenn ich an die letzten Jahre bei der Nationalmannschaft zurückdenke, fallen mir viele unglaubliche Momente ein. Dadurch, dass unser Geschäft so schnelllebig ist, hält man oft nicht ausreichend inne, um zu reflektieren, was man alles erleben darf. Die Heim-EM 2022 zum Beispiel war ein riesiges Highlight. In der Lanxess-Arena in Köln vor ausverkauftem Haus zu spielen und Frankreich gleich im Eröffnungsspiel zu schlagen – dafür bist du Profi. Mit solchen Siegen wächst der Glaube, dass du mit dem Team jeden schlagen kannst. Die Fans waren sofort da, und ich habe auch persönlich ein gutes Spiel erwischt. Ich hatte eine Aktion gegen Rudy Gobert, einen Top-Verteidiger aus der NBA, in der ich den Korb mache und ein Foul ziehe, da ging ein gefühlter Elektroschock durchs Stadion und meinen Körper. Alle sind hypt, die ganze Bank stand und alle flexten, da quillst du förmlich über vor Energie. Dann auch noch Griechenland im Viertelfinale zu schlagen, die alle als Favorit auf dem Schirm hatten, das war für uns leider fast zu viel des Guten. Wir haben es nach dem Spiel nicht geschafft, uns rechtzeitig von dem Hoch zu erholen, und konnten die Spannung im Halbfinale gegen Spanien nicht halten. Das war extrem bitter und zugleich eine wichtige Lernerfahrung für unser ganzes Team.

Als ich am nächsten Morgen vor den Spielern stand, ging ich nicht direkt zur Tagesordnung über, sondern entschuldigte mich zuerst für meinen Fehler. Ich gestand ihnen ganz offen ein, dass mir in der Vorbereitung auf das Spanien-Spiel eine Unachtsamkeit unterlaufen war und es mir für sie leid tat. Mir war völlig bewusst, wie viel dieses Spiel den Jungs bedeutet hatte und dass viele von ihnen wochenlang auf ein erfolgreiches Turnier hingearbeitet hatten. Sie hatten ihre Sommerpause und die Zeit mit ihrer Familie für das Team geopfert, und ich wollte dem zu hundert Prozent gerecht werden. Das war mir in diesem entscheidenden Moment nicht gelungen und das musste ich ihnen auch sagen. Da gab es nichts zu kaschieren, nichts schönzureden. Als Sportpsychologe war mir zeitgleich jedoch auch bewusst: Wie wir mit so einem Fehler umgehen, wie wir daraus lernen und nach vorn blicken, das ist das Allerwichtigste für eine erfolgreiche Zukunft. Und da muss ich den Spielern ein riesiges Kompliment aussprechen. Sie respektierten meine Ehrlichkeit und spürten: Sie können mir vertrauen. Ich bin für sie da und tue alles Menschenmögliche, um mit ihnen gemeinsam erfolgreich zu sein. Dafür bin ich auch gewillt, meine Fehler, die mich selbst am meisten schmerzen, zuzugeben und offen mitzuteilen, was ich selbst und was wir als Gruppe daraus lernen können. Aus diesem Grund spreche ich auch von der wichtigsten Niederlage meiner Amtszeit, wenn es um das Spanien-Spiel geht. Ich bin der festen Überzeugung, dass wir ohne diese Niederlage nicht Weltmeister geworden wären. Für unser Reifestadium haben wir diese bittere Erfahrung benötigt. Sie hat uns gefestigt und mir als Coach gezeigt: Wir können Rückschläge aushalten und gestärkt aus ihnen hervorkommen.

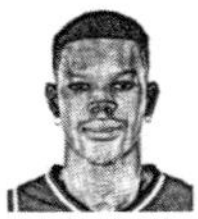

DENNIS SCHRÖDER:

Ich schaue mir unsere Spiele aus der Vergangenheit immer mal wieder an. Das Halbfinale gegen Spanien bei der Heim-EM tut immer noch etwas weh. Wir hätten das gewinnen können, ich finde sogar fast: müssen. Aber wir waren als Team bei einem Turnier noch nie so weit gekommen, und uns hat einfach die nötige Erfahrung und Reife gefehlt. Spanien kennt solche Situationen, die sind da abgeklärter gewesen. Wir wussten nicht, wie es sich anfühlt, in so einer Situation als Gewinner vom Platz zu gehen. Vermutlich haben wir diese Niederlage auch gebraucht, um ein Jahr später zu gewinnen. Es hat uns ein Stück weitergebracht, dass wir verloren und dann trotzdem noch Bronze geholt haben. Das war trotzdem geil fürs Team.

Ich gab den Jungs ein Versprechen. Ich sagte ihnen: »Was passiert ist, können wir nicht mehr ändern. Ich habe daraus gelernt und ich werde in Zukunft noch besser sein. Mir wird so etwas nicht noch einmal passieren. Und nicht nur ich werde dadurch besser sein, sondern wir alle werden dadurch besser. Diese Erfahrung schweißt uns als Gruppe noch enger zusammen.«

Das Spiel um Platz drei gegen Polen war für mich eins der schwersten Spiele, das ich je gecoacht habe. Wir spielten so ein großartiges Turnier, das Team lieferte genau das ab, was wir uns vorgenommen und gemeinsam vereinbart hatten, und in diesem abschließenden Spiel ging es darum, ob wir unser Ziel erreichen oder nicht: die erste von drei Medaillen in drei Jahren. Aus diesem Turnier ohne Medaille rauszugehen, wäre erschütternd für uns alle gewesen. Ich sage meinen Spielern, genauso wie meinen Kindern und engsten Freunden, oft: »Habt keine Angst zu scheitern. Das Schlimmste, was ihr machen könnt, ist euch aus Angst vor dem Scheitern von etwas abhalten zu lassen, das euch viel bedeutet. Ihr würdet das ein Leben lang bereuen. Ihr könnt euch nie vorwerfen, gescheitert zu sein, wenn ihr etwas gewagt habt. Nur wenn ihr es nicht probiert, habt ihr euch etwas vorzuwerfen.«

Doch vor dem Polen-Spiel spürte ich: Ich hatte nun selbst Angst zu scheitern. Ich musste vor und während des Spiels ständig an meinem Mindset arbeiten, damit sich meine Angst auf keinen Fall auf irgendjemand anders übertrug. Meine Angst durfte niemand spüren. Die Angst zu unterdrücken und den vollen Fokus auf das Team und mein Coaching zu richten, verlangte mir alles ab. In diesem hart umkämpften Spiel als Sieger vom Platz zu gehen und die Bronzemedaille zu gewinnen, war eine riesige Erleichterung und ein wichtiger erster Schritt für uns als Team und für unsere gemeinsame Reise. Es war die erste Medaille für Deutschland seit siebzehn Jahren, und sie bedeutete uns allen enorm viel. Es war ein versöhnliches Ende der Heim-EM und ein wichtiger Meilenstein für den deutschen Basketball. Die Medaille bestärkte uns alle in dem festen Glauben, dass wir noch einiges mehr zusammen reißen könnten. Mir gefiel es besonders, zu sehen, wie hungrig die Jungs waren. Eine Medaille ist eigentlich eine großartige Leistung, aber das vorherrschende Gefühl war trotzdem: Hier wäre mehr drin gewesen! Ich teilte das Gefühl und sagte den Jungs, dass wir mit dieser Haltung im nächsten Jahr wieder angreifen würden.

Ein Gefühl, das außerdem noch mitschwang und auch bei der WM im nächsten Jahr wieder ein Thema sein sollte: die Übertragung unserer Spiele. Wir gaben alles, um dem Sport die größtmögliche Bühne zu bieten und mitreißenden Basketball zu zeigen. Die Energie in den Stadien war absolut genial. In die Wohnzimmer schafften wir es leider nur bedingt, weil wir auf den klassischen Sendern nicht ausgestrahlt wurden. Unsere Jungs wollen eine Inspiration für die Folgegeneration sein und möglichst viele Menschen erreichen. Wir werden weiterkämpfen, sehen es als Anreiz und hoffen, dass Basketball in den kommenden Jahren die mediale Aufmerksamkeit bekommt, die es verdient.

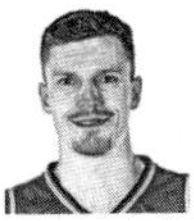

ANDY OBST:

Dass wir uns alle schon so lange kennen und die meisten Spieler aktuell in ihrer besten Phase sind oder gerade in diese Phase kommen, hilft natürlich sehr, weil du dann spürst: Wir können zusammen schon richtig was reißen. Der herbe Rückschlag 2019 war ziemlich bitter, weil unser Kader damals auch schon sehr stark war. Daraus haben wir gelernt: Gute Spieler allein reichen nicht, wir müssen als Team agieren, und es ist wichtig, das eigene Ego auch mal zurückzustecken. Wir haben ab da angefangen, im Kollektiv zu denken. Die Heim-EM hat uns sehr geholfen, weil wir da spürten, was wir für Möglichkeiten haben, wenn wir als Team auftreten. Das hat einen irren Glauben in uns freigesetzt und zum Mindset geführt: Uns kann niemand schlagen, wenn wir unser Spiel spielen und zusammenhalten.

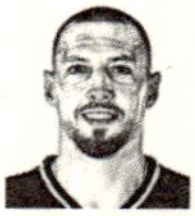

DANIEL THEIS:

Unsere Teamstärke und der Zusammenhalt sind unsere größten Trümpfe. Wir standen vom ersten Tag an zusammen und hatten ein gemeinsames Ziel, für das alle gekämpft haben. Den Grundstein haben wir bei der Heim-EM gelegt. Nach der Auslosung der Gruppen hieß es damals, wir wären in der Todesgruppe und nicht viele haben uns zugetraut, da rauszukommen. Da hat alles angefangen, weil wir unter Gordie gesehen haben, dass wir auf höchstem Niveau mithalten und erfolgreich Basketball spielen können. Nachdem wir im Halbfinale ausgeschieden sind und »nur« Bronze geholt haben, wollten wir alle mehr. Wir spürten schon bei der EM, dass da noch mehr gegangen wäre, und wollten uns das ein Jahr später bei der WM dann auch beweisen.

Nach der EuroBasket 2022 waren wir noch nicht offiziell für die WM qualifiziert. Es war zwar nur noch Formsache, aber wir hatten immer noch vier Qualifikationsspiele zu absolvieren. Erst durch unseren Sieg gegen Finnland in Bamberg, dem ersten Spiel nach der Heim-EM im November, war uns die WM-Teilnahme nicht mehr zu nehmen. Das ermöglichte mir, im darauffolgenden Fenster im Frühjahr 2023 vielen jungen Spielern eine Chance zu geben. Es bereitet mir als Coach große Freude, jungen Spielern zu ihren Debuts zu verhelfen, und mit Spielern zu arbeiten, die vor Stolz explodieren, wenn sie in der A-Nationalmannschaft für ihr Land auflaufen dürfen. In meinem Hinterkopf war die WM zu dem Zeitpunkt allerdings bereits sehr präsent. Ich dachte viel darüber nach, worin wir uns noch verbessern mussten und mit welchen Ideen ich den Jungs im Sommer begegnen wollte. Die Vorfreude auf Schritt 2 unserer großen Vision war riesig.

5
DIE WELTMEISTERSCHAFT

»Niemand hat wirklich verstanden, was wir erreicht und geleistet haben. Wir spürten erst nach und nach: Das hier wird uns nie wieder jemand nehmen können. Auf dem Pokal steht jetzt für immer Deutschland. Das ist groß.«

Johannes Voigtmann

Anders als zur EuroBasket ein Jahr zuvor trafen zum Vorbereitungscamp auf die WM alle Spieler am ersten Tag in bester Verfassung ein. Es spielte uns in dem Fall in die Karten, dass unsere Spieler vom FC Bayern, von Alba Berlin und unsere NBA-Stars mit ihren Vereinen in der Saison alle nicht weit gekommen waren und sich dadurch ein wenig erholen und ideal vorbereiten konnten. Es zeigte aber auch ihre Seriosität und ihren Willen, einen erfolgreichen Sommer hinzulegen. Wir gaben von der ersten Trainingseinheit an hundert Prozent, und niemand verletzte sich. Da muss ich den Spielern ein Kompliment machen, weil es ihr Commitment spiegelt. Das war der erste Schlüsselmoment auf dem Weg zum großen Triumph. Unsere Reise begann in Bonn. Wir kamen dort als Team zusammen, und ich spürte vom ersten Moment an die Vorfreude aller Spieler auf die bevorstehenden Wochen. Die Atmosphäre war gelöst, und gleichzeitig herrschte Aufbruchsstimmung. Es herrschte die klare Haltung: Wir haben uns mächtig was vorgenommen in diesem Sommer.

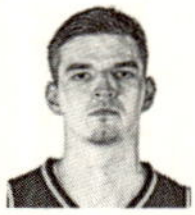

JUSTUS HOLLATZ:

Ich bin mit der Bahn aus Hamburg zum Vorbereitungscamp nach Bonn gefahren und habe mich riesig darauf gefreut, die Jungs wiederzusehen. Da die Deutsche Bahn ihre üblichen Faxen machte, kam ich etwas verspätet an. Ich bin als Letzter in den Essenssaal gekommen, in dem schon alle saßen. Es war schön zu sehen, wie sich alle gefreut haben, dass wir zusammenkamen und die Reise beginnen konnte. Es wurden direkt Späße gemacht, die Insider aus dem letzten Jahr ausgepackt, und natürlich wurde mir unter die Nase gerieben, dass der Star zum Schluss ankommt. In den ersten Trainings war sofort das Gefühl zurück, wieder Teil der Familie zu sein. Man ist einfach mit seinen Jungs zusammen und hat richtig Spaß am Spielen. Für mich war es dann etwas ärgerlich, weil ich mich leicht verletzte, aber auch da war sofort der Support zu spüren. Alle meinten: »Kopf hoch, bis zur WM ist noch Zeit. Bis dahin wirst du fit sein, wir brauchen dich da.« Diese positive Haltung tut dir als junger Spieler sehr gut.

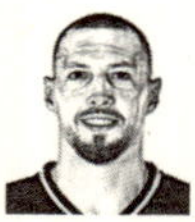

DANIEL THEIS:

Ich kam aus einer schweren Saison, weil ich am Knie operiert werden musste und deshalb nicht viel spielen konnte. Aber ich habe bereits im März zu Gordie gesagt, dass er sich um mich keine Sorgen machen muss – ich würde alles dafür tun, um in Topform zu kommen und im Sommer zum Team zu stoßen. Das war auch mein persönliches Licht am Ende des Tunnels, ich wollte unbedingt einen erfolgreichen Sommer mit der Nationalmannschaft. Meine Frau hat mich unglaublich unterstützt. Sie hat mir zu meinem Geburtstag im April ein Mental-Coaching geschenkt, außerdem ist sie Ernährungsberaterin und hat mir einen Ernährungsplan zusammengestellt, an den ich mich konsequent gehalten habe. Ich kam mit acht oder neun Kilo weniger als im vorherigen Sommer zum Vorbereitungscamp und fühlte mich sofort bereit anzugreifen.

Wir hatten über fünf Tage ein intensives Trainingscamp in Bonn und spielten dann die ersten Vorbereitungsspiele. Zunächst ging es gegen Schweden. Wir zeigten rein sportlich keine sonderlich ansprechende Leistung und fuhren nur aufgrund eines starken letzten Viertels einen deutlichen 87 : 68-Sieg ein. Doch das Ergebnis sowie das Spiel an sich rückte für mich schnell in den Hintergrund, weil ich beobachten durfte, was sich danach abspielte. Unsere Spieler, inklusive aller NBA-Stars, blieben draußen und nahmen sich neunzig Minuten lang Zeit für die Fans. Sie gaben Autogramme, ließen sich fotografieren und unterhielten sich. Anderthalb Stunden lang! So etwas hatte ich noch nie nach einem Spiel gesehen. Manche Spieler unterschreiben mal für zehn bis fünfzehn Minuten ein paar Autogrammkarten und Trikots. Eine derartige Großzügigkeit im Umgang mit der eigenen Zeit in so einer intensiven Phase, um den Support der Fans zu würdigen, rührte mich sehr. Niemand von offizieller Seite hatte die Spieler darum gebeten, sie machten es einfach von sich aus. Die Kombination aus ihrer physischen Verfassung und dieser Haltung den Fans gegenüber löste in mir den starken Glauben aus: Wir können in diesem Sommer etwas Besonderes schaffen.

Vorbereitung gegen die USA – glücklich verloren

Ein dritter Schlüsselmoment vor der WM war das letzte Vorbereitungsspiel gegen die USA in Abu Dhabi. Wir hatten die Griechen am Abend vorher geschlagen und führten mit 16 Punkten im dritten Viertel gegen die USA. Wir zeigten eine fantastische Leistung – zweiunddreißig Minuten lang. Dass wir dann doch noch 99:91 verloren, sah ich insgeheim als Vorteil für uns. Die USA vor der WM zu schlagen, hätte einen verfrühten Hype erzeugt, der uns nicht gutgetan hätte, da bin ich mir sicher, und dieser Ansicht waren auch die Spieler. Der zentrale Take-away dieses Spiels war für uns: Wir spürten alle, wir können die Amis schlagen. Diese Einsicht war für das spätere Halbfinale entscheidend. Niemand hat den Kopf hängen lassen. Wir haben eher eine Trotzreaktion gezeigt, es hat die Konzentration und den Willen von uns allen geschärft. Wer weiß, wie es gekommen wäre, wenn wir da gewonnen hätten. Es ist natürlich die reine Spekulation, aber ich glaube, ohne dieses letzte Learning vor der WM hätte es nicht für den Titel gereicht.

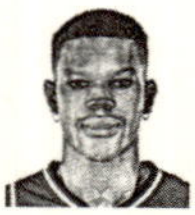

DENNIS SCHRÖDER:

Das Vorbereitungsspiel gegen die USA in Abu Dhabi war ein Schlüssel auf dem Weg zum Titel. Da haben wir gemerkt, dass wir sie schlagen können, und da habe ich auch noch mehr daran zu glauben begonnen, dass wir wirklich Gold holen können. Wir haben sie bis ins letzte Viertel dominiert und dann zum Glück noch verloren. Zuerst waren einige im Team enttäuscht, aber mein erster Kommentar war sofort: »Es ist gut, dass wir verloren haben.« Wäre das nicht der Fall gewesen, wäre plötzlich ein ganz anderer Erwartungsdruck für die WM da gewesen, und ich glaube, dafür wären wir noch nicht bereit gewesen. Aber die Überzeugung, dass wir sie schlagen können, die haben wir alle mitgenommen.

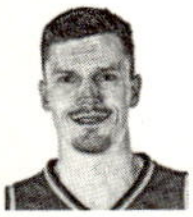

ANDY OBST:

In Abu Dhabi haben viele von uns zum ersten Mal gegen die Amerikaner gespielt, das Nonplusultra im Basketball. Da hast du natürlich einen gewissen Respekt und bist gespannt, was auf dich zukommt. Aber im Spiel haben wir dann direkt Vollgas gegeben und gespürt, dass wir eine Chance gegen die haben. Wir haben zwar knapp verloren, aber uns danach gesagt: »Wenn wir die wiedersehen, und wir werden sie wiedersehen, dann sind sie fällig.« Wir wussten nach dem Spiel, was wir zu tun haben, um sie zu schlagen, und das hat uns im Halbfinale der WM sehr geholfen. Wir sind mit einem guten Gefühl aus Abu Dhabi abgereist, und es war dann auch das letzte Spiel, das wir in dem Sommer verloren haben.

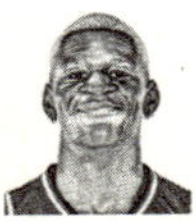

ISAAC BONGA:

Es sind viele Kleinigkeiten, die dafür gesorgt haben, dass wir Weltmeister wurden. Auf der einen Seite sind wir mit einer fokussierten Einstellung in das Turnier gegangen, alle waren bestens vorbereitet und maximal motiviert. Es war aber auch ein Prozess. Wir mussten als Team zusammenwachsen, schlechte Phasen durchmachen, aus Niederlagen lernen und auch durch Erfolge wie bei der Heim-EM unser Selbstbewusstsein aufladen. Nur wegen dieses schwierigen Prozesses stehen wir heute da, wo wir stehen. Wenn du die Interviews von den Spielern während der WM anschaust, dann spürst du bei allen von uns diesen unbedingten Willen, gewinnen zu wollen. Wir waren spätestens durch das USA-Vorbereitungsspiel fest davon überzeugt, dass wir den Weg bis zu Ende gehen können. Ich weiß noch, dass ich mir nach dem Spiel gegen sie dachte: Okay, wenn das der beste Gegner ist, dann haben wir gute Chancen, richtig gut abzuschneiden. Und so sind wir dann auch ins Turnier gegangen. Jedes Spiel hat uns noch mehr Selbstbewusstsein gegeben. Und in jedem Spiel ist jemand anderes über sich hinausgewachsen. Unsere Top-Spieler haben sowieso ihre Leistung gebracht, und dann hatten wir jedes Mal einen anderen weiteren Trumpf. Ich glaube, das hat es auch sehr schwer für unsere Gegner gemacht, sich auf uns einzustellen. Wir wussten ja selbst nicht, wer heute wohl wieder krass performen würde. Bei uns hat sich jeder für jeden gefreut. Solche Kleinigkeiten sind dann oft viel größer, als man von außen annehmen würde. Vor allem, wenn in Summe so viel zusammenkommt, das einem hilft.

Das Vorbereitungsspiel gegen die USA half uns, abgesehen von dem neu gewonnenen Selbstvertrauen, noch auf weiteren Ebenen. Nach dem Spiel kam Franz Wagner zu mir und meinte: »Coach, wir brauchen eine bessere Strategie, um auf das Defense Switching der Gegner zu reagieren. Unser bisheriger Plan geht nicht auf. Wir müssen genau wissen, was wir zu tun haben, um eine Chance gegen die besten Teams zu bekommen.« Ich schätze derartige Anregungen enorm. Das Coaching-Team und ich hatten die Möglichkeit, noch vor dem Turnier an dem Problem zu arbeiten. Denn wenn Franz den Mund aufmacht, weiß ich, die Sache hat etwas zu bedeuten. Sein Basketball-IQ ist außergewöhnlich, seine Beobachtungen sind messerscharf. Als wir unsere Korrekturen im Coaching-Team fertiggestellt hatten, ging ich auf Franz zu, stellte ihm den Plan vor und fragte ihn, was er davon hielt. Er meinte: »Ich denke, das wird funktionieren, Coach.« Und so war es dann auch. Wir gewannen alle Spiele.

Als Coach brauche ich das Vertrauen der Spieler in mich. Sie müssen spüren, dass ich meinen Job im Griff habe und sie auf mich bauen können. Und gleichzeitig wissen sie, dass ich als

Trainer nicht unfehlbar bin und sie mich immer ansprechen können, wenn ihnen etwas auffällt oder ihnen etwas Sorgen bereitet. Ich höre sehr genau hin, wenn ein Spieler zu mir kommt und seine Gedanken zu unserem Spiel äußert.

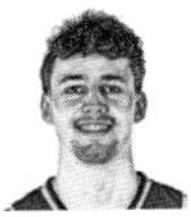

FRANZ WAGNER:

Du bist als Spieler immer frustriert, wenn du ein Spiel verlierst, so war das auch gegen die USA im letzten Vorbereitungsmatch. Was krass an dem Spiel war: Wir haben die USA die ersten dreißig Minuten ziemlich an die Wand gespielt. Am Ende haben die angefangen, viele Switches in ihr Spiel einzubauen, worauf wir keine wirklichen Lösungen parat hatten. Ich bin nach dem Spiel zu Gordie gegangen und habe ihm gesagt, dass wir als Team dringend mit dem Problem umgehen müssten. Gordie ist da sehr offen und hört dir immer genau zu, wenn du mit so etwas zu ihm kommst. Er macht sich dann Gedanken und entwickelt mit seinem Team Lösungen. Wir haben dann direkt in der nächsten Woche ein entsprechendes Training absolviert. Fachlich kann ihm da keiner etwas vormachen, er hatte sofort sehr viele Ideen, wie die Lösung aussehen könnte. Gordie geht es immer ums Teamwork und nicht darum, dass er der Trainer ist und ich der Spieler bin und deshalb nichts zu melden hätte. Wir wollen alle gemeinsam das Beste rausholen, und da haben persönliche Befindlichkeiten keinen Raum.

Wir fanden die Lösung auf die Challenge mit den Switches gemeinsam. Die Arbeit meines Coaching-Teams war während der gesamten WM herausragend. Wir waren auf jeden Gegner perfekt eingestellt, weil die Vorbereitung auf die Spiele und das Videostudium exzellent waren. Die Spieler wussten das zu schätzen und zeigten das auch. Generell gefiel mir der respektvolle

Umgang untereinander extrem gut. Egal in welcher Beziehung zwei Menschen innerhalb unseres Teams zueinander standen, ob es Physio und Funktionär oder NBA-Star und Waschteam war, alle honorierten die Arbeit des anderen. Kleine Dienste und nebensächliche Rollen wurden wertgeschätzt. Dadurch fühlten sich alle gesehen, was immer zuträglich für das Binnenklima einer Gruppe ist.

Okinawa

Nach den beiden Spielen in Abu Dhabi flogen wir mit einem Zwischenstopp nach Okinawa. Vom Flughafen aus fuhren wir noch etwa neunzig Minuten mit dem Bus, um in unser Hotel zu kommen. Ich meide Superlative, wenn es möglich ist, doch dieser Ort war der sauberste, den ich je auf der ganzen Welt gesehen habe. Eine unglaubliche Anlage mit höchstem Anspruch an das äußere Erscheinungsbild. Die Freundlichkeit der Menschen in Kombination mit jeglicher Abwesenheit von Unordnung, ganz zu schweigen von Müll, übertrug sich auf unsere Gemütslage. In so einem Setting besinnst du dich wie von selbst auf dich und die ganz wesentlichen Dinge. Das war unheimlich wohltuend, und alle Beteiligten genossen es sichtlich. Die Insel wird gern als Hawaii von Asien bezeichnet, und es wurde sofort klar, warum. Die Strände sahen aus wie aus Urlaubsmagazinen.

Offen gestanden, hatte ich gehofft, dass wir direkt auf den Philippinen spielen würden und die Gruppenphase nicht in einem anderen Land austragen müssten. Daniel hatte mir vorab gesagt, dass er auf Japan hofft. Und als wir dann dort waren, freute ich mich jeden Tag aufs Neue, dass nicht mein Wunsch, sondern seiner erfüllt wurde. Wir alle genossen den Aufenthalt dort sehr.

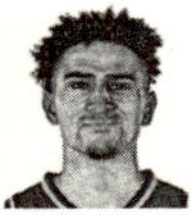

MAODO LO:

Die Zeit in Okinawa während der Gruppenphase war ein Highlight, an das ich mich besonders gern zurückerinnere. Nicht nur wegen der Spiele, die wir dort alle gewinnen konnten, sondern vor allem, weil die Insel so unglaublich schön ist. Da hatten wir auch wirklich Glück bei der Auslosung. Wir waren direkt am Strand untergebracht, das Wetter hat jeden Tag mitgespielt, es hat sich fast wie Urlaub angefühlt. Kracher-Spiele wie gegen Australien oder Slowenien, also Basketball auf allerhöchstem Niveau, und dann am nächsten Vormittag in der freien Zeit mit dem Team zusammen an den Strand zu gehen, Sonne zu tanken und im paradiesischen Wasser zu schwimmen, war eine einmalige Kombination. Wir sind oft über die Strandpromenade spaziert und haben dort Kaffee getrunken, Schach gespielt und uns unterhalten – das war einfach eine geile Zeit! Wir saßen nicht wie die Teams an den anderen Standorten ständig im Hotel und warteten angespannt auf das nächste Spiel, sondern wir konnten super abschalten und uns dabei neu fokussieren. Hinzukam, dass die Menschen wahnsinnig freundlich waren und es auch kulturell sehr interessant war. Mir gibt es als Mensch sehr viel, wenn ich abschalten kann und dabei neue Impulse durch die exotische Umgebung bekomme. Wir sind eine Mannschaft, die sich schon seit Jahren kennt, mit einer super Team-Chemie. Wir haben uns alle super verstanden, das hat sich auch immer in unserem humorvollen Gruppen-Chat gespiegelt. Das alles gemeinsam zu erleben, da hat einfach alles gepasst.

Als wir dann nach Manila umgezogen und auf die anderen Mannschaften getroffen sind, hat man sofort gespürt, dass da eine andere Energie herrschte und sie schon etwas durch waren. Die hatten gefühlten Lagerkoller und haben auch in den Gesprächen betont, wie anstrengend es war, immer im selben Hotel in der Stadt zu sein. Wir kamen total frisch, energiegeladen, mit einer tollen Erfahrung im Rücken und nur Siegen im Gepäck in Manila an und waren sofort bereit, weiter Gas zu geben. Es gibt viele Gründe, warum wir Weltmeister geworden sind. Dass wir zuerst in Okinawa waren, hat definitiv eine wichtige Rolle gespielt.

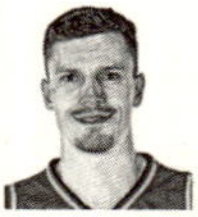

ANDY OBST:

Ich kann mich an einen Morgen in Japan erinnern, da war ich schon vor fünf Uhr in der Früh wach, weil ich wegen des Jetlags nicht schlafen konnte. Ich bin aufgestanden und am Strand spazieren gegangen und war ein wenig im Meer schwimmen. Bret, unser Assistenztrainer, kam noch mit dazu. Als wir zusammen am Strand saßen, haben wir einfach nur die Szenerie bestaunt und ein wenig beobachtet, was sich um uns herum abspielt. Da stand zum Beispiel ein Japaner mit seinem Samurai-Schwert am Strand und hat Trockenübungen gemacht. Auf einem anderen Kontinent zu sein und die Kultur aufzusaugen, das war schon saugeil. Und davon gab es einige solcher Momente. Direkt beim Hotel hat zum Beispiel ein Friseur in einem Wohnwagen gelebt, der war positiv verrückt und hat uns Basketballern allen umsonst die Haare geschnitten. Das war echt witzig. Und in einer Nacht ist gegen vier Uhr morgens plötzlich der Alarm losgegangen, weil in Nordkorea etwas in die Luft geschossen wurde. Das waren schon einige abgefahrene Erlebnisse.

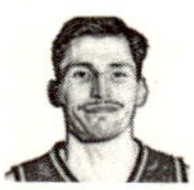

DAVID KRÄMER:

Im Sommer stehe ich immer gern früh auf. Durch den Jetlag war ich in Japan meistens schon um vier oder fünf Uhr wach und bin direkt ans Meer oder spazieren gegangen. An einem Abend kamen wir gerade vom Essen ins Hotel zurück, hörten auf dem Balkon etwas Musik und genossen den Blick aufs Meer. Vor dem Schlafengehen las ich noch ein wenig und ging dann früh ins Bett. Mitten in der Nacht hörte ich plötzlich einen Alarm. Ich dachte zuerst, ich würde träumen, schaute kurz auf mein Handy, es war kurz vor vier Uhr morgens, und ich dachte mir dann nichts weiter dabei. Ich bin dann ganz normal aufgestanden, war wieder sehr früh unterwegs und wusste nicht, dass es in Japan Uhrzeiten gibt, zu denen man nicht schwimmen darf. An dem Morgen kam die Polizei und rief mich aus dem Wasser, weil es noch nicht sieben Uhr war. Als ich dem Team dann sagte: »Ihr dürft nicht vor sieben Uhr ins Wasser, sonst holt euch die Polizei da raus«, mussten erst mal alle lachen. Aber dann musste ich wieder an den Alarm denken und war mir nicht sicher, ob ich das geträumt hatte. Also fragte ich jemanden vom Staff, ob sie auch einen Alarm gehört hätten. Dann wurde mir gesagt, dass es eine Notwarnung gegeben hatte, weil eine nordkoreanische Testrakete in Richtung Okinawa geflogen war. Als ich das hörte und dann auch noch realisierte, dass ich einfach weitergeschlafen hatte, dachte ich kurz, ich wäre im falschen Film. Wir googelten das dann und fanden eine Schlagzeile: »Nordkorea feuert Rakete über Okinawa hinweg.« Irgendwie musste ich trotzdem lachen, weil mir als Erstes in den Sinn kam, dass Okinawa zumindest ein schöner Ort zum Sterben gewesen wäre. Dass so etwas überhaupt passieren kann, würde man nie im Leben glauben. Wir hatten kurz Sorge, dass der Vorfall Auswirkungen auf die WM haben könnte, aber es ging alles ganz normal weiter, und die Jungs konnten sich wieder amüsieren, dass die Polizei mich aus dem Wasser geholt hat.

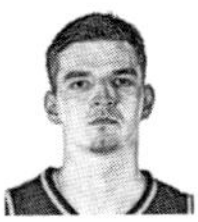

JUSTUS HOLLATZ:

In Okinawa hatten fast alle in den ersten Tagen noch Jetlag. Da haben wir uns immer um sieben Uhr morgens am Strand getroffen und sind zusammen schwimmen gegangen. David war allerdings einmal schon um fünf Uhr morgens da. Das war in der Nacht, als die Sirenen angingen, wegen der Tests der Nordkoreaner, und deswegen durfte man an dem Tag um die Uhrzeit noch nicht ins Wasser. David wurde von der Polizei aus dem Wasser geholt, was für uns andere schon witzig war. Das gemeinsame Schwimmen und solche Aktionen haben zur besonderen Stimmung im Team beigetragen. Wir waren bei einer WM, und zugleich war es auch wie auf einer Reise mit Freunden. Und Gordie hat es geschafft, uns bei Laune zu halten und sicherzustellen, dass die Stimmung gut bleibt, indem er uns genügend Freiräume eingeräumt hat. Er gab uns bewusst immer wieder freie Abende, an denen wir auch mal allein oder in Gruppen was essen gehen konnten. Diese kleinen Gesten, uns Freiheiten zu geben, sodass wir auch einiges selbst bestimmen konnten, sorgten dafür, dass unser Kopf frei blieb. Er hat nach den Spielen oft gesagt, am nächsten Tag haben wir einen festen Termin – ein Fan-Meeting, Video-Studium oder ein Training – und den restlichen Tag könnt ihr gestalten, wie ihr wollt. So eine Haltung trägt auch maßgeblich zum Erfolg bei. Weil, wenn du einen freien Kopf hast und dir nicht zu viele Gedanken machst, kannst du den besten Basketball spielen.

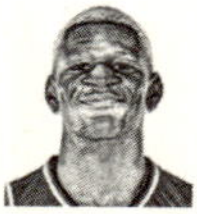

ISAAC BONGA:

Das Coole und Besondere mit den Jungs ist, dass wir uns mittlerweile alle schon echt lange kennen und zusammenspielen. Da genießt du die Zeit miteinander noch mehr, weil du genau weißt, worauf du dich freuen kannst. In Okinawa hatten wir zum Beispiel während der Vorrunde einen Tag frei, und dann haben die meisten von uns einen Ausflug zum Moon Beach gemacht. Während eines Turniers so einen Ausflug zu machen und komplett abzuschalten, ist schon sehr speziell. Ich habe da Schach gegen Maodo gespielt, wir waren zusammen im Wasser, haben in einem nicen Hotel gegessen, uns mal wieder gegenseitig ein Update zu unserem Privatleben gegeben und zugleich das besondere Flair genossen. Am nächsten Morgen hatten wir dann ein Fan-Meeting und trafen die Menschen, die extra aus Deutschland angereist waren, um sich unsere Spiele in Okinawa anzuschauen. Das war auch ziemlich cool, weil es wirklich viele Menschen waren und es einen zusätzlich motiviert, wenn du merkst, was du hier eigentlich für einen krassen Support bekommst.

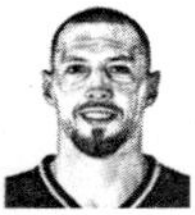

DANIEL THEIS:

Okinawa war wirklich wie eine Klassenfahrt. Das gemeinsam zu erleben, hat uns komplett zusammengeschweißt. Wir hatten viel Raum für persönliche Begegnungen und für gute Gespräche. Als wir die Vorrunde überstanden hatten, saßen Jo Voigtmann und ich abends noch lange am Strand zusammen und haben Bier getrunken und uns über die vergangenen Jahre in der Nationalmannschaft unterhalten. Wir haben über die schlechtesten und die besten Momente mit dem Team gesprochen. Das wurde eine lange Nacht!

Eröffnungsspiel gegen Japan: Ein teuer bezahlter Sieg

Vor dem Eröffnungsspiel gegen den unbequem zu bespielenden Gastgeber Japan hatten wir zum Glück ausreichend Zeit für die Analyse. Die Japaner spielen so viele unterschiedliche defensive Variationen, dass die Vorbereitung uns einige Kopfschmerzen bereitete. Die Stimmung im Stadion war großartig, und wir kamen richtig gut ins Spiel. Ich war hochzufrieden mit unserer ersten

Halbzeit. Es lief alles nach Plan. Wir erarbeiteten uns eine komfortable Führung, und ich spielte mit dem Gedanken, unsere besten Spieler frühzeitig vom Platz zu holen. Allerdings hatten wir mit Australien und Slowenien eine ziemlich knackige Gruppe erwischt, weshalb auch die Höhe des Ergebnisses ausschlaggebend sein konnte, und diese Überlegung beeinflusste meine Entscheidungen in den letzten Minuten des Spiels. Das sollte sich rächen. Franz Wagner knickte fünf Minuten vor Schluss um und verletzte sich am Knöchel. Wir gewannen das Spiel 81:63, aber die Stimmung in der Kabine nach dem Schlusspfiff glich der einer Beerdigung. Niemand sagte ein Wort.

Ich hatte das Gefühl, das Team durch meine Entscheidung, Franz nicht frühzeitig aus dem Spiel zu nehmen, im Stich gelassen zu haben, und konnte die ganze Nacht nicht schlafen. Mir wurde im Nachgang berichtet, dass Dennis an dieser Stelle wieder einmal seine Leadership-Qualitäten bewiesen und das Team aufgefordert hatte, die Köpfe nicht hängen zu lassen und nach vorn zu schauen. Er erinnerte seine Kollegen daran, dass wir bereits des Öfteren bewiesen hatten, dass wir mit schwierigen Situationen umgehen konnten, und wir waren bisher immer gestärkt daraus hervorgegangen.

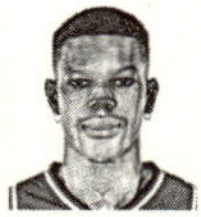

DENNIS SCHRÖDER:

Nach dem Sieg gegen Japan kam ich in die Kabine, und alle waren down. Franz war am Boden zerstört und echt angepisst. Das konnte ich gut nachvollziehen. Du trainierst einen Monat lang richtig hart, bereitest dich auf das Turnier vor und freust dich wie verrückt, und dann verletzt du dich im ersten Spiel. Das ist für dich als Spieler eine Katastrophe. Aber ich habe dem Team gesagt: »Jungs, erst mal ein sehr geiler und wichtiger Sieg gegen Japan! Wir brauchen jetzt eine Next-Man-up-Mentalität. Jetzt können wir zeigen, wie gut wir als Team sind. Wir müssen weitermachen, wir dürfen jetzt nicht die Köpfe hängen lassen. Das Turnier hat erst begonnen.«

Franz zu verlieren, war natürlich extrem bitter, aber in der Rückschau hat es uns geholfen. Ich glaube, wenn du einen Titel holen willst, dann muss alles passen. Ein großer Faktor, warum wir gewonnen haben, war die Vielfalt und Tiefe in unserem Spiel, die in diesem Moment noch einmal gewachsen ist. Vor allem die Leistung von Isaac in den nächsten vier Spielen, die Franz verpasst hat, war unfassbar stark. Er hat das Team mitgetragen und uns offensiv genauso wie defensiv einen richtigen Push gegeben. Dadurch hat er richtig Selbstvertrauen getankt und uns deutlich stärker gemacht. Das war wirklich verrückt. Er hat im Angriff Dreier geworfen und in der Defense den besten Spieler des Gegners verteidigt. Gordie hat ihm deshalb eine größere Rolle zugeteilt und mehr Zeit auf dem Platz gegeben – auch nachdem Franz wieder da war.

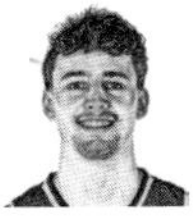

FRANZ WAGNER:

Die Verletzung war echt bitter. Ich bin schon oft umgeknickt und kann schnell einschätzen, wie gravierend etwas ist. Ich wusste sofort, dass es nichts ist, womit ich am nächsten Tag wieder laufen könnte. Die Unsicherheit, wie lange du am Ende draußen sein wirst und wie viele Spiele du verpasst, das ist immer sehr unangenehm. Vor allem bei einem großen Turnier. Ich habe gespürt, dass alle ziemlich down waren, obwohl wir gerade einen wichtigen und souveränen Auftaktsieg geholt hatten. Das war doppelt doof, weil ich ungern im Vordergrund stehe und die gute Team-Performance durch meine Verletzung nicht in den Hintergrund rücken wollte. Immerhin habe ich schnell die Nachricht erhalten, dass es nicht all zu gravierend wäre und ich noch mal ins Turnier eingreifen könnte, wenn wir die Gruppenphase überstehen würden.

Im Rückblick glaube ich, dass meine Verletzung sogar gut für uns als Team war. Isaac hat einen überragenden Job gemacht, und auch die anderen Jungs waren sofort wieder voll da und haben alle abgeliefert. Das hat den Teamgeist noch weiter gestärkt. Wir sind in unserem Spiel noch vielseitiger geworden und noch selbstbewusster. Und als ich dann endlich zurückkommen konnte, war es ein zusätzlicher Push.

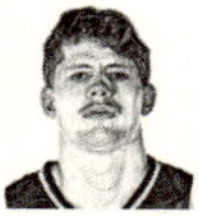

MORITZ WAGNER:

Über die Dynamik zwischen mir und meinem Bruder werde ich vielleicht selbst mal ein Buch schreiben. Als großer Bruder ist das nicht einfach, weil du natürlich emotional anders involviert bist, wenn etwas deinen jüngeren Bruder betrifft. Das geht mir auch in der NBA so, wenn ich sehe, etwas läuft nicht so ganz für ihn, dann bin ich emotional total eingespannt. Zugleich bin ich aber auch Spieler und muss mich komplett auf meinen Job konzentrieren. Natürlich hat mir die Verletzung für ihn und das gesamte Team leidgetan, und ich hätte mir gewünscht, dass er mehr Spiele in der Vorrunde hätte machen können. Ich musste seine Situation aber auch ausblenden, um mit meiner eigenen Anspannung vor dem Spiel klarzukommen und auf dem Platz abzuliefern. Sobald ich in meine Routine eintauche, bin ich im Tunnel und denke nur noch an das Spiel. Als emotionaler Typ investiere ich mental enorm viel, da darf ich mich durch nichts ablenken lassen. Zum Glück konnten wir seine Verletzung gut wegstecken und haben das nicht an uns rankommen lassen.

Spiel 2 gegen Australien: Ein wegweisender Auftritt

Zwei Tage später stand das wichtige Spiel gegen die starken Australier auf dem Programm, die mit neun NBA-Spielern im Kader antraten. Wir mussten wieder einmal die herbe Verletzung eines Schlüsselspielers vor oder während eines großen Turniers schlucken und einen Weg finden, wie wir damit als Team umgingen. Meine Botschaft lautete: »Wenn Franz zurückkommt, werden wir noch stärker sein, und in der Zwischenzeit eröffnet es anderen die Möglichkeit, den Raum zu füllen, was uns als Team noch unberechenbarer macht.«

Maodo und Isaac nahmen diese Botschaft persönlich. Maodo zeigte seine beste Turnierleistung und Isaac spielte ebenfalls sensationell und beflügelte mit seiner dominanten Physis das gesamte Team. Niels und Justus spielten infolge der Verletzung von Franz ebenfalls deutlich mehr als ursprünglich geplant und machten einen überragenden Job. Wir änderten unser Spiel von einer Neun-Mann-Rotation, die wir mit Franz spielten, zu einer Zehn-Mann-Rotation und bekamen dadurch noch mehr Vielfalt und Tiefe. Für die Team-Dynamik war das ein großer Gewinn, weil für alle greifbar wurde: Jeder ist zu hundert Prozent bereit, wenn er gebraucht wird. Und die Rechnung, dass wir noch stärker sein würden, wenn Franz zurückkommt, würde ebenfalls aufgehen, wie sich noch zeigen sollte.

Das Spiel gegen Australien war ein echter Thriller mit dem besseren Ende für uns. Wir gewannen 85:82 und fuhren die ersten Big Points des Turniers ein. Wie wichtig dieser Sieg war, wurde in der Nachbetrachtung kaum erwähnt. Er schuf die Basis für den Gruppensieg. Wir konnten gegen Slowenien befreit aufspielen. Der Sieg gegen Australien war auch ein Sieg für die Moral. Diese Reaktion auf den Verlust von Franz war ein echtes Charakter-Statement des Teams. Es zeigte unser Herz, stärkte unser Selbstbewusstsein und gab uns Zuversicht, dass wir die Phase ohne Franz gut überbrücken würden.

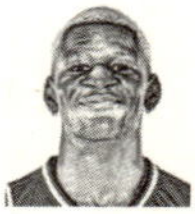

ISAAC BONGA:

Nach dem Spiel gegen Japan kam Gordie im Training zu mir. Meine Dreierquote in dem Spiel war 0 aus 5 gewesen. Gordie meinte trotzdem, dass ich gut gespielt habe, und er wollte, dass ich weiter warf. Diese Aussage von ihm hat mir einen richtigen Push gegeben und das nötige Selbstvertrauen. Ich habe mir in den darauffolgenden Spielen nie Gedanken gemacht, wann ich werfen sollte und wann nicht. Es waren einfache Worte von ihm, aber der Impact hätte größer nicht sein können.

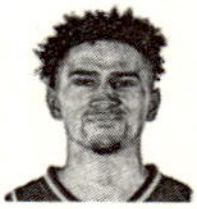

MAODO LO:

Wenn ich an die WM zurückdenke, kann ich kaum ein Match ausblenden. Wir hatten schon in der Vorrunde Spiele, zum Beispiel gegen Australien, die sehr knapp waren. Und dann ab der K.-o.-Phase waren es nur noch Thriller. Der Sieg gegen Australien war superwichtig für uns, weil man nicht weiß, wie wir mit einer Niederlage durch die Gruppenphase gekommen wären. Es wäre auf jeden Fall deutlich mehr Druck da gewesen. Und knappe Siege sind immer wichtig für die Moral, vor allem wenn du – wie in unserem Fall – die härteste Gruppe des Turniers erwischt. Das Spiel gegen Australien war für mich auch ein persönliches Highlight. Als wir im dritten Viertel hintenlagen und ich einige Step-backs hintereinander getroffen habe, dann ein Drive zum Korb gelungen und dadurch das Momentum wieder zu unseren Gunsten gekippt ist und mir später auch noch ein Dreier gelang, das war ein richtig gutes Gefühl und vermutlich mein Moment des Turniers.

Die sechs Dreier im letzten Viertel gegen Georgien haben sich auch gut für mich angefühlt. Das Spiel war zwar nicht knapp und wir hätten auch so entspannt gewonnen, aber solche Aktionen geben dir trotzdem viel Selbstvertrauen.

Dass wir in den restlichen drei Gruppen- beziehungsweise Zwischenrundenspielen jeweils dreistellig punkten und drei Kantersiege einfahren würden, war so nicht zu erwarten. Die souveränen 101:75 und 100:73 gegen nicht zu unterschätzende Finnen und physische Georgier sicherten uns das Ticket für die K.-o.-Runde in Manila. Auch in diesen Spielen konnten wir uns auf unsere starke Bank verlassen. Egal wer von außen reinkam, er lieferte ab, punktete und beflügelte unser Spiel.

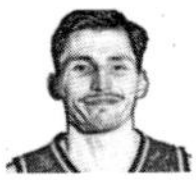

DAVID KRÄMER:

Vor jedem Spiel haben wir einen kleinen Bench-Huddle gemacht. Alle Spieler, die auf der Bank saßen, sind zusammengekommen, haben einen Kreis gebildet und sich auf das Spiel eingeschworen. Wir haben uns immer fest vorgenommen, von Anfang an den Startern maximale Unterstützung von außen zukommen zu lassen und sie zu supporten, egal wie das Spiel läuft. Das war immer ein besonderer Moment, der uns noch mehr zusammengeschweißt hat.

Der Make-or-break-Moment im Slowenien-Spiel

Mit Slowenien wartete zum Abschluss der Zwischenrunde einer unserer Dauerrivalen der letzten Jahre. Wir hatten uns einige Schlachten in den vergangenen Turnieren geliefert und dabei oft den Kürzeren gezogen. Auch diesmal kamen wir nicht gut ins Spiel. Es stand zwar vorher schon fest, dass beide Mannschaften für die K.-o.-Phase qualifiziert waren, trotzdem ging es in dem Spiel noch um den wichtigen Gruppensieg – was wir zu Beginn nicht ansatzweise zeigten. Es brauchte eine Schlüsselszene, die im Nachgang viel diskutiert wurde und die Dynamik des Spiels veränderte: Die Diskussion zwischen Dennis und Daniel, die eine explosive Reaktion meinerseits triggerte. Meine Sicht auf die Situation beschreibe ich im Kapitel über Leadership noch genauer, wenn es um den Umgang mit Konflikten geht. Hier sollen erst mal Dennis und Daniel sowie die anderen Spieler erzählen, wie sie die Situation erlebt haben.

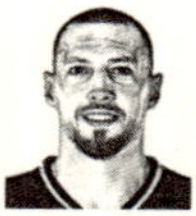

DANIEL THEIS:

Dennis und ich kennen uns seit der U-18 aus Braunschweig. Ich kenne seine Persönlichkeit genauso wie seine sportliche Seite und weiß, wie ehrgeizig er ist. Er will immer gewinnen. Gegen Slowenien haben wir in den ersten Minuten extrem schlecht gespielt und lagen deshalb weit zurück. Dennis ist ein sehr direkter Mensch und hat mir klar zu verstehen gegeben, dass er mich braucht und ich viel besser spielen muss. Er redet nicht drumherum, sondern sagt dir klar ins Gesicht, wie es ist. Das weiß ich, und so kenne ich ihn. Auf dem Platz bist du immer emotional, und wir haben miteinander diskutiert, was von außen deutlich schlimmer aussah, als es zwischen uns beiden der Fall war. Gordie hat in der Auszeit immer nur eine Minute und wollte sie nutzen. Die kannst du als Trainer nicht verschwenden, das ist uns auch klar. Es war hitzig, aber im Endeffekt war es viel weniger als das, was daraus gemacht wurde. Unsere Reaktion ist der beste Beweis dafür. Wir haben als Team bewiesen, dass wir mit schwierigen Situationen umgehen können. Das hat auch unsere Reaktion auf die Verletzung von Franz im ersten Spiel gezeigt. Und alle bei uns im Team wissen, wie Dennis ist. Er gibt alles für das Team und hat auch eine nahbare, persönliche Seite – ihm ist die Familie das Wichtigste auf der Welt –, die er vor dem Team nicht versteckt. Wir konnten das alle gut einordnen und haben das Spiel auf beeindruckende Weise gedreht. Ich schätze es auch, wenn jemand sehr direkt ist, vor allem wenn man dann auch sehr direkt antworten kann, was bei Dennis der Fall ist. Er will, dass die Coaches und Teamkameraden das bei ihm genauso machen, damit alle ihre beste Leistung bringen.

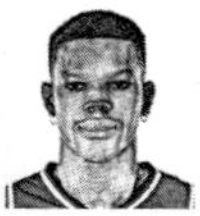

DENNIS SCHRÖDER:

Wir sind richtig schlecht in das Slowenien-Spiel reingekommen. Das war für alle offensichtlich. Daniel kenne ich schon aus der Jugend in Braunschweig, und ich weiß, was ich tun muss, um ihn zu triggern. Ich wusste, wenn ich ihn sauer mache, fängt er an zu zocken und bringt die Energie, die wir als Team von ihm brauchen. Er ist ein guter Freund, und wir reden sehr direkt miteinander, vor allem auf dem Feld. Wir haben auf dem Platz viel diskutiert und waren noch mittendrin, als Gordie die Auszeit nahm. Er hatte nicht viel Zeit, wir haben nicht gut gespielt, und er wollte dem Team seine Anweisungen geben. Wir haben ihm in dem Augenblick nicht die volle Aufmerksamkeit geschenkt, weil wir selbst noch am Diskutieren waren. Dass er da die Schnauze voll hatte, sein Board auf den Boden geschmissen hat und lauter wurde, ist völlig verständlich. Ich habe kurz dagegengehalten, als er mich zum Hinsetzen bewegen wollte, aber das war wirklich keine große Sache. Groß gemacht wurde es von anderen. Mir haben danach viele Menschen aus der ganzen Welt geschrieben und gefragt, ob alles okay ist. Das hat mich erstaunt, weil es für mich gar nichts Großes bedeutet hat. Das Thema war für uns sofort abgehakt. Es gab keine hard feelings, niemand war beleidigt. Wir wollten alle nur das Spiel gewinnen. In den Jahren zuvor hätte uns so etwas noch aus der Ruhe bringen können. Deswegen hieß es vermutlich auch danach: Die deutsche Nationalmannschaft hat Probleme im Team, und es muss sich erst zeigen, ob sie sich davon erholen kann. Wir erholten uns nicht nur, es hat uns noch stärker gemacht, weil alle spürten, dass wir uns klar die Meinung sagen können und wir gut damit umgehen können.

Gordie kam trotzdem am Tag danach noch mal zu mir und hat sich entschuldigt, weil er mich in dem Augenblick angepackt hat. Er meinte, es sei ein emotionaler Moment gewesen und er wäre deshalb etwas aus der Haut gefahren. Ich habe nur gesagt: »Gordie, mir musst du so etwas nicht sagen. Es ist ein Spiel und wir sind alle emotional. Wir wollen alle gewinnen und haben von dir gelernt, dass Egos uns nicht weiterbringen. Das Thema ist für mich abgehakt.« Ich habe dann noch mein Handy rausgeholt, weil ich oft für die Musik verantwortlich war, und habe »Viva la Vida« – sein Lieblingslied von Coldplay – angemacht. Ich wollte ihm zeigen, dass ich immer für ihn da bin und ihn wie Familie sehe. Armin hat das mitbekommen und sich bei mir für die Geste bedankt und meinte, das macht Leadership aus. Für mich war es selbstverständlich, weil ich immer nur das Beste für die Mitmenschen in meinem Inner Circle will.

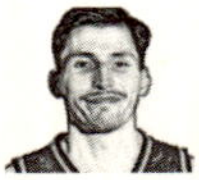

DAVID KRÄMER:

Nach dem Moment mit Dennis, Daniel und Gordie dachte ich mir zum ersten Mal: »Wir werden Weltmeister.« Wir hatten keinen guten Start gegen Slowenien. Gefühlt haben alle katastrophal gespielt, und dann kam es zur Auszeit und der kleinen Auseinandersetzung. Gordie hat Dennis und Daniel auf die Bank gesetzt und die Reaktion vom ganzen Team darauf hat mich sehr beeindruckt. Wir lagen weit zurück, hatten diesen Moment und haben dann mit fast dreißig Punkten Unterschied gewonnen. Ich saß nach dem Spiel auf der Bank und hatte dieses starke Gefühl: »Wir werden das

Turnier gewinnen.« Ich habe vorher noch nie erlebt, dass ein Team so zusammengekommen ist. Dennis hat uns in der Halbzeit als Leader erklärt, dass er jeden pushen will, damit wir als Team noch besser werden, und dass es nicht Persönliches ist. Niemand war wütend, alle konnten seinen Ansatz nachvollziehen, und wir sind gestärkt aus der Situation herausgekommen. Viele Teams würden so einen Moment nicht überstehen, weil die Egos sich schnell in die Quere kommen können und dich als Team brechen. Wir haben den Moment als weiteren Antrieb genutzt, noch geiler zu zocken und noch mehr füreinander da zu sein.

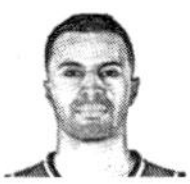

JOHANNES THIEMANN:

Die Situation mit Dennis, Daniel und dem Coach war ein Moment, in dem du gemerkt hast, wie stabil wir als Team sind. Es haben sich sicher nicht alle perfekt verhalten in dem Augenblick, aber zu Konfrontationen kommt es bei jedem Sport-Team ab und zu. Und obwohl wir alle sagen, wir haben keine Egos bei der Nationalmannschaft, sind es trotzdem einige starke Persönlichkeiten, die hier aufeinandertreffen. Dennis ist jemand, der immer viel fordert und ein echter Leader ist, und da gibt es manchmal einfach einen Clash. Aber das ist alles nicht wichtig, es geht darum, wie wir als Einheit darauf reagieren und das Thema lösen. Die Spieler von der Bank haben da einen richtigen Push ins Spiel gebracht, wir lagen klar hinten, als das passiert ist, und gewannen dann mit fast dreißig Punkten Vorsprung, das hat mich sehr beeindruckt. Aus so einer Situation heraus so eine Leistung zu zeigen, hat allen verdeutlicht, was für ein besonderes Team wir sind. Vor drei Jahren wären wir daran noch kaputtgegangen, das hätte uns gekillt. Hier war das Gegenteil der Fall. Wir haben von Gordie gelernt, dass man schwierige Situationen auch in Energie transformieren kann.

Dass die Jungs so reif mit der Situation umgingen und wir einen so deutlichen 100:71-Sieg einfuhren, machte mich stolz. Sie lösten das Thema in der Halbzeit untereinander. Ich musste es selbst gar nicht mehr groß thematisieren. Die Tür zu unserer Kabine war nämlich abgeschlossen, als ich eintreten wollte. Die Spieler hatten zuerst Klärungsbedarf untereinander, bevor ich wenige Minuten später reinkam, um eine Halbzeitansprache zu halten. Nicht nur Freude und Spaß können ein motivierender Antrieb sein, sondern auch Wut und Frust. Wie sich diese Emotionen katalysieren lassen, zeigten die Jungs eindrucksvoll. Die Szene hatte definitiv ausreichend Explosionspotenzial, um uns aus der Bahn zu werfen, doch das Gegenteil trat ein. Wir gingen gestärkt aus der Situation hervor und demonstrierten dadurch unsere Stärke und unseren einzigartigen Teamzusammenhalt. Wir fühlten uns gewappnet für die K.-o.-Phase.

WM-Viertelfinale gegen Lettland: Der Erwartungsdruck steigt

Bei der WM ging alles Schlag auf Schlag. In den Nächten nach den Spielen schlief ich maximal drei Stunden. Ich schaute mir das vorherige Spiel immer noch einmal an, weil ich sowieso nicht schlafen konnte, und stand zudem sehr früh auf. Mein Schlafrhythmus war komplett durcheinander. Wenn es einen spielfreien Tag gab, schlief ich auch mal mehr als zwölf Stunden, um die vielen kurzen Nächte etwas auszugleichen.

Unser Viertelfinale gegen die bärenstarken Letten war ein weiterer wegweisender Moment des Turniers. Wir hatten die schwere Gruppenphase mit fünf Siegen aus fünf Spielen gemeistert, richtig guten Basketball gespielt und traten als Gruppensieger im ersten K.-o.-Spiel an. Plötzlich wurde etwas von uns erwartet, es lastete zum ersten Mal spürbarer Druck auf uns. Dieser Druck stand uns ins Gesicht geschrieben. Man konnte es förmlich spüren, wenn man in unserer Gegenwart war. Wir selbst erwarten ja von uns, immer zu gewinnen. Doch diesmal wurde die Haltung auch von außen an uns herangetragen. Es gelang uns nicht, das auszublenden, obwohl allen klar war, was in dem Moment passierte.

Wir gingen als Favorit in das Spiel gegen Lettland, und das Halbfinale fühlte sich bereits sehr nah an. Es dauerte einige Minuten, bis wir den nötigen Fokus ins Spiel bekamen. Wir starteten ungewohnt matt und schafften es nicht, ausreichend Energie auf den Platz und in unsere Aktionen zu bringen. Zu Beginn ging es für uns erst mal nur darum, uns irgendwie in das Spiel zu kämpfen und keinen zu großen Rückstand zuzulassen. Ich versuchte, mit einigen Wechseln gegenzusteuern und neue Impulse zu setzen. Das Comeback von Franz tat uns sichtlich gut, und Mo hatte sofort einige Aktionen, die uns Energie gaben. Eine unerschöpfliche Energiequelle wie Mo in deinem Team zu haben, ist vor allem in solchen Phasen ein Geschenk. Und wie so oft in dem Turnier performten alle Spieler, die von der Bank kamen. Das kam mir in der Nachbetrachtung auf die WM entschieden zu kurz: Unsere Bank lieferte sensationell ab. Sie machten in vielen Spielen den Unterschied. Der Schwung, den sie ins Spiel brachten, beflügelte uns ein ums andere Mal. Und auch in diesem Spiel rissen unsere Jungs von der Bank das Ruder für uns herum.

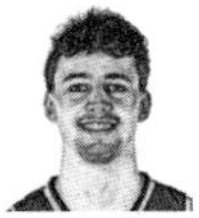

FRANZ WAGNER:

Das Lettland-Spiel war extrem wichtig für mich, um meinen Rhythmus wiederzufinden. Ich war fast zwei Wochen komplett raus, und die ersten Minuten zurück auf dem Feld sind immer schwierig. Du brauchst dann ein paar Körbe und gute Aktionen, um dein Selbstbewusstsein aufzutanken, dich wohl auf dem Platz zu fühlen und deinem Körper zu vertrauen. Der Kopf ist da am wichtigsten, wenn der nicht mitmacht, ist es umso schwerer. Ich hatte zum Glück gleich zu Beginn ein paar gute Aktionen, und im dritten Viertel hat Gordie zusammen mit Bret, der auch bei uns in Orlando Assistant Coach ist, einen Spielzug eingebracht, den wir in Orlando gern spielen, den wir bei der WM aber noch nicht gezeigt hatten und der genau auf mich und meine Stärken zugeschnitten ist. Ich kann da sehr kreativ mein Ding machen, was mir in die Karten spielt. Einerseits haben wir den Gegner überrascht, andererseits haben wir ein kleines Momentum entwickelt, und ich konnte weiter Punkte und Selbstvertrauen sammeln.

Den Letten muss ich allerdings ein großes Kompliment machen: Die haben den Ball richtig gut bewegt, richtig schönen Basketball gespielt und uns vor große Probleme gestellt. Es war ein hässlicher Sieg – genau das, was man auch mal braucht. In Deutschland ist die Haltung dann schnell: Jetzt haben sie richtig schlecht gespielt, die scheiden sicher bald aus. Aber nach solchen Siegen ist oft das Gegenteil der Fall, weil sie extrem wichtig für die Moral und den Kopf sind. Solche Spiele irgendwie zu gewinnen, gehört ganz einfach dazu. Und natürlich ist es nicht das geilste Gefühl, wenn die am Ende noch den Winner machen können, aber für solche Momente spielt man auch. Dieser Kitzel ist einmalig.

Dennis machte hingegen sein schwächstes Spiel der WM, vielleicht sogar seiner gesamten Karriere als Nationalspieler. Doch was mich stolz machte, war die Art und Weise, wie das Team damit umging und ihn weiter ermutigte. Dennis ist Vollprofi, er spürte natürlich als Erster, dass es nicht sein Tag war, doch er ließ sich nicht hängen, blieb mutig und stellte sich weiterhin in den Dienst des Teams. Ich wurde nach Abpfiff mehrfach gefragt, warum ich ihn auch in der Crunchtime auf dem Platz ließ und er weiterhin die entscheidenden Würfe für uns nahm. Aber ohne Dennis wären wir nie an den Punkt gekommen, an dem wir nun standen. Entsprechend erwog ich nicht für eine Sekunde, ihn in der wichtigsten Phase des Spiels vom Parkett zu holen. Dennis hatte uns mit seinen Leistungen durch die Gruppenphase getragen, und mir war klar: Ich gewinne oder verliere dieses Spiel mit Dennis auf dem Feld. Er ist unser Kapitän und Top-Scorer, auf den ich immer baue. Als ich dann auch noch gefragt wurde, ob ich mir Sorgen um Dennis für den weiteren Verlauf mache, war meine Antwort genauso unmissverständlich: »Dennis wird mich keine einzige Sekunde Schlaf kosten.« Er ist einer der größten Wettkämpfer, den ich in meiner Karriere trainieren durfte, und mir war klar, dass er nur gestärkt aus diesem Spiel hervorkommen konnte. Was niemand sieht und nie thematisiert wird: Als Team kommen wir neunzig Minuten vor dem Spiel in der Arena an. Nur Dennis ist noch dreißig Minuten früher da, um seine eigene Routine abzuwickeln. Im Training bleibt er länger, um seine Würfe zu perfektionieren. Er gibt dem Spiel alles, was in ihm steckt. Dennis sucht keine Ausreden, er stellt sich schweren Situationen, schaut sich im Spiegel an, lernt daraus und übernimmt Verantwortung. Das tat er auch diesmal. Und der Rest ist Geschichte.

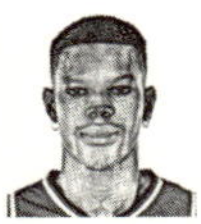

DENNIS SCHRÖDER:

Wie gut wir als Team funktionieren, hat sich besonders im Lettland-Spiel gezeigt. Da habe ich vier von sechsundzwanzig Würfen getroffen und ein wirklich schlechtes Spiel gemacht. Vor ein paar Jahren wäre es da unmöglich gewesen, dass das Team das auffängt und wir trotzdem gewinnen. Keine Chance. Mittlerweile sind da so viele Spieler mit so viel Qualität und mentaler Stärke, dass wir eine solche Situation gemeinsam abfedern können. Wir geben uns gegenseitig so viel Selbstbewusstsein und unterstützen uns auch in den schwierigsten Momenten, das ist wirklich einzigartig. Die Jungs haben im ganzen Spiel nie aufgehört, mir Mut zuzusprechen: »Wirf weiter, wirf weiter! Wir glauben an dich.« Wenn jemand im bisherigen Spielverlauf zwei aus sechzehn gemacht hat, muss das erst mal von deinem Team kommen.

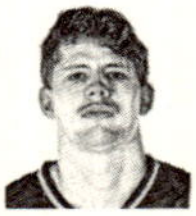

MORITZ WAGNER:

Im Lettland-Spiel gab es einen klassischen Mo-Wagner-Moment, bei dem ich gespürt habe: Jetzt kippt das Momentum auf unsere Seite. Das Spiel an sich war richtig hässlich, da haben sich einige fast in die Hose gemacht, es lief erst mal wenig für uns zusammen. Du weißt, du musst dieses Spiel auf jeden Fall gewinnen, hast jedoch einen Gegner, der mit unfassbar viel Selbstvertrauen spielt und einen richtig guten Tag erwischt. Wir konnten uns dann einen kleinen Lauf erkämpfen und haben gespürt, wenn jetzt noch etwas zu unseren Gunsten läuft, dann nimmt der Gegner eine Auszeit. Die Letten hatten den Ball und haben einen Spielzug gewählt, bei dem ich auch im Training, wenn ich gegen Dennis spiele, oft auf einen bestimmten Pass spekuliere. Ich habe es irgendwie gefühlt und dachte mir, wenn der ballführende Gegner zu seinem Mitspieler schaut, dann spekuliere ich einfach, dass er diesen Pass spielt. Ich bin dann komplett durch den Pass gerannt und hatte einen ganz freien Dunk, den ich mit aller Energie, die in mir steckte, versenkt habe. Da spürte ich, wie viel Adrenalin ich in meinem Körper hatte. Die mussten daraufhin tatsächlich eine Auszeit nehmen, und das ist schon ein sehr geiler Moment, wenn dein Plan so aufgeht. Vor allem weil ich dieselbe Aktion vorher ein paarmal gegen Dennis im Training gemacht habe und er irgendwann sauer wurde und meinte: »Mach das doch mal im Spiel.« Als wir in die Auszeit gelaufen sind, bin ich zu ihm gegangen und habe gesagt: »Dennis, das war nur deinetwegen.« Solche kleine Team-Insider sind immer ganz lustig.

Die letzten Sekunden des Spiels sind komplett verschwommen in meiner Erinnerung. Wir hatten den Ball, und mit weniger als zehn Sekunden auf der Uhr und einer zwei Punkte Führung die Chance, das Spiel für uns zu entscheiden. Diese Chance ließen wir jedoch ungenutzt, und auf einmal hatten die Letten mit weniger als fünf Sekunden auf der Uhr die große Chance, das Spiel komplett zu ihren Gunsten zu drehen. Davis Bertans hatte im gesamten Spiel eine heiße Hand und versenkte einige schwere Körbe. Wie gut sein letzter Dreier-Versuch war, wurde mir erst bewusst, als ich am nächsten Tag die Sequenz noch mal sah. Es ist schon verrückt, wie ein einzelner Wurf ausschlaggebend für die gesamte Gefühlswelt erwachsener Männer sein kann. Werden wir Weltmeister, oder scheiden wir aus? Dieser Wurf entschied über unser Schicksal. Niemand hätte im Nachgang über die WM gesprochen, wenn Bertans diesen Wurf verwandelt hätte. Die gesamte Euphorie hätte es nie gegeben. Das ist die brutale Realität unseres Sports, über die es sich auch ab und zu nachzudenken lohnt.

ES IST SCHON VERRÜCKT, WIE EIN EINZELNER WURF AUSSCHLAGGEBEND FÜR DIE GESAMTE GEFÜHLSWELT ERWACHSENER MÄNNER SEIN KANN.

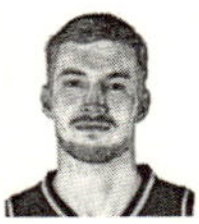

NIELS GIFFEY:

Ich dachte der Wurf geht rein. Der sah so gut aus. Mein erster Gedanke war: »Warum nimmt der so einen schweren Dreier, wenn zwei Punkte zum Ausgleich reichen.« Ich habe mich danach mit Jo darüber unterhalten, wie nah der emotionale Unterschied beieinander liegt, aus der Freude, es irgendwie geschafft zu haben, die Welt ist wieder in Ordnung, weil wir im Halbfinale stehen, und einer Welt, die endgültig zusammenbricht – und all das wegen zwei Zentimetern. Wenn der Ball reingeht, sprechen die Medien schlecht über dich, alles ist dann umsonst gewesen, das Ziel des Sommers ist verfehlt. Durch diese wenigen Zentimeter konnten wir den größten Erfolg unserer Geschichte überhaupt erst möglich machen.

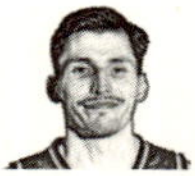

DAVID KRÄMER:

Der finale Wurf im Lettland-Spiel war ein gefühlter Zeitlupen-Moment. Das ganze Spiel lief nicht so recht nach Plan, wir haben uns von außen die Seele aus dem Leib geschrien, vor allem Dennis immer weiter angefeuert, weil er ein schweres Spiel hatte, aber es ist die ganze Zeit eng geblieben. Und als sie dann auch noch den letzten Wurf hatten, der zum Sieg geführt hätte, das war zu viel für meine Nerven. Der Wurf hat in meiner Wahrnehmung mindestens eine Minute lang gedauert. Die Flugkurve sah richtig gut aus, und da denkst du dir als Spieler: »Wenn der jetzt reingeht, dann ist alles vorbei.« Justus hat mich in dem Moment gepackt, und ich dachte nur: »Das kann nicht sein. Das kann nicht sein. Das kann nicht sein.« Als der Ball dann aus dem Ring gesprungen ist, haben Justus und ich uns angeschaut, und uns ist ein riesiger Stein vom Herzen gefallen. Wir konnten wieder atmen, nachdem uns während des Spiels oft die Luft weggeblieben ist.

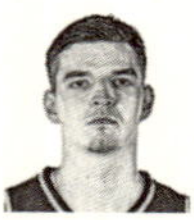

JUSTUS HOLLATZ:

Das Lettland-Spiel war für mich persönlich von der Bank aus betrachtet das Spannendste, der größte Nervenkitzel. Ich erinnere mich noch genau, dass ich neben David auf der Bank saß und wir beide nur immer wieder sagten, wir müssen dieses Spiel gewinnen. Es hat sich auch so angefühlt, als würden wir es holen, aber im Hinterkopf wusstest du auch: Es kann sein, dass die Letten heute mit dem letzten Wurf gewinnen. Und dann kam es wirklich noch zu der Situation, dass Bertans diesen Dreier-Versuch bekommt, und von der Bank aus betrachtet sah der Wurf echt gut aus. Ich habe in dem Augenblick Davids Bein gepackt und dachte mir nur: »Scheiße, es kann jetzt echt vorbei sein.« In der Kabine waren danach alle echt fertig vom Spiel. Wir hatten es irgendwie gepackt, aber gefühlt wusste keiner, wie. Selbst der Coach wusste nicht so recht, wie. Da saßen mal alle kurz sprachlos in der Kabine und haben tief durchgeatmet.

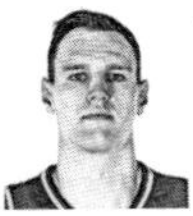

JOHANNES VOIGTMANN:

Ein toller gemeinsamer Moment nach dem verrückten Lettland-Spiel war in meinem Zimmer mit einigen Kollegen. Wir waren alle erleichtert über den knappen Sieg und schauten dann abends noch das Viertelfinale der Kanadier gegen Slowenien zusammen an. Der Sieg der Kanadier bedeutete für uns die direkte Olympia-Qualifikation, worüber wir uns riesig gefreut haben.

WM-Halbfinale gegen die USA: Ein Sieg für die Ewigkeit

Ein WM-K.-o.-Spiel gegen die USA ist für alle ein Karrierehighlight. In so ein Spiel gehst du immer als Außenseiter, und darin liegt deine Chance. Gegen Lettland wurde der Sieg von uns erwartet, jetzt war das Gegenteil der Fall. Wir konnten befreit aufspielen, und das betonte ich vorher gegenüber der Mannschaft auch so. Ich sagte den Jungs, dass wir das Spiel einfach nur genießen würden, weil wir es uns verdient hatten, in diesem Halbfinale zu stehen. Ich erinnerte sie aber auch daran, dass wir in Abu Dhabi gesehen hatten, wir haben eine echte Chance gegen die USA. Ich sagte ihnen, dass heute unser Tag sei.

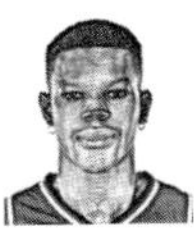

DENNIS SCHRÖDER:

Nach meinem schlechten Spiel gegen Lettland, war ich besonders heiß. So sind wir auch ins Spiel gestartet, wir waren von Anfang bis Ende voll da. Daniel hat das beste Spiel gemacht, das ich in der Nationalmannschaft von ihm gesehen habe. Er hat in der Defensive den Ton für uns gesetzt und war ein unüberwindbarer Fels. Andy hat sensationelle Würfe gemacht, und alle haben auf Topniveau performt. Wir haben uns im ganzen Spiel nie aus der Ruhe bringen lassen, auch als wir zurücklagen, haben wir einfach Ballbesitz für Ballbesitz weitergespielt und unseren Stärken vertraut.

Ich kann mich noch genau an das Testspiel erinnern, da haben wir in den letzten Minuten Anthony Edwards einfach nicht in den Griff bekommen. Er hat da viele starke Würfe getroffen, und in einer Aktion einen schweren Fade-away-Wurf gegen mich aus der Ecke verwandelt. Daraufhin hat er sich zu den Fans gewandt und ihnen zugerufen: »Er kann mich nicht verteidigen.« Dabei hat er auf mich gezeigt. Das war natürlich in dem Halbfinal-Spiel auch in meinem Kopf.

Gordie hatte nach dem Spiel in Abu Dhabi im nächsten Training angesprochen, dass wir an unserem 1-gegen-1 arbeiten müssen, falls wir noch mal gegen die USA spielen sollten. Ich habe ihm gesagt, er brauche sich da keine Gedanken machen, ich wisse schon, was ich zu tun habe. Da haben alle erst mal gelacht. Aber ich lerne aus solchen Momenten und vergesse das nie. Im Halbfinale kam das Glück dazu, dass all unsere Team-Mates weltklasse sind. An der Stelle muss ich Niels Giffey hervorheben. Er hat nur ganz wenig in dem Spiel gespielt, aber er hat im ersten Viertel gegen Austin Reaves eine geile Verteidigung gespielt und das ganze Match genau beobachtet, wie sich die gegnerischen Spieler verhielten und bewegten. Anstatt sich zu ärgern, dass er trotz seiner geilen Defense-Leistung nicht mehr Einsatzzeit bekommt, kam er zu mir, um im letzten Vierteil während einer Auszeit eine Beobachtung mit mir zu teilen, die mir enorm weitergeholfen hat. Die Amis haben davor immer Jaren Jackson ins Pick and Roll geholt. Niels kam zu mir und meinte: »Dennis, bevor du gegen

Jaren Jackson ins Pick and Roll gehst, schnapp dir lieber Austin Reaves und attackier den, das ist einfacher für dich zu verteidigen.« Das macht ein Team aus. Alle Profis wollen so viel wie möglich spielen, und Niels kam deutlich weniger zum Zug, als er es verdient hätte. Er hat mir und dem Team trotzdem geholfen, weil er froh war, dabei zu sein, und weil er den maximalen Erfolg mit dem Team wollte. Ich habe seinen Tipp mehrfach befolgt und jedes Mal kam etwas Gutes dabei für uns raus.

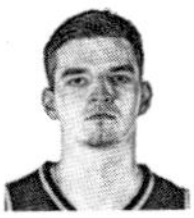

JUSTUS HOLLATZ:

Wir wussten vorher: Wenn wir die Letten schlagen, geht es ziemlich sicher gegen die USA. Ihr letztes Gruppenspiel gegen Litauen hatten wir als Team zusammen angeschaut, in der Hoffnung, dass die USA gewinnt und wir dadurch erst im Finale auf sie treffen könnten. Als durch ihre Niederlage klar war, dass wir schon im Halbfinale auf die USA treffen würden, war das ein kurzer Dämpfer, aber Dennis meinte sofort: »Wir haben sie in Abu Dhabi fast geschlagen, diesmal ist es so weit.« Gordie, der richtig gut in den Ansprachen vor dem Spiel ist und dich damit immer erreicht, hat das auch vor dem USA-Spiel noch mal betont. Wir waren alle so was von ready und heiß auf dieses Match. Durch seine ruhige Art und seine klaren Botschaften, gibt dir Gordie immer das Gefühl, als Team besser zu sein und jeden schlagen zu können. Er vermittelt dir den Gedanken von Teamstärke auf eine Art und Weise, dass du fest davon überzeugt bist: Wir sind eine Einheit, und selbst wenn der Gegner individuell bessere Spieler haben sollte, kann uns trotzdem niemand besiegen. Seine Ruhe sorgt immer für Stille vor der Ansprache, du siehst, wie alle konzentriert zuhören, und dann findet er genau die richtigen Worte. Ich bin noch jung, aber das sind die besten Pre-Game-Ansprachen, die ich bisher gehört habe.

David, Niels und ich haben uns von der Bank die Seele aus dem Leib geschrien, haben jeden Punkt gefeiert, und was die Jungs abgeliefert haben, war Wahnsinn. Als wir dann gespürt haben, heute geht richtig was und das Spiel kippt zu unseren Gunsten, war das fast ein kleiner Schockmoment für mich. David und ich haben uns angeschaut und meinten nur: »Bro – wir sind hier bei einer WM und schlagen gerade die USA. Was geht ab?« So etwas kannst du dir gar nicht ausdenken. Anhand unseres Jubels nach dem Spiel konnte man gut erkennen, wie fassungslos wir alle waren und wie viel Freude es in uns freigesetzt hat. Es war fast so, als hätten wir die WM schon gewonnen – dabei lag das Finale noch vor uns. Die USA zu schlagen, war echt surreal. Aber in der Kabine war der Tenor sofort: »Fokus! Noch eins, und wir haben Gold und sind Weltmeister. Das lassen wir uns nicht nehmen. Lasst uns jetzt noch mal straffen.«

Ein 113 : 111-Endergebnis ist ziemlich verrückt. Ich hätte es für unmöglich gehalten, die USA mit so einem Ergebnis zu schlagen. Mein Gedanke war: Wenn wir eine Chance haben wollen, die USA zu schlagen, müssen wir sie unter neunzig Punkten halten. Doch wir schlugen sie in ihrem Spiel – einem Offensiv-Spektakel mit hoher Geschwindigkeit, schnellen Punktgewinnen, einzigartiger Athletik und dem nötigen Killerinstinkt. Die Energie jedes Einzelnen war greifbar, wir waren diesmal von Anfang an voll da. Die positive Anspannung vor dem Spiel verwandelte sich in einen Flow, den wir während des gesamten Spiels aufrechthalten konnten. Ich musste als Trainer gar nicht viel sagen, die Jungs brannten für dieses Match. Es war nur wichtig, sicherzustellen, dass wir nicht überpacen.

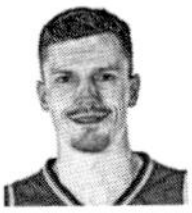

ANDY OBST:

Das Halbfinale gegen die Amis war ein Spiel, das ich niemals vergessen werde. Als Spieler des Spiels in einem WM-Halbfinale gegen die USA ausgezeichnet zu werden, ist für mich etwas, das ich mir nicht mal als Kind so hätte ausmalen können. Du träumst zwar von solchen Ereignissen, aber dass es dann Realität wird, da musst du dich schon ein paarmal kneifen.

Vor dem Spiel war eine gewisse Aufregung da. Ein WM-Halbfinale ist für alle eine Karriere-Highlight, und wir haben gespürt, dass wir eine einmalige Chance haben, hier ein WM-Finale zu erreichen und vorher zum ersten Mal in unserer Geschichte gegen die Amis zu gewinnen. Wir waren alle extrem fokussiert und hatten einen guten Plan, mit dem wir in das Spiel gingen. Ich habe vorher, wie immer, Musik gehört, mir dreißig Minuten vor Anpfiff noch mal volle Pulle Techno reingezimmert. Ich war wie in Trance. Für jeden Einzelnen von uns galt dann ab der ersten Sekunde: voll drauf. Keine Rücksicht auf Verluste, alles raushauen, was geht. Wenn du frei bist, wirfst du. Wenn du verteidigst, dann verteidigst du mit allem, was du hast, und wenn du reboundest, dann reboundest du hart. Es gibt da keine halben Sachen. Du hast das bei jedem Einzelnen in jeder Situation gemerkt. Wir waren mental alle so krass da und wollten unbedingt gewinnen, egal was es kostet. Jeder hat mit so einer Selbstverständlichkeit gespielt, das war einzigartig. Auch die Spieler, die wenig oder gar nicht spielten, waren so was von ready, haben gepusht und hätten sofort abgeliefert, wenn sie auch nur eine Sekunde auf dem Platz gewesen wären. Für uns war irgendwie klar: Wir rocken das Ding jetzt hier. Am Ende wurde es trotzdem knapp, weil die USA eine brutale Qualität mitbringen, die du nur ganz schwer verteidigen kannst.

Und dann kommen Momente, die nur der Basketball schreibt. Wir haben einen Wurf gebraucht, um noch mal einen Mini-Puffer zu kriegen. Den wichtigen Dreier kurz vor Schluss zu machen, war schon richtig geil für mich. Dann kommt auch noch Bonga und pflügt den Mikal Bridges mit seinen langen Armen einfach mal so weg, und Dennis haut danach einen Step-back rein, das ist schon verrückt alles. Da war es wichtig, dass Jo Voigtmann im letzten Viertel noch mal ganz klar zu allen gesagt hat: »Jungs, wir dürfen uns jetzt nicht darauf konzentrieren, was alles sein könnte und wie es sich nach dem Spiel anfühlt, sondern wir müssen im Moment bleiben. Wir müssen jetzt hier sein, das ist das Einzige, was zählt.« Diese Ansage haben wir gebraucht, das hat noch mal für Ruhe gesorgt, und wir haben alle noch mal durchgeatmet.

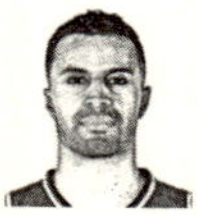

JOHANNES THIEMANN:

Das Vorbereitungsspiel gegen die Amis war extrem wichtig für uns, weil es uns die Angst aus unseren Köpfen genommen hat und alle gemerkt haben: Da können wir mithalten. Als wir dann im Halbfinale wieder gegeneinander spielten und alle spürten, hier geht heute was, wir schlagen sie sogar in ihrem eigenen Spiel mit den vielen Punkten und den vergleichsweise kurzen Ballbesitzphasen, da merkst du als Spieler richtig, wie das ungeahnte Energien in dir freisetzt. Als wir im letzten Viertel mit nur noch wenigen Minuten auf der Uhr eine Auszeit hatten, setzte ungewollt das Kopfkino ein, da denkst du dir: Krass, hier kann es gleich eine Sensation geben. Aber dieses Kopfkino willst du als Spieler gar nicht, weil es dich in deinem Fokus stört. An der Stelle hat Jo Voigtmann uns alle richtig gut eingefangen. Er betonte mehrfach: »Jungs – im Hier und Jetzt bleiben! Nicht daran denken, was gleich alles passieren kann, sondern den vollen Fokus aufs Spiel richten. Nur der Moment zählt.« Mir hat das in dem Augenblick unglaublich geholfen, weil ich eigentlich kein Spieler bin, der groß Nervenprobleme hat, aber der

Gedanke, hier gleich die Amis zu schlagen und was das für uns alle bedeuten würde, den musst du erst mal ausblenden. Durch Jos Worte war niemand im Kopf schon einen Schritt zu weit und niemand war verkrampft.

Andys Dreier war dann natürlich legendär und sehr wichtig für uns. Wir wussten alle, dass wir einen Big Bucket brauchen, und Andys Wurf bleibt da für immer unvergessen. Als das Spiel dann endlich abgepfiffen wurde, fand ich das mental gar nicht leicht. Diese krasse Euphorie, der Jubel und die Freude, das war in Kombination für mich zu viel. Da ging schon zu viel Anspannung weg, deswegen war ich auch mit meiner Leistung im Finale nicht zufrieden. Du willst zwar alles geben, aber ich war nach dem USA-Spiel komplett durch. Da will ich an der Stelle Dennis mal hervorheben. Ich ziehe meinen Hut vor seinem Spirit und seiner Leistung im Finale. Er hat uns vorher schon durchs Turnier getragen und gegen Serbien dann so wichtige Punkte für uns gemacht, so viel Energie auf den Platz gebracht und uns alle mitgezogen. Sein Lay-up war Wahnsinn, er hat immer abgeliefert, wenn wir was gebraucht haben.

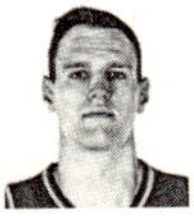

JOHANNES VOIGTMANN:

Was bei mir noch sehr präsent ist, sind die letzten Minuten vom USA-Spiel. Ich saß da auf der Bank, und es wurde richtig wild. Die USA hat wilde Würfe getroffen, wir haben immer gut gekontert und auch getroffen, und es war ein irres Hin und Her. Unser Polster war am Ende so gut wie weg, und man hatte ein wenig das Gefühl: Das Spiel droht zu kippen. Dann gab es den Einwurf für uns an der Baseline bei eigener Führung von 108 : 107 mit etwas mehr als einer Minute auf der Uhr. Bevor Dennis den Pass auf Andy gespielt hat, habe ich mich zu Niels gedreht, der neben mir saß, und zu ihm gesagt: »Wir brauchen jetzt ein Big Play von Andy, sonst verlieren wir das Spiel.«

Dass es dann genauso gekommen ist, war echt krass. Auf dem TV-Bild sieht man, wie ich Niels dann im Arm habe und wir zusammen jubeln. Als das Spiel abgepfiffen wurde, haben wir uns alle gefragt, was hier eigentlich gerade passiert ist. Das war schon surreal und ist es irgendwie immer noch. Der Abend danach war wie ein Rausch. Du bist zum Abendessen gegangen, hast deinen Mitspielern in die Augen geschaut und gesehen: Das war zu viel für uns alle.

Mir hat es dann geholfen, dass nach dem Essen Nicolò Melli, mit dem ich in Mailand zusammenspiele, auf mein Zimmer kam, mir gratulierte und wir noch eine Weile gequatscht haben. Ich bin dadurch ganz gut runtergekommen.

Am nächsten Tag hat Gordie uns dann eingefangen. Er nutzt für solche Momente gern den Begriff »Winning Hangover«. Das hat er schon getan, als ich bei ihm in Frankfurt gespielt habe. Er sagt, wenn das Hoch vom Sieg so stark ist, dass es eine Art Kater erzeugt, dann gehst du leer ins nächste Spiel und hast gar keine Chance, die nötige Spannung aufzubauen, um zu gewinnen. Das ist eine reelle Gefahr, und es gibt leider kein Patentrezept dafür, wie du da wieder rauskommst. Umso beeindruckter war ich, wie gut es uns gelungen ist, schon am nächsten Morgen den Fokus wieder auf das Finale zu richten. Das USA-Spiel war vermutlich das beste Spiel in der DBB-Geschichte, aber alle haben sofort gecheckt: Es ist noch nicht vorbei, wir müssen den letzten Schritt erst noch gehen. Der USA-Sieg ist viel weniger wert, wenn wir morgen verlieren. Wir hatten eine historische Chance und alle wollten sie nutzen. Das war extrem beeindruckend!

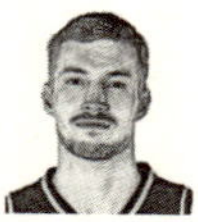

NIELS GIFFEY:

Ein Highlight fürs Leben wird für immer das USA-Spiel sein. Dass und vor allem wie wir sie geschlagen haben, werde ich nie vergessen. Andys Dreier wird für mich in spezieller Erinnerung bleiben.

Es gibt dazu auch ein geiles Video, wie mich Jo Voigtmann direkt nach dem Wurf am Kopf packt und ganz wild umarmt. Hintergrund der Story: Keine zehn Sekunden vor dem Wurf saßen wir auf der Bank nebeneinander und meinten: »Was wir jetzt brauchen, ist ein richtig großer Wurf von Andy, sonst kippt das hier noch.« Dann macht Andy echt den Wurf-Fake, Haliburton rutscht an ihm vorbei und Andy schmeißt das Ding rein. Das war richtig emotional, da sind wir alle ausgerastet. Und als Edwards dann noch kurz vor Ende des Spiels aus einem Pick and Roll rauskommt und dann einen Turnover macht und gefühlt den Ball einfach wegschmeißt, da haben wir gespürt: Krass, die haben auch Nerven. Die amerikanischen NBA-Stars werden ja oft als unglaublich athletische Übermenschen dargestellt, vor denen du dann auch großen Respekt hast. Das macht die NBA schon clever. Aber in dem Augenblick habe ich gespürt, dass heute die Erfahrung und das bessere Team gewinnen werden. Wenn die Veteranen komplett fehlen, dann kann sich das auch bei solchen Profis in den entscheidenden Momenten bemerkbar machen. In dem Moment hat sich auf dem Spielfeld gezeigt, dass wir als Team alles mitgebracht haben: Erfahrung, Talent, Teamspirit, unbedingten Willen, Härte und alles, was du sonst brauchst, um ein Team mit so viel individueller Klasse zu schlagen.

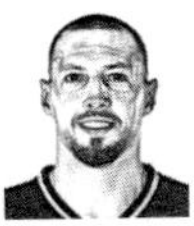

DANIEL THEIS:

Team USA bei der WM zu schlagen, der Moment war wirklich unfassbar. Vor allem für Dennis, Franz, Mo und mich, die dabei gegen viele Mitspieler, Freunde und Kollegen aus der NBA gewonnen haben. Natürlich bin ich mit Extra-Motivation ins Spiel gegangen. Ich habe bei den Indiana Pacers in der Saison nicht so viel Spielzeit bekommen, weil jüngere Spieler bevorzugt wurden, und wollte unbedingt zeigen, dass ich auf diesem Niveau gegen die Jungs aus der NBA spielen kann. Deswegen war ich in dem Spiel auch von der ersten bis zur letzten Minute komplett da und konnte alles auf den Court bringen: Dunks, Blocks, Dreier, Rebounds – das ganze Paket. Und nach Andys Dreier aus unserem Baseline-Play heraus, als er den Fake macht, Haliburton wegrutscht und er den eiskalt reinmacht, wusste ich: Jetzt ist es vorbei.

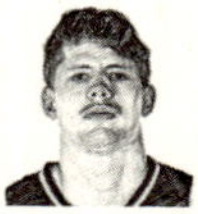

MORITZ WAGNER:

Durch das Vorbereitungsspiel ist bei uns nicht das Gefühl entstanden, wir müssen jetzt eine Supermacht schlagen, sondern der Glaube war durch dieses Spiel schon da, dass für uns was gehen kann. Ich muss hier auch Gordie und dem Trainerstab viel Credit geben. Sie hatten einen sehr soliden Schlachtplan, der wunderbar aufgegangen ist. Wir wussten dadurch genau, was wir zu tun haben, und haben mit höchstem Fokus unser Ding durchgezogen. Das charakterisiert Gordie komplett. Er ist an so einem Tag fast krankhaft fokussiert. Der weiß dann gar nicht, was es für ein Tag ist, wer im anderen Halbfinale spielt oder was sonst um ihn herum geschieht – und das ist bei so einer WM schon eine ganze Menge. Der war so darauf konzentriert, wie wir die USA schlagen können, dass er alles andere ausgeblendet hat. Das ist schon beeindruckend und überträgt sich dann auch auf uns Spieler. Ein bisschen Glück brauchst du gegen die natürlich auch. Du brauchst Spieler, die über sich hinauswachsen an so einem Tag. Einen Andy Obst mit so einem Spiel und solchen Würfen brauchst du da einfach. Auch Daniel war überall und hat ein überragendes Spiel gemacht.

Nach so einem Sieg bist du auf allen Ebenen komplett durch. Da kannst du keine Sekunde schlafen und hast erst mal keine Chance runterzukommen, weil dein Körper so adrenalingeladen ist. Wenn du schlau bist, schaust du dann am Abend und in der Nacht nicht auf Social Media. Aber wer ist da schon schlau als Spieler? Natürlich guckst du, was dir und generell so alles geschrieben wird. So etwas passiert dir einmal im Leben, da ist mein Handy auch völlig explodiert. Besonders die Nachrichten der Amis aus der NBA haben mich gefreut. Weil die gemerkt haben: »Oh, das ist ja vielleicht doch ein richtiges Turnier, diese WM. Oh, ihr habt unser Team geschlagen. Vielleicht schauen wir uns doch mal das Finale an.« Die Amis schauen ja gefühlt im Basketball immer gerne auf Europa und denken sich, dass es nicht die NBA ist und die entsprechend viel weniger draufhaben. Unser Sieg wurde dann durchaus registriert, mir wurde auch viel gratuliert und das freut dich dann schon als Spieler.

Die mit Abstand größte Herausforderung des Sommers war dann am nächsten Morgen nach so einer Nacht, die Sinne zu schärfen. Daran kann ich mich auch noch genau erinnern. Wir hatten kein Training am Vormittag, sondern haben uns alle gedehnt. Und dann kam Gordie in den Raum. Und du denkst dir als Spieler als Erstes: »Boah, jetzt chill doch mal. Der schon wieder.« Doch dann spürst du, dass er da ganz bewusst reingestapft kam und eine klare und wichtige Botschaft für uns hatte. Er hat uns zusammengebracht und uns gesagt: »Was gestern passiert ist, ist schon wieder vorbei. Jetzt beginnt die Vorbereitung auf morgen.« Das hatte nichts Krampfhaftes, nichts Nerviges, es war sehr klar und das hat uns auf jeden Fall geholfen. Wir haben das nach dem Spiel gegen die USA gebraucht. Weil das Gemeine war, wir hatten alle das Gefühl, das Finale bereits gespielt zu haben, und jetzt wartet die Pflicht auf uns, das Ding auch nach Hause zu bringen. Mir war klar, wie groß die Enttäuschung wäre, wenn wir jetzt nicht ein letztes Mal liefern und Gold holen.

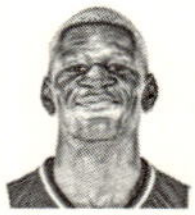

ISAAC BONGA:

> Als wir gegen die USA gewonnen haben, sind wir am Tag danach morgens zusammen beim Stretching gewesen. Jeder von uns hat unglaublich viele Nachrichten und Glückwünsche erhalten und sich natürlich entsprechend gefreut. Dann kam Gordie in den Raum und meinte zu uns: »Wenn wir uns immer noch über den Sieg von gestern freuen, dann haben wir heute ein richtig großes Problem.« Das war eine wichtige Botschaft für uns, weil wir sofort wieder scharf waren und realisiert haben: Gestern haben wir die USA geschlagen, aber es geht noch weiter. So was brauchst du manchmal als Team und als Spieler, um dich wieder voll zu fokussieren.

Der historische Sieg gegen die USA triggerte ein Deja-Vu in mir. Wir waren obenauf, die Jungs waren völlig zurecht maximal elektrisiert. Wir hatten zum allerersten Mal die US-amerikanische Basketballmannschaft geschlagen. Wie hätte die Reaktion auch anders ausfallen sollen? Aber wir waren noch nicht am Ende unserer Reise, und ich hatte den Jungs ein Versprechen gegeben: Ein Fehler wie nach dem Griechenland-Spiel bei der Heim-EM wird mir nicht noch einmal unterlaufen. Ich freute mich über den Sieg, schaltete jedoch direkt in den Modus: Fokus! Sinne schärfen! Der Job ist noch nicht erledigt! Franz Wagner, unser *Silent Assassin*, sagte danach in der Pressekonferenz: »Letztes Jahr haben wir uns nach dem Sieg gegen Griechenland das Spiel gegen Spanien nehmen lassen. Unser Job dieses Jahr ist noch nicht erledigt. Wir wollen Gold.« Das war ein wichtiges Signal für alle Beteiligten. Und ich spürte: Wir haben daraus gelernt, die Spieler sind scharf, der Fokus ist da. Wenn Franz spricht, hat das immer Gewicht für unser Team. Er wählt seine

ICH FREUTE MICH ÜBER DEN SIEG, SCHALTETE JEDOCH DIREKT IN DEN MODUS: FOKUS! SINNE SCHÄRFEN! DER JOB IST NOCH NICHT ERLEDIGT!

Worte sehr behutsam und sagt nur etwas, wenn er auch wirklich eine Botschaft transportieren will. Und diese Botschaft kam an.

Unmittelbar nach dem Spiel habe ich den Jungs gesagt: »Wir genießen den Sieg heute Abend. Aber morgen liegt das Spiel in der Vergangenheit, und wir werden uns nicht mehr darüber freuen, sondern den Fokus auf den letzten Schritt unserer Mission richten.«

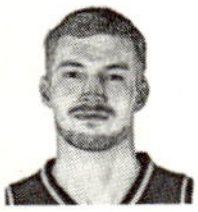

NIELS GIFFEY:

Es gab einen Moment nach dem USA-Spiel, da saßen einige von uns Spielern schon eine ganze Weile in der Umkleide. Die Jungs, die einen besonders guten Tag hatten, wie Andy und unsere üblichen Stars, waren noch bei den Medien und haben Interviews gegeben. Wir fragten uns, ob wir noch warten oder ob wir einfach ins Hotel zurücklaufen sollten, weil das nur ein paar Blocks weit entfernt war. Unsere Routine nach den Spielen war oft, dass die Jungs, die nicht so viel gespielt haben, danach noch mal in den Kraftraum gehen, Musik anmachen und sich fit halten. Wir entschieden uns, schon mal loszulaufen, und sind in unseren Trainingsklamotten durch den Stau von Manila zwischen den Autos durch marschiert. Wir waren noch maximal gehypt, total happy, und sind kurz in diese komplette Parallelwelt eingetaucht. Die Menschen hingen stellenweise aus den Autos raus, es war heiß, es wurde viel gehupt, manche Fans wollten Fotos machen und haben gratuliert, und irgendwie war das ein richtig schöner Moment für uns.

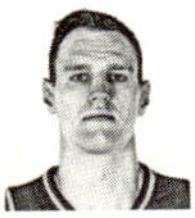

JOHANNES VOIGTMANN:

Abends, wenn ich meinen älteren Sohn ins Bett bringe, sagt er immer noch ab und zu: »Und Papa – ihr habt sogar die USA geschlagen.«

Nachricht vom Kanzler

In der Vorbereitung auf unsere Spiele muss ich den Spielern ausreichend Input liefern und einen klaren Plan an die Hand geben, damit sie sich sicher fühlen und danach keine Ausreden haben. Als Trainer musst du spüren, wie viel Informationen deine Spieler vertragen und wann du sie erschlägst. Dadurch verkrampfen sie, weil sie zu verkopft sind. Jo Voigtmann ist zum Beispiel jemand, dem ich außergewöhnlich viel Input geben kann, andere Spieler füttere ich nur mit minimalen Informationen, weil ich weiß: Wenn es zu viel wird, ändert sich ihr Fokus und ihre Aggressivität, die wir dringend benötigen, leidet darunter. Es ist ein schmaler Grat und es erfordert viel Feingefühl und Erfahrung, um deine Spieler genau zu greifen und sie individuell zu füttern und zu führen.

ALS TRAINER MUSST DU SPÜREN, WIE VIEL INFORMATIONEN DEINE SPIELER VERTRAGEN UND WANN DU SIE ERSCHLÄGST. DADURCH VERKRAMPFEN SIE, WEIL SIE ZU VERKOPFT SIND.

Wenn ich die Vorbereitung für die Spieler abgeschlossen habe, investiere ich auch einige Zeit in mich und meinen Plan. Ich nehme mir mindestens zwei Stunden, um mir genau aufzuschreiben, wie ich das Spiel angehen will und was ich während des Spiels an Input für die Spieler brauchen könnte. Ich überlege mir mit hoher Detail-Versessenheit, welche Spielzüge uns helfen könnten, die ich dann eventuell aus dem Ärmel ziehe; Botschaften, die ich während den Auszeiten einstreue; Überraschungsmanöver für die letzten zwei Minuten des Spiels. Ich will auf jedes mögliche Szenario vorbereitet sein. Vor dem Spiel nutze ich die Zeit auch dafür, noch mal in mich zu gehen und allein zu sein. An Spieltagen stehe ich immer besonders früh auf und trainiere erst einmal eine Runde im Fitnessraum. Je nach Uhrzeit des Anpfiffs gestalte ich dann den Tag. In vielen Fällen lese ich noch einige Seiten in einem Roman. John Grisham und Jo Nesbø stehen dabei ganz oben auf meiner Liste. Durch sie tauche ich für eine kurze Zeit in eine andere Welt ein und bekomme meinen Kopf frei. Und dann schlafe ich noch eine Runde.

So war es auch am Tag des Finals. Als ich gerade am Einschlafen war, wurde ich durch eine völlig unerwartete, aber umso erfreulichere Nachricht geweckt. Zuerst ärgerte ich mich, weil ich vergessen hatte, mein Handy auf stumm zu schalten. Doch dann sah ich: Die Nachricht kam vom deutschen Bundeskanzler Olaf Scholz. Im ersten Augenblick dachte ich, es wäre eine Fake-Nachricht, doch unser Medien-Team bestätigte, dass er nach meiner Nummer gefragt hatte. Ich freute mich derart über den Text von ihm, dass an Schlaf nicht mehr zu denken war. Er lieferte mir dadurch auch eine Steilvorlage für meine Kabinenansprache.

Wir standen wie immer in einem Kreis in der Kabine. Ich lege viel Wert darauf, dass wir uns noch mal berühren, weil es verbindet und dadurch die Aufregung zumindest ein klein wenig sinkt. Es gibt uns Stärke, weil wir einander spüren. Dann sagte ich: »Heute ist mir etwas Besonderes passiert. Kanzler Scholz hat uns eine aufmunternde Nachricht geschrieben. Er wünscht uns viel Erfolg für das Spiel und ist stolz auf unsere Leistungen.« Dann fügte ich noch kurz hinzu: »Der Text ist auf Deutsch. Ich bin mir nicht ganz sicher, ob er das wirklich so geschrieben hat.« Ein kurzer Lacher vor dem Spiel tut manchmal auch gut, um die Spannung ein wenig zu lösen.

WM-Finale gegen Serbien: Die Mission zu Ende bringen

Wir hatten nur wenig Zeit, uns auf das Finale vorzubereiten. Die Spieler mussten sich von dem harten Kampf gegen die USA regenerieren, dehnten sich am nächsten Morgen und bereiteten sich mental auf das Finale am nächsten Tag vor. Währenddessen tüftelte ich mit meinem Trainerteam an unserer Strategie, wie wir die Serben schlagen könnten. Wir hatten unser Teammeeting um 14 Uhr, am Tag zwischen dem Halbfinale und dem Finale, und bis dahin musste der Plan stehen. Aber die Zeit reichte mir und meinem Team nicht ganz, um einen detaillierten Plan vorzustellen, also gaben wir erst mal nur einen Überblick, wie wir in das Spiel gehen wollten. Die Spieler wünschten sich noch mehr Tiefgang und kommunizierten das auch. Mein Co-Trainer Bret Brielmaier kam auf mich zu und meinte, die Spieler wären noch etwas unsicher, was unseren Plan für das Serbien-Spiel anging. Dass die Spieler, in diesem Fall vor allem Daniel Theis, ihre Bedürfnisse klar äußern und ich als Coach den Rahmen dafür biete, ist mir im Laufe meiner Karriere immer wichtiger geworden. Im Finale sollte sich das auszahlen.

Am nächsten Morgen vor dem finalen Shoot-Around stellten wir unseren Spielplan noch mal genauer vor, brachten die nötige Klarheit und Tiefe in unseren Ansagen mit, und das Team fühlte sich nun bereit für das große Match. Was dir als Coach niemals passieren sollte, ist, dass deine Spieler am Plan zweifeln, es dir aber nicht mitteilen. Wir sind ein Team und wir müssen alle vom Plan überzeugt sein. Deswegen höre ich so genau hin, wenn die Spieler mit mir sprechen und mir Feedback geben.

Auf taktischer Ebene ist es für dich als Trainer in so einem speziellen Spiel immer leichter, die Jungs vorzubereiten, als auf der mentalen Ebene. Keiner von uns hatte je zuvor ein WM-Finale bestritten, das ließ sich nicht einfach ausblenden. Jeder geht anders mit so einer Situation um. Die Kunst besteht darin, den Druck so gut wie möglich für die Jungs rauszunehmen, um ihren Kopf freizubekommen.

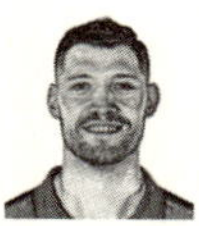

BRET BRIELMAIER:

Als Gordie mich fragte, ob ich bereit sei, ein Drei-Jahres-Commitment einzugehen, wollte er, dass ich eine positive Haltung ins Team trage und mich traue, eigene Ideen und Perspektiven einzubringen. Dass er nicht nur offen für andere Ideen ist, sondern diese auch aktiv einfordert, trägt zum gesamten Erfolg des Teams bei und hat uns auch vor dem Finale geholfen. Als die Spieler sich vor dem Spiel nicht adäquat vorbereitet fühlten und ich die Sache bei Gordie ansprach, fühlte er sich dadurch weder angegriffen noch nahm er es persönlich, sondern er meinte sofort: »Okay, wir müssen einen besseren Plan entwickeln, um den Jungs dabei zu helfen, das Finale erfolgreich zu gestalten.« Er nutzte das Feedback als Gelegenheit, in der nächsten Teamsitzung eine seiner größten Stärken auszuspielen: den Glauben der Spieler zu stärken, dass sie als Team gewinnen werden. Er sagte ihnen, dass nicht alles perfekt laufen werde, aber dass sie auf ihre Fähigkeiten und ihren Zusammenhalt vertrauen könnten, weil sie schon so oft bewiesen hätten, wie stark sie als Einheit sind.

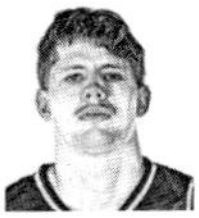

MORITZ WAGNER:

Vor dem Finale war ich so krass nervös, das glaubst du gar nicht. Ich hatte physische Reaktionen, so nervös war ich. Man merkt einfach, wie viel an so einem Spiel hängt. Ich habe die Nervosität nicht in den Griff bekommen, dachte mir einfach nur: »Augen zu und durch.« Aber auch hier hatte Gordie wieder die passende Botschaft vor dem Spiel. Er meinte: »Jungs, auch das ist nur ein Spiel. Wenn wir verlieren, verlieren wir. Wenn wir gewinnen, gewinnen wir. Bereitet euch wie sonst auch auf dieses Spiel vor, der Rest kommt dann von allein. Macht es nicht größer, als es ist. Konzentriert euch einfach auf euer Spiel.«

Wir haben das dann zwar nicht glanzvoll gemacht, aber wir gaben alles und erzielten mehr Punkte als der Gegner. Und ich war hier zum ersten Mal Teil eines Teams, in dem ich vor allem bei Dennis und meinem Bruder gespürt habe: Die lassen es nicht zu, dass wir heute verlieren. Dieses Gefühl hat mir sehr geholfen, nicht ganz so nervös zu sein. Vor allem das Comeback von Franz gegen Lettland hat dieses Gefühl bestärkt. Dass er so lange ausfällt, dann zurückkommt und sich denkt: »Ist mir alles Latte«, und denen mehr als zwanzig Dinger reinhaut, ist schon beeindruckend. Und bei Dennis weißt du sowieso, dass der Typ einen unglaublichen Siegeswillen und Glauben hat, und das hat er auch an dem Tag ausgestrahlt. Ich habe mir gedacht: »Mach du einfach deinen Job, und die beiden lassen uns nicht verlieren.« Und so haben wir die vierzig Minuten dann auch überstanden und waren Weltmeister.

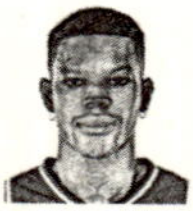

DENNIS SCHRÖDER:

Nachdem wir die USA geschlagen haben, war für mich klar, dass es kein Wenn und Aber gibt und wir das Finale um jeden Preis gewinnen müssen. Das Finale war am Geburtstag meiner Frau, das hat es noch spezieller für meine Familie und mich gemacht. In der Nacht davor konnte ich kaum schlafen. Mir sind tausend Dinge durch den Kopf gegangen. Die Nacht hat sich endlos angefühlt, da war ich froh, endlich aufstehen und zum Shoot-Around gehen zu können. Ich habe meine übliche Routine gemacht und konnte kaum erwarten, dass es endlich losgeht. Beim Einlaufen sind wir am Pokal vorbeigekommen, das war ein besonderer Moment, der mich noch mal extra gepusht hat, weil wir noch nie so nah dran waren.

Das Spiel war von Anfang an eng und intensiv. Die Serben hatten ein paar glückliche Dreier-Würfe in der ersten Halbzeit und sind dadurch mit einer knappen Führung in die Pause gegangen. Wir haben uns gesagt, wenn wir genauso weiterspielen, dann gewinnen wir das Spiel, weil sie ihr Glück schon ausgereizt haben. Wir haben als Team super verteidigt und immer wieder wichtige Würfe getroffen. Als ich dann mit etwas weniger als dreißig Sekunden auf der Uhr und einer Zwei-Punkte-Führung den Ball hatte, wusste ich, dass ich die Zeit nicht einfach runterspielen kann. Ihr Point Guard Aleksa Avramović, der ein richtig gutes Spiel gemacht hat, hat sehr hart gegen mich verteidigt. Er hat auch vor dem Spiel zu mir gesagt, dass er da ist, um mich zu stoppen, und wir deshalb nicht Weltmeister werden. Voigtmann wollte bei der Aktion einen Block stellen, aber ich habe ihm gesagt, dass ich ins 1-gegen-1 gehen werde – gegen Avramovic. Ihm einen geilen Move zu geben, dann an ihm vorbeizuziehen und den Ball reinzulegen, das hat sich wie eine kleine Revanche für seine Einstiegsworte und den ganzen Trashtalk während des Spiels angefühlt.

Beim letzten Einwurf, als es nur noch ein paar Sekunden waren und jedem klar war, dass wir gewonnen haben, habe ich den Ball festgehalten und als Erstes nach oben geschaut. Ich habe an meinen Papa gedacht und dass er bestimmt gerade von oben zuschaut und stolz ist, was wir hier für Deutschland geleistet haben.

Meine Zeit mit der Nationalmannschaft war nicht die einfachste. Ich wurde oft kritisiert. Mir wurde vorgeworfen, kein Teamplayer zu sein, ich musste mir wirklich viel anhören. Den Titel dann für Deutschland zu holen und Deutschland dabei als Kapitän zu repräsentieren, das bedeutet mir mehr als alles andere in meiner Basketball-Karriere. Für mich hat es sich immer so angefühlt, dass ich Gold holen muss, um Respekt zu bekommen, vor allem weil es immer die Vergleiche mit Dirk und seinen Leistungen gab. Dirk hat das Spiel verändert, ist eine Legende und einer der besten Spieler in der Geschichte der NBA. Davor habe ich allergrößten Respekt, und da will ich auch nichts kleinreden. Weltmeister sind wir jetzt zum ersten Mal geworden und das kann uns keiner mehr nehmen. Das bleibt für immer, und es fühlt sich so an, als würden wir endlich als eigenes, starkes Team wahrgenommen werden, das Team, das es ohne Dirk geschafft hat, einen Titel zu holen.

Ich war ein kleiner dunkelhäutiger Junge aus Braunschweig, dem in der Schule gesagt wurde, ich soll das mit dem Basketball lassen. Jetzt mit dem Titel nach Braunschweig zurückzukommen und ihn der Stadt zu präsentieren, das ist richtig verrückt. Ich freue mich riesig, dass wir so vielen Menschen in Deutschland so viel Freude mit unserem Basketball bereiten konnten. Das ist ein richtig gutes Gefühl.

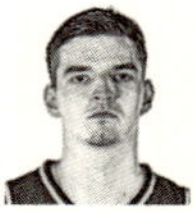

JUSTUS HOLLATZ:

Nach dem Lettland Spiel haben wir ein kleines Ritual bei uns eingeführt. Bei uns im Hotel gab es einen kleinen Spiele-Raum, in dem dann die meisten von uns noch FIFA gezockt haben, um etwas runterzukommen. Nach solchen Spielen kannst du als Spieler eh nicht schlafen. Vor allem das USA-Spiel war so krass, dass wir bis vier Uhr morgens gespielt haben. Dabei haben wir das Spiel noch mal Revue passieren lassen, haben noch mal alle Emotionen mitgenommen, uns gefreut und den Hype zugelassen. Am nächsten Morgen waren wir dann aber wieder voll fokussiert. An Mittagsschlaf war am Tag des Finals für mich nicht zu denken. Ich war supernervös, und den anderen ging es ähnlich. Als Dennis dann im Finale den Lay-up gemacht hat und klar war, wir werden Weltmeister, da ist alles zusammengebrochen. Ich wusste gar nicht, wie ich reagieren sollte. Gefühlt sind alle kopflos über den Platz gelaufen. Es war ein unbeschreibliches Gefühl. Eine Kombination aus Erleichterung, Freude, Stolz, Dankbarkeit und einem Hauch Ungläubigkeit. Es war sehr emotional. Bis wir zur Medaillenübergabe aufgerufen wurden, konnten wir immer noch nicht so recht fassen, was hier gerade passiert und was wir in den letzten Wochen geleistet hatten. Meine Eltern waren vor Ort und haben geweint, als sie mich nach dem Spiel gesehen haben, es war eine kollektive Last, die in dem Moment von uns abfiel. Als wir dann auch noch die Bilder von Gordie gesehen haben, wie er da saß, so ein Eindruck bleibt dir für immer im Kopf.

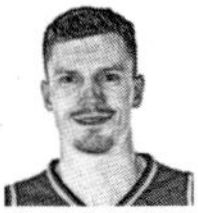

ANDY OBST:

Am Morgen nach dem USA-Spiel waren wir alle noch voller Euphorie. Es ist uns dann aber auch schnell klar geworden, dass wir uns damit jetzt nicht zufriedengeben dürfen, weil der Weg noch nicht zu Ende gegangen war und das letzte Spiel gegen die Serben noch auf uns wartete. Wir haben das USA-Spiel beim gemeinsamen Stretching am nächsten Morgen abgehakt und uns voll auf das Finale fokussiert. Mit diesem Team dann so einen Kampf gegen die Serben zu gewinnen, in dem jeder noch mal an die Grenzen gegangen ist und alles rausgeholt hat, was echt nicht einfach war, das war richtig geil für uns alle. Du hast in jedem Gesicht nach dem Spiel so viel Freude gesehen. Ich wusste erst mal gar nicht so recht, wie ich reagieren sollte. Ich habe zu meiner Freundin auf die Tribüne geschaut, die war das ganze Turnier über mit dabei. Alle hatten Tränen in den Augen, und die kollektive Anspannung ist so langsam abgefallen. Wir standen plötzlich ganz oben, was uns vorher niemand so zugetraut hätte. Das kann uns niemand mehr nehmen.

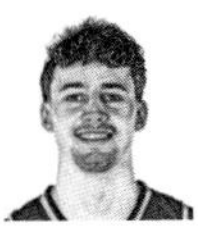

FRANZ WAGNER:

Die letzten Sekunden des Finals waren sehr speziell. Wenn du noch spielst, aber du weißt, jetzt haben wir's, und die Jungs draußen schon feiern, das ist mit das Coolste am Sportler-Sein und am Gewinnen. Jeder, der mal in so einer Situation war, weiß und kennt das. Das ist ein richtig gutes Gefühl. Was sich nach dem Abpfiff dann alles abspielt und was du alles fühlst, geht viel zu schnell für den menschlichen Kopf. Das kannst du erst mal gar nicht verarbeiten. Du bist seit Wochen in einer kompletten Anspannung, und dann fällt innerhalb eines Augenblicks alles von dir ab, da spürst du erst mal eine tiefe Erleichterung. Aber checken tust du es nicht wirklich.

Wir sind Weltmeister

Ein Moment, der sich besonders bei mir eingebrannt hat: Ich umarmte Dennis nach dem Spiel und dankte ihm für das großartige Turnier, das er gespielt hat, und im selben Augenblick sah ich, wie seine Frau von der Tribüne in unsere Richtung kam und Tränen in den Augen hatte. Die ganzen Emotionen und die Freude in den Augen der Spieler und des Teams und der Familien zu sehen, erfüllte mich mit großer Dankbarkeit. Teil dieser einmaligen Mannschaft und Reise zu sein, ist das größte Geschenk, das ich mir persönlich vorstellen kann. Die stolzen Eltern von Mo und Franz auf der Tribüne, die Frauen und Freundinnen der Spieler, die mitgereist waren und sich einfach nur aufrichtig freuten, und die riesige Erleichterung bei allen Beteiligten, gepaart mit dem Stolz, etwas Historisches für unser Land erreicht zu haben, sorgte bei mir für einen kurzen Blackout. Ich saß völlig übermannt von meinen Emotionen am Boden und spürte nur, wie eine irre Last von mir fiel. So frei, erfüllt und voller Glück hatte ich mich noch nie gefühlt. Es war – nach der Geburt meiner Kinder – der schönste Moment meines Lebens.

Ich war so überwältigt von der gesamten Situation, dass ich es nicht schaffte, mir einen Stuhl zu holen, um mich kurz hinzusetzen und auszuruhen. Also lehnte ich mich einfach gegen irgendeine Bande und schloss kurz die Augen, um durchzuatmen. Ich muss so fertig ausgesehen haben, dass einige besorgte Fans von der Tribüne aus in meine Richtung riefen, ob sie den Notarzt holen sollten. Das brachte mich aus meiner Trance zurück in die Realität, und um die besorgten Gesichter zu beruhigen, stand ich auf, um zu zeigen, dass alles okay war. Ich konnte nur einfach nicht glauben, dass wir gerade Weltmeister geworden waren. Das ganze Turnier hatte so eine irre Schlagzahl gehabt, es gab nur wenig Raum zum Durchatmen, und mit einem Mal war alles vorbei, und wir waren Weltmeister. Nichts im Leben bereitet dich auf solch einen Moment vor.

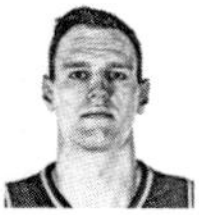

JOHANNES VOIGTMANN:

Ich weiß immer noch nicht, wie ich die ganze K.-o.-Phase in Manila und diese verrückten Spiele verarbeiten soll. Das wird noch eine Weile dauern, bis ich das alles richtig verstanden habe. An das Gefühl nach dem Finale kann ich mich noch gut erinnern. Das war eine Mischung aus Freude und Erleichterung, aber am allermeisten eine ganz tiefe Zufriedenheit. Nach dem USA-Spiel sind wir alle komplett ausgerastet, da war es auch richtig laut in der Kabine. Als Weltmeister habe ich mich ganz ruhig und beseelt gefühlt. Der Blick in die Gesichter der anderen nach dem Spiel hat eine klare Sprache gesprochen: Niemand hat wirklich verstanden, was wir erreicht und geleistet haben. Wir spürten nur nach und nach: Das hier wird uns nie wieder jemand nehmen können und auf dem Pokal steht jetzt für immer Deutschland. Das ist groß.

Dass der Basketball jetzt mehr Aufmerksamkeit bekommt, ist natürlich schön für uns alle. Und wenn wir mit der Family im Winterurlaub sind und im Hotel manche Kinder nicht im Sané-, Müller- oder Schweinsteiger-Trikot rumlaufen, sondern im Wagner- oder Schröder-Shirt, das ist dann eine coole Sache für uns Basketballer. Gefühlt hat der Basketball in der Wahrnehmung einen großen Schritt nach vorn gemacht.

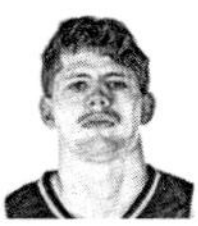

MORITZ WAGNER:

Selbst Spieler aus der NBA, mit denen ich sonst nicht unbedingt so gut kann, gratulieren mir zum Titel. Das ist ein besonderes Zeichen des Respekts und zeigt, wie sehr unsere Leistung honoriert wird. Das freut mich enorm. Besonders bei einem Weltstar wie zum Beispiel Luka Dončić. Mit ihm hatte ich schon oft in NBA-Spielen kleinere Battles und vor allem viel Trashtalk. Als wir gegen ihn und

Slowenien bei der WM spielten, habe ich mir vorgenommen, mich auf keine Mind-Games einzulassen, weil ich aus den vorherigen Erfahrungen mit ihm gelernt habe: Wenn ich mich mit Luka anlege, dann wird der nur besser dadurch. Der will, dass du mit ihm Trashtalk betreibst, das stachelt ihn an. Im Spiel gegen ihn habe ich dann richtig gemerkt, dass ihm langweilig wird, wenn sich niemand mit ihm battled, und auch sein Team nicht so mitzieht. Er macht dann trotzdem seine dreißig Punkte, aber kommt nicht in den Flow, in dem er alle anderen besser macht und es ganz schwierig gegen ihn und sein Team wird. Sie so klar zu schlagen und das mentale Battle zu gewinnen, hat sich wirklich gut angefühlt.

Im vierten Spiel, das wir in diesem Jahr in der NBA gegeneinander gespielt haben, kam er dann an der Freiwurf-Linie zu mir und hat mir gratuliert und auch nach dem Spiel noch mal kurz mit mir gesprochen. Da habe ich gespürt, dass man das Persönliche auch mal wegstecken und ein bisschen Respekt zeigen kann. Das hat mir einiges bedeutet. Luka ist ein Hai im großen Fischbecken der NBA und hat es nicht nötig, sich mit mir kleinem Nemo zusammenzufinden. Dass er es in dem Moment trotzdem getan hat, fand ich richtig cool und eine schöne Geste von ihm.

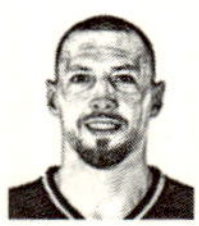

DANIEL THEIS:

Dass sich die ganze Arbeit, die wir investiert haben, und die lange Trennung von der Familie am Ende ausgezahlt haben, war noch ein i-Tüpfelchen obendrauf. Ich konnte meine Frau und zwei Kinder sechs Wochen lang nicht sehen, und bedingt durch den Zeitunterschied waren sogar Video-Calls schwer. Ich habe den ganzen Sommer über Tagebuch geschrieben, damit meine Tochter etwas zu lesen hat, wenn ich nach Hause komme.

Wir haben lange gefeiert, und es war ein schöner Abend nach dem Sieg gegen Serbien. Es hat aber danach noch eine ganze Weile gebraucht, um halbwegs zu realisieren, was wir erreicht haben. Ich bin einfach stolz darauf, dass unsere Generation ihre eigene Geschichte geschrieben hat. Als wir 2022 Bronze geholt haben, hieß es bereits: »Das war die erste Medaille seit … Dirk Nowitzki.« Dann waren wir im WM-Halbfinale und es hieß: »Das ist die erste WM-Halbfinal-Teilnahme seit …« Und mit dem Sieg gegen die USA und dem Einzug ins Finale haben wir doppelt Geschichte geschrieben, denn das hat wirklich niemand vor uns geschafft. Dann haben wir tatsächlich den Titel geholt, und alle, die dabei waren, haben Sportgeschichte geschrieben. Das war ein wichtiger Moment für uns Spieler und für Basketball-Deutschland.

Dass die Sportarten in Deutschland immer noch ein wenig miteinander konkurrieren und da nicht mehr gemeinsame Sache gemacht wird, ist natürlich schade. Dass Hansi Flick wenige Minuten vor Abpfiff des Finals und unserem größten Moment entlassen wird, ist das beste Beispiel dafür. Da fragst du dich als Spieler – und vermutlich auch als Außenstehender –, wie so ein Timing zustande kommen kann. Dass das mindestens ein genauso großes Thema war wie dass Deutschland zum ersten Mal Basketball-Weltmeister wurde, ist schon sehr schade.

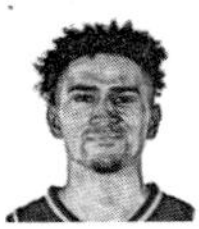

MAODO LO:

Etwas geschafft zu haben, bei dem man danach weiß, man ist Teil der Geschichte eines Landes, ist einzigartig. Vor allem, da es nicht unerwartet kam und wir Teil einer Spielergeneration sind, die einen sehr guten Basketball spielt und auf höchstem Niveau einer Sportart agiert. Eine der Figuren zu sein, die zu diesem Erfolg beigetragen hat, bleibt am Ende am meisten hängen und sorgt für den größten Stolz. Dabei denke ich nie individuell, sondern fühle mich ganz stark mit meinem Team verbunden und freue mich, für das Kollektiv Deutschland etwas Besonderes geleistet zu haben. Ich finde es schön, etwas für unseren Sport getan zu haben. Basketball ist in Deutschland immer noch nicht ausreichend auf dem Radar der Leute. Wir haben einen Teil dazu beigetragen, dass das deutlich zugenommen hat.

Zudem haben wir etwas für das Standing des deutschen Basketballs in Europa und auf der ganzen Welt geleistet. Da werden wir immer noch nicht so respektiert wie andere Nationen, und wir arbeiten gerade daran, dass sich das ändert. Wir sind eine starke Basketballnation, mit hochtalentierten Spielern, die einen super Basketball spielen. Und wir performen extrem stark als Team. Mir ist es wichtig, dass das auch so wahrgenommen und anerkannt wird. Der deutsche Basketball braucht sich nicht mehr zu verstecken. Wenn in Interviews gesagt wird, dass wir unerwartet Weltmeister wurden, steuere ich immer dagegen. Meine Antwort lautet: »Nee, Mann! Wir haben das erwartet. Wir haben bei der EuroBasket Bronze geholt, obwohl mehr drin gewesen wäre, und jetzt haben wir verdient Gold bei der WM geholt.« Es regt mich auf, wenn dafür die Anerkennung fehlt.

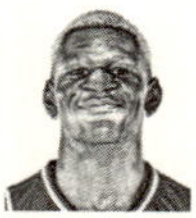

ISAAC BONGA:

Nach dem Abpfiff im Finale wurde ich hundertmal gefragt: »Wie fühlst du dich, wie fühlst du dich, wie fühlst dich?« Um ehrlich zu sein, weiß ich das selbst nicht. Es wurde abgepfiffen, ich bin auf dem Feld, wir sind Weltmeister, und ich habe keine Ahnung, was ich machen soll. Die Hände hoch, runter, zur Seite, links, rechts? Soll ich schreien, soll ich nicht schreien? Rumlaufen, alle umarmen? Ich hatte keine Ahnung. Ich war erleichtert, leer, überglücklich, alles in einem.

Dann haben wir Gordie da sitzen sehen, und da habe ich gemerkt: Wir haben alle unsere eigene Story. Da kommen Dinge in jedem von uns hoch, von denen die anderen gar nichts wissen. Bei manchen kommen mehr Gefühle hoch, bei anderen weniger. Im Moment des größten Erfolgs reagieren alle auf ihre eigene Art und Weise. Gordie da sitzen zu sehen, hat mich sehr berührt, weil ich gesehen habe, wie hart er für diesen Erfolg gearbeitet hat, für unser Team. Es war einfach schön, mit allen zusammen zu feiern, in die Kabine zu gehen, die bewegenden Ansprachen zu hören und mit der Family zu telefonieren. Aber was mich am meisten überrascht und gefreut hat, war dann mitzubekommen, wie viele Menschen wir in Deutschland erreicht haben und wie viele Menschen vor allem das Halbfinale und Finale angeschaut und uns supportet haben. In meinem Kopf dachte ich: Okay, die Basketballfans und vielleicht deren Freunde werden sich das anschauen, aber sonst interessiert das niemanden. Aber als wir dann wieder in Deutschland waren, habe ich so viele Stories von Freunden gehört, wie und wo sie das Finale gesehen haben, da war ich richtig stolz. Ein Freund meinte zum Beispiel, er war da gerade im »Soho House« in Berlin und hat sich das Spiel auf seinem Handy angeschaut. Irgendwann ist ihm dann aufgefallen, dass alle anderen im Raum auch auf ihr Handy schauen. Und dann ist denen aufgefallen, dass sie alle dasselbe Spiel anschauen, aber jeder für sich über sein Handy. Dann haben sie sich zusammengetan, das Spiel über den Beamer auf eine Leinwand projiziert und alle gemeinsam das Spiel angeschaut. Das zu hören, berührt mich schon sehr. Zu hören, wie viele Menschen hier mit uns mitgefiebert haben, das war echt cool. Und dass jetzt immer noch fremde Menschen auf der Straße zu uns kommen und uns sagen, dass sie stolz auf uns sind und wir ihnen eine große Freude bereitet haben, das ist ein unglaubliches Gefühl. Wir haben dem deutschen Basketball alle Ehre bereitet, für noch mehr Beliebtheit gesorgt, und wir wollen natürlich, dass der Sport immer weiter bei uns wächst.

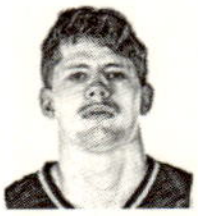

MORITZ WAGNER:

Kurz vor Abpfiff im Finale, es waren noch drei Sekunden auf der Uhr, saß Thiemann, der Schisser, neben mir auf der Bank. Ich habe völlig euphorisch und zugleich ungläubig zu ihm gesagt: »Krass, wir sind Weltmeister.« Und er meinte: »Nee, warte mal noch kurz, warte noch.« Wir sind sechs Punkte vorn, und es sind noch drei Sekunden. »Was soll denn da noch passieren, Digga? Wir sind Weltmeister!« Da musste ich richtig lachen. Die Leute kamen schon von der Tribüne runter, wir haben gefeiert, aber Thiemann hat gebremst.

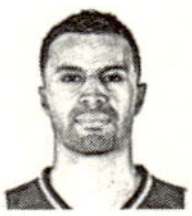

JOHANNES THIEMANN:

Vor dem Schlusspfiff und auch danach konnte ich lange gar nicht begreifen, was überhaupt läuft. Ich weiß noch genau, wie wir knapp vier Sekunden vor Schlusspfiff den Ball hatten und Mo neben mir sitzt und sagt: »Digga – wir sind Weltmeister!« Und ich zu ihm gesagt habe: »Chill, chill – es sind noch 3,7 Sekunden, es ist noch nicht vorbei, da kann noch viel schiefgehen.« Wir waren sechs Punkte vorn, da konnte gar nichts mehr schiefgehen. Aber ich konnte es nicht fassen und war völlig ungläubig.

Nach dem Sieg gegen Amerika sind wir alle komplett ausgerastet. Nach dem Sieg im Finale gegen Serbien habe ich mich auch mega gefreut, aber ganz anders. Ich habe bestimmt zwanzig Minuten gebraucht, um meine aufrichtige Freude überhaupt zeigen und spüren zu können. Richtig realisiert habe ich es erst in der Kabine, als wir alle zusammengekommen sind, gefeiert haben und Gordie eine Ansprache gehalten hat. Da habe ich gecheckt: »Okay, das passiert gerade wirklich.« Es war eine kollektive Erleichterung und eine irre innere Zufriedenheit bei allen zu spüren. So etwas mit dem Team zu erleben, ist ein Highlight fürs Leben, das dir nie genommen werden kann.

Die Wertschätzung, die wir Spieler seitdem für diese Leistung entgegengebracht bekommen, ist einzigartig und wirklich schön. Das bedeutet mir sehr viel, weil wir alle merken, dass wir dem Sport richtig viel zurückgegeben haben und die Menschen in Deutschland unsere Leistung echt honorieren.

Es dauerte eine gefühlte Ewigkeit, bis die Zeremonie begann und wir unsere Medaillen bekamen. Danach gingen wir in die Kabine, wollten ein Bier trinken und fanden erst mal nichts Gekühltes vor. Aber in solchen Momenten ist dir das völlig egal. Wir kamen in der Kabine noch mal mit der gesamten Gruppe zusammen: den Spielern, Staff, Coaches, den Offiziellen vom DBB und allen Beteiligten. Mir war es ein Anliegen, mich noch einmal bei allen zu bedanken und hervorzuheben, was für eine einzigartige Gruppe an Menschen hier zusammengekommen war. Wir hatten unser unglaubliches Ziel erreicht, weil wir einen einmaligen Zusammenhalt geschaffen hatten. Ich wollte vor allem auch den Staff-Mitgliedern danken, die oft im Hintergrund wirken und die scheinbar kleinen Dinge für uns erledigen. Nur durch sie konnte es ein großer Erfolg werden. In diesem Kreis nach dem Spiel zusammenzukommen und ganz offen die Freude und Dankbarkeit miteinander zu teilen, das war ein spezieller Moment für uns alle.

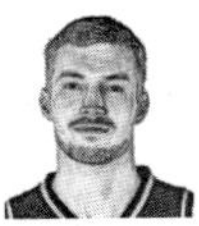

NIELS GIFFEY:

Gordies Rede in der Kabine nach dem Finale hat mich sehr berührt. Die Ruhe, mit der er gesprochen hat, und wie er den Moment nutzte, um sich beim Staff und bei allen Wegbegleitern zu bedanken, ohne jemanden zu vergessen, wie er dann auch uns Spielern für die besondere Teamdynamik und unseren Zusammenhalt dankte, das war großartig. Ich werde nie vergessen, wie er zu uns sagte, dass wir großartige Basketball-Spieler sind, aber noch bessere Menschen. Das ging mir unter die Haut.

Ich habe noch eine WhatsApp-Gruppe aus meiner Berliner Basketballzeit als Jugendspieler. Wir sind ein großer Freundeskreis und haben den Kontakt nie abreißen lassen. Nach dem Finale habe ich einen Gruppen-Videocall gestartet, in den sich dann auch viele von den Jungs eingeklinkt haben. Wir haben gar nicht viel gesprochen, sondern ich habe zwanzig Minuten lang einfach nur das Video laufen und sie Teil des Moments sein lassen. Das mit meinen Jungs zu teilen, war ein persönliches Highlight.

Wir sind dann kurz in unser Hotel und von dort aus in ein anderes Hotel zum Feiern weitergezogen. Und in den frühen Morgenstunden, als der erste Kater so langsam einsetzte und die Sonne aufzugehen begann, saßen wir bestimmt mit dreißig oder fünfunddreißig Personen vor dem Hotel auf der Straße und haben auf die Taxis gewartet, die richtig lange brauchten. Da waren alle Beteiligten dabei, manche Spielerfrauen und -freundinnen, und es war ein Moment der reinen Glückseligkeit. Für mich war es auch der erste Moment, in dem ich so ein wenig innehalten konnte. Die Realität setzte da kurz ein, weil wir dem Zirkus für einen Augenblick entflohen waren, jemand Musik anmachte, wir viel rumalberten und einfach das Beisammensein einer so besonderen Gruppe genossen. Ein wunderschöner Moment!

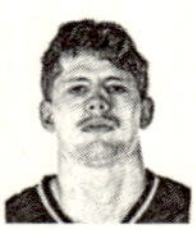

MORITZ WAGNER:

Als Basketballer konzentrierst du dich darauf, Spiele zu gewinnen. Da checkst du nicht, was du genau machst, und noch weniger, was es im Kontext für andere Menschen oder sogar dein ganzes Land bedeutet, wenn du Weltmeister wirst. So ganz habe ich es immer noch nicht realisiert. Das Schöne an dem Sommer und unserem Erfolg sind für mich besonders die Nachwirkungen. Zu sehen, wie viele Menschen wir erreichen und beglücken konnten, wie viele Menschen auf einmal gern Basketball schauen oder sogar spielen und Vereinen beitreten, das bedeutet dir natürlich sehr viel als Spieler.

Auch hier in Amerika spüre ich die Auswirkungen. Wie viele Deutsche jetzt zu unseren Spielen nach Orlando kommen, sich Trikots kaufen und uns unterstützen, damit hätte ich nie gerechnet. Es macht etwas mit dir als Mensch, wenn du Teil einer Sache bist, die um einiges Größer ist als du selbst. Wir haben einen echten Beitrag geleistet, das ist ein richtig gutes Gefühl. Besonders da wir alle deshalb Basketball spielen, weil es so viel Spaß macht. Du arbeitest viel dafür und investierst dein ganzes Leben in den Sport, und durch so ein Ereignis spürst du dann, wie sehr sich der Einsatz gelohnt hat und dass du es nicht nur für dich gemacht hast. Das habe ich dadurch zum ersten Mal so richtig begriffen.

Mindestens genauso schön ist die Verbundenheit mit allen, die Teil dieses Erfolgs waren. Das wird lebenslang Bestand haben. Es war wie eine geile Klassenfahrt, mit einem noch geileren Ende. Selbst wenn wir uns in fünfzig oder sechzig Jahren sehen, werden wir über diese wunderschöne Erinnerung sprechen. So etwas gibt es nicht oft im Leben. Nach dem Abpfiff mit den Jungs rumzuspringen, zu feiern, zu tanzen, die ganz Nacht lang auch mal die Seele baumeln zu lassen und ein paar fermentierte Traubensäfte zu trinken, ohne von Kameras begleitet zu werden, das hat richtig gutgetan und Spaß gemacht. Das konnten wir alle gemeinsam genießen und dann auch darüber lachen, als wir in den Morgenstunden ins Hotel zurückgekommen sind und die anderen Teams, die noch da waren, beim Frühstück gesehen haben.

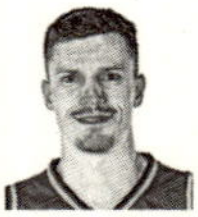

ANDY OBST:

Wenn ich jetzt die Reaktionen der gegnerischen Fans in der Bundesliga erlebe und wir dort mit Applaus und höchster Wertschätzung empfangen werden, ist das schon richtig cool. Das zeigt, wie besonders auch die Fanbase hier in Deutschland ist und was die Nationalmannschaft den Menschen bedeutet. Das ist ein schönes und bestärkendes Gefühl für uns Spieler. Die Reaktionen zeigen, wie besonders der Erfolg für Basketball-Deutschland war, das macht es noch spezieller. Wir Spieler und der Staff haben Basketballgeschichte geschrieben und dadurch einen wichtigen Grundstein gelegt, auf dem man aufbauen kann.

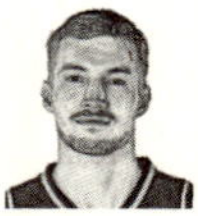

NIELS GIFFEY:

Ich konnte in meiner Karriere einige Titel gewinnen. Aktuell befinde ich mich in den letzten Jahren meiner aktiven Laufbahn. Aber nichts hat mir in Bezug auf Basketball so viel mentale Ruhe gegeben und mir so viel bedeutet wie dieser WM-Titel. Das haben wir mit diesem Team erreicht und alle sind Teil eines unglaublichen Erfolgs. Der Sport macht uns allen extrem viel Spaß, aber wir alle haben auch den Drang, etwas zu erreichen. Diese Stimme, die dich immer weiter pusht, die wir als Sportler auch brauchen, die ist durch diesen Titel ruhiger geworden. Sie ist nicht weg, aber die Hektik und das leicht Verbissene ist weg und stattdessen ist eine innere Gelassenheit an ihren Platz getreten. Das heißt nicht, dass ich auch nur im geringsten nachlassen würde. Es ist eher so, dass ich aus einer Position der Stärke handle, weil ich diese innere Ruhe finden konnte.

Nach dem Turnier zog ich mich für ein paar Tage nach Finnland zurück und wurde erst mal krank. Das System brauchte eine Ruhephase, und mein Körper musste sich dringend von dem vielen Adrenalin erholen. Als ich wieder bei Kräften war, genoss ich die Zeit in der Natur und hackte Holz, um mich auf die dunklen, kalten, finnischen Wintermonate vorzubereiten. Dann flog ich nach Vancouver, um Dennis beim Vorbereitungscamp der Toronto Raptors zu erleben und um meine Mutter zu besuchen. Erst als ich ein paar Wochen später nach Deutschland zurückkehrte, begann ich zu realisieren, was wir geleistet hatten und was der Weltmeistertitel für viele Menschen bedeutete. Wir hatten Sportgeschichte geschrieben und etwas erreicht, was uns nie wieder genommen werden kann und alle Beteiligten für immer verbindet. Die Zuneigung vieler mir fremder Menschen und der Dank für die Freude, die wir den Fans bereitet hatten, bedeuteten mir die Welt. Ich hatte nicht ansatzweise mit solch überwältigenden Reaktionen gerechnet. Fans kamen zu mir und meinten, es sei der größte Moment der Freude seit dem WM-Titel der Fußballer 2014 für sie gewesen.

Als Bastian Schweinsteiger uns einige Woche später den Bambi-Award überreichte, erinnerte ich mich wieder an die Aussage der Fans. Ich hatte einige Szenen des Finals gegen Argentinien von 2014 gesehen, und die aufopferungsvolle Art und Weise, wie das Team füreinander kämpfte, der Einsatz von Schweinsteiger in der Verlängerung und die unbändige Freude nach dem Abpfiff, erinnerte mich ein wenig an unser Team. Wir hatten ebenfalls einen Sieg der Einheit errungen und uns durch nichts von unserem Weg abbringen lassen. Wir hatten gewonnen, weil wir das beste Team waren. Diese zwei besonderen Momente der jüngeren deutschen Sportgeschichte zusammenzudenken und ein Teil davon gewesen zu sein, erfüllte mich mit Stolz. Beide sind ein Spiegelbild davon, was Teams erreichen können. Und

WIR HATTEN EBENFALLS EINEN SIEG DER EINHEIT ERRUNGEN UND UNS DURCH NICHTS VON UNSEREM WEG ABBRINGEN LASSEN. WIR HATTEN GEWONNEN, WEIL WIR DAS BESTE TEAM WAREN.

dafür lebe ich. All die Reaktionen auf unseren Triumph fühlten sich wie Balsam für die Seele an. Eine Seele, die das tiefste Dunkel durchleben musste, um dieses Lebenshighlight erleben zu dürfen.

6 AM BODEN

»Die Menschen sehen die Dinge nicht, die du in der Vergangenheit durchgemacht hast – den ganzen Schmerz und die Trauer – und können deshalb auch nie nachvollziehen, wie viel dir der Erfolg als Spieler bedeutet.«

Isaac Bonga

Am 10. April 2009 veränderte sich mein Leben. Ich war zu dem Zeitpunkt Assistenztrainer bei den Toronto Raptors. An diesem Freitag saßen wir gerade in einer Trainersitzung in der Kabine und bereiteten uns auf das bevorstehende Spiel gegen die Washington Wizards vor, als plötzlich der erhöhte Trainerstuhl, auf dem ich saß, in sich kollabierte. Ich fiel so unglücklich auf den Rücken, dass meine Wirbelsäule einen Bruch erlitt. Der Schmerz war kaum auszuhalten, doch ich blieb vor Ort und begleitete das Team durch das Spiel. Ich ließ mich zwar bei unserem nächsten Auswärtsspiel in Chicago am 15. April 2009 vom Teamarzt checken, doch dort wurde die Verletzung erst mal heruntergespielt. Also biss ich drei Wochen lang die Zähne zusammen, konnte kaum schlafen, quälte mich durch die Tage, bis sich eine Zyste in meiner Wirbelsäule bildete und der Schmerz so stark in mein linkes Bein ausstrahlte, dass ich in Finnland notoperiert wurde. Der Langstreckenflug war die Hölle, aber ich wollte mich in einer finnischen Spezialklinik behandeln lassen, die mir schon als Spieler bei Knie- und Achillessehneneingriffen geholfen hatte. Die OP war alles andere als trivial, und die negativen Konsequenzen hätten gravierend sein können. Durch die Entfernung der Zyste verschwand der Schmerz für eine kurze Zeit. Ich begab mich in Reha und dachte, ich würde schnell wieder fit werden. Ich hatte keinen blassen Schimmer, welcher Leidensweg mir in den nächsten Jahren noch bevorstand.

Ich machte leider mehrfach den Fehler, dass ich zu früh wieder mit dem Coachen begann und mir nicht ausreichend Regenerationszeit gab. Nach dem Unfall im Frühjahr 2009 übernahm ich bereits im Frühjahr 2010 einen neuen Trainerposten in Frankfurt. Ich half in der Zwischenzeit ein paar Wochen unter starken Schmerzen bei Espoon Honka in Finnland aus und sprang dann während der Saison in Frankfurt ein. Die Saison war zu dem Zeitpunkt in der entscheidenden Phase, es gab nur noch vier Spieltage. Frankfurt stand auf dem siebten Tabellenplatz, und die Play-off-Teilnahme war in akuter Gefahr. Wir konnten den siebten Platz behaupten und spielten wider Erwarten eine starke Play-off-Runde, drangen bis ins Finale vor und verloren um Haaresbreite im entscheidenden fünften Spiel 72 : 70 gegen Bamberg. Nach außen hin schien alles gut. In meiner Erinnerung sind jedoch die vielen schmerzhaften Busfahrten am präsentesten, in denen ich mich oft hinlegen musste, weil meine Schmerzen so stark waren. Ich dachte, ich käme schon irgendwie durch und die Schmerzen würden irgendwann aufhören. Der Tiefpunkt stand mir jedoch erst noch bevor.

In der Vorbereitung auf die neue Saison befanden wir uns im September 2010 in Tschechien in einem Vorbereitungscamp auf die bevorstehende Spielzeit. Dort überkam es mich. Ich spürte zuerst, dass ich nicht dort sein wollte. Es fiel mir schwer, Gespräche zu führen, klar zu denken. Ich hatte durchwegs ein Bedürfnis danach, allein zu sein. Wie schlimm es um mich stand, stellte sich bei einer ganz normalen Trainingseinheit heraus, wie ich sie Tausende Male zuvor geleitet hatte. Plötzlich konnte ich nichts mehr denken. Ich konnte nichts mehr verstehen, war nicht mehr in der Lage etwas zu schreiben, ganz zu schweigen davon, einen

Trainingsplan zu erstellen. Ich war völlig orientierungs- und planlos. Es fühlte sich an, als wäre mir ein Stecker gezogen worden und dadurch mein Verstand und mein Gehirn ausgeschalten. Ich war komplett blank, ein Gefühl, das ich nicht kannte und das mir Angst machte. Ich erinnere mich daran, dass ich mich mit meinen Assistenztrainern austauschen und mit ihnen sprechen wollte, aber ich konnte nichts mehr sagen, schreiben, denken oder verstehen. Von dem Gefühl übermannt zu sein, keine Ahnung zu haben, was für ein Film da gerade läuft, nur irgendwie zu realisieren, dass man selbst der Betroffene ist – das versetzte mich in Panik. Was zur Hölle passierte gerade mit mir?

Ich reiste so schnell wie möglich nach Frankfurt zurück und konnte durch die guten Kontakte des Vereins, allen voran von Gunnar Wöbke, innerhalb von kürzester Zeit mit Prof. Dr. Axel Dignass einen Top-Spezialisten treffen. Bei Gunnar möchte ich mich an dieser Stelle noch mal für seinen einmaligen Rückhalt und seine Unterstützung bedanken. Nach dem Termin bei Axel wurde ich direkt in die Psychiatrie an Dr. Christoph Fehr weitergeleitet. Ich befand mich zwei Wochen lang in psychologischer Behandlung, bekam vom ersten Tag an viele Medikamente, es wurden Tests durchgeführt, dann wartete ich auf die Diagnose.

Die meiste Zeit lag ich in meinem Einzelzimmer im Bett. Ich bekam jedoch noch genug mit, um wahrzunehmen, wie ein mulmiges Gefühl in mir aufstieg, als mir durch die flüchtigen Begegnungen mit anderen Patienten gewahr wurde, wie misslich meine aktuelle Lage aussah. Dann kam die Diagnose: Die Kombination aus den Schmerzen, dem Stress meines Berufsalltags und der emotionalen Belastung, die bedingt durch meinen anhaltenden Scheidungsprozess hinzukam, hatte mich in eine akute Depression gestürzt. Ich konnte es nicht wirklich greifen und wollte es auch nicht wahrhaben, als mir das mitgeteilt wurde. Ich hatte mich immer als den starken, harten Typen gesehen, der alle Last der Welt schultern konnte. Und nun musste ich mich auf einmal damit abfinden, dass ich mental krank war.

Nach meiner ersten Diagnose und den zwei Wochen Auszeit kehrte ich sofort in den Trainingsbetrieb zurück. Ich hielt das für das Normalste der Welt, obwohl mir Medikamente mit starken Nebenwirkungen verabreicht wurden. Es überforderte mich bereits, nur an die nächste Trainingseinheit zu denken. Sie zu leiten, fühlte sich in dem Augenblick wie ein Ding der Unmöglichkeit an. Ich hatte Angst, zu unseren Trainer-Meetings zu gehen, weil ich fürchtete, nichts zu verstehen, nicht folgen zu können. Ich saß oft einfach allein in meinem Zimmer, hatte Angst und wusste nicht, was ich tun sollte. Ich wollte meiner Pflicht nachkommen, auch wenn es mir selbst nicht gut ging, wollte für meine Spieler und den gesamten Verein da sein. Es beängstigte mich, als die Menschen, die mich am besten kannten, mir nach meiner Rückkehr spiegelten, dass sie nur eine Leere sahen, wenn sie mich anblickten. Sie meinten, ich sei physisch zwar da gewesen, aber es sei keine Präsenz zu spüren gewesen. Sie sahen mich an und sahen nichts. Eine Hülle, die zwar am Leben war, aber nichts zu geben vermochte. War das wirklich ich? Wie konnte das sein?

Als ausgebildeter Sportpsychologe wurde mein offensichtlicher blinder Fleck, die Tatsache, dass ich mir keine Auszeit gönnte, zu einem schwarzen Loch, in das ich immer tiefer hineinstürzte. Es dauerte Jahre, bis ich meine Lektion lernte und begriff, dass ich eine Pause brauchte, um vollends zu heilen und zurück zu meiner Kraft zu finden.

Die Art und Weise, wie die gesamte Organisation der Frankfurter Skyliners mir durch diese Phase geholfen hat, ist mit Worten nicht zu beschreiben. Sie standen mir nicht nur bei, hielten nicht nur an mir fest, sondern stellten auch sicher, dass keine Details an die Außenwelt durchdrangen. Ihnen war – genauso wie mir – völlig bewusst, dass es das Ende meiner Karriere bedeutet hätte.

Es ist traurig und leider auch Teil des strukturellen Problems bei mentalen Krankheiten, dass eine Diagnose, wie sie mir vorlag, in Kombination mit der psychotherapeutischen Begleitung, die ich erhielt, im eigenen Lebenslauf oft dazu führt, dass man von zukünftigen Arbeitgebern gemieden wird. Betroffene Trainer und Athleten sowie vermutlich Millionen von Betroffenen außerhalb des Profisports versuchen mit solchen Situationen allein klarzukommen, weil sie nicht als psychisch labil und dadurch als Last für ein Team oder eine Organisation abgestempelt werden wollen. Dass ich nicht fallen gelassen wurde, sondern auf den Rückhalt und das Vertrauen der Skyliners zählen durfte, werde ich nie vergessen. Es war einer der wichtigsten Bausteine auf meinem langen Weg zur Genesung. Sie halfen mir bei der Betreuung, der Ärztewahl und waren während der Behandlungen und OPs immer unterstützend an meiner Seite. Von den meisten anderen Vereinen wäre ich vermutlich gefeuert worden. Gunnar hat nicht nur einzigartiges Leadership, sondern vor allem auch große Menschlichkeit gezeigt. Eine seltene Qualität in einem Metier, in dem die Leistung und das Ergebnis mehr zählen als alles andere.

Mein Assistenzcoach, Klaus Perwas, der mich schon eine Weile begleitete und jetzt auch wieder bei der Nationalmannschaft als Assistenzcoach mit dabei ist, sprang während meiner Abwesenheit für mich ein. Er leitete die Trainingseinheiten und betreute das Team während der gesamten Vorbereitung. Ich verdanke ihm enorm viel und weiß mich glücklich zu schätzen, mit einem so loyalen Menschen zusammenarbeiten zu dürfen. Während der Saison befand ich mich ständig in Therapiesessions. Als es zwei Mal im Laufe der Saison eine kurze spielfreie Phase gab, bat ich jeweils um eine weitere Auszeit von zehn Tagen, die ohne Diskussion oder Rückfragen völlig selbstverständlich genehmigt wurde. Ich verbrachte die erste Phase komplett in der Psychiatrie und die zweite Phase im normalen Krankenhaus. Ich musste weitere Tests machen und brauchte die Zeit, um runterzufahren und meine Akkus, soweit es möglich war, wieder aufzuladen. Während der Saison kämpfte ich mich von Tag zu Tag, und das Woche für Woche. In der Rückschau habe ich keine Ahnung, wie ich als Coach durch dieses Jahr gekommen bin.

Anstatt mir nach der Saison endlich eine Auszeit zu nehmen, wechselte ich in Rücksprache mit den Skyliners zu Alba Berlin. Wir waren einstimmig der Meinung, dass eine Veränderung des Umfelds und ein Neustart für mich hilfreich sein könnten. Unsere Ergebnisse in Frankfurt waren beeindruckend, und die Gelegenheit, ein großes, traditionsträchtiges Team zu übernehmen, reizte mich. Der Ortswechsel bedeutete nur leider nicht, dass damit meine Probleme verfliegen würden. Im Gegenteil: Sie häuften und verschlimmerten sich. Ich dachte zuerst, mithilfe der Medikamente würde es schon irgendwie gehen, doch die Schmerzen wurden zu meinem täglichen Begleiter. Das Leben begann sich wie ein permanenter Kampf anzufühlen. Wir flogen für ein Vorbereitungscamp nach China, und als ich zurückkam, suchte ich einen Arzt auf, weil ich mich ziemlich erschlagen fühlte. Er diagnostizierte eine Mononukleose – besser bekannt als Pfeiffer-Drüsenfieber. Er empfahl mir dringlichst, einen Monat Auszeit zu nehmen. Doch das kam für mich nicht infrage. Ich hatte gerade erst in Berlin übernommen und wollte beweisen, dass es die richtige Entscheidung gewesen war, mich als Trainer zu engagieren.

Innerlich blickte ich einem Abgrund entgegen und fühlte mich gefangen. In der Vorsaison dachte ich mir: Schlimmer kann es nicht mehr werden. In dieser Saison als Chef-Trainer von Alba Berlin hatte ich zum ersten Mal in meiner Trainerlaufbahn das Gefühl: Ich leiste hier keine gute Arbeit. Der Schmerz wirkte sich nachhaltig auf mein Gemüt aus und ich schrie in diesem Jahr während der Trainings und Spiele mehr, als ich es jemals zuvor oder danach getan habe. Ich suchte unterschiedlichste Ärzte auf und tat, was ich dachte, am besten zu können: Ich kämpfte verzweifelt weiter. Erschwerend kam hinzu, dass ich im Vergleich zum Vorjahr in Frankfurt hier aufpassen musste, wem ich mich anvertraute. Ich konnte mit kaum jemandem über meine Situation und mein Innenleben sprechen. Ich war die ganze Saison über auf mich allein gestellt, nahm täglich Medikamente ein und versuchte, den inneren Schmerz stummzuschalten. Um das zu schaffen, benötigte es ab und zu auch mal eine Flasche Wein am Abend. Zu viel Alkohol sollte jedoch erst später ein Thema werden.

Wir starteten trotz allem erstaunlich gut ins Jahr. Ich spürte, dass ich – noch – etwas Saft im Tank hatte. Allerdings schwanden unsere guten Ergebnisse gemeinsam mit meinen Reserven, und so wurde ich am Ende der Saison völlig zurecht entlassen. Ich hatte mich aus Liebe zum Coachen, dem Sport und den Spielern irgendwie durch die Saison gebissen, aber ich war nicht bei mir und konnte entsprechend keine gute Arbeit leisten.

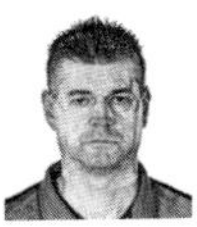

KLAUS PERWAS:

Die Zeit, in der Gordie ausfiel, war für uns alle hart. Seine Ansage, dass er das Training nicht leiten könnte, kam völlig unerwartet. Wir waren natürlich betroffen, weil wir sahen, wie sehr er zu kämpfen hatte, trotzdem mussten wir das Tagesgeschäft irgendwie am Laufen halten. Das Team war noch in der Findungsphase, wir hatten einige neue Spieler. Für mich war sofort klar, dass ich für ihn einspringe und ihm so gut es geht den Rücken freihalte. Man wächst mit seinen Aufgaben, und ich gab alles, um ihn so gut wie möglich zu vertreten. Dass Gordie mich schon immer angenommen hat, wie ich bin, half mir auch in dieser Situation. Ich wusste, was er an mir schätzt und dass er mir vertraut. Dass ich bei ihm so sein kann, wie ich bin, ist ein riesiger Pluspunkt. Er würde mir nie den

Mund verbieten, und dass wir in unserer Herangehensweise, was die Trainings- und Spielphilosophie sowie die Intensität betrifft, eine Sprache sprechen, erleichtert einiges in der Zusammenarbeit. Wie schlecht es ihm wirklich ging, ließ er sich nicht anmerken. Er versuchte alles, um für das Team da zu sein und seiner Verantwortung als Chef-Coach gerecht zu werden.

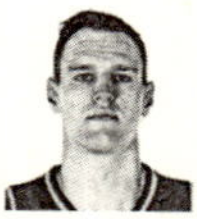

JOHANNES VOIGTMANN:

Von seiner mentalen Verfassung haben wir Spieler kaum etwas mitbekommen, weil er das immer zu überspielen versuchte und sich voll auf den Basketball konzentrierte. Ich will mir nicht ausmalen, wie es ihm gegangen sein muss, kann mir aber gut vorstellen, dass es eine sehr herausfordernde Phase für ihn war.

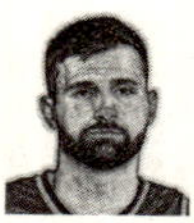

LEON KRATZER:

In Spielerkreisen hast du hier und da mal gehört, dass Gordie bei Alba ein Alkoholthema hatte. Als ich dann Teil seiner Mannschaft wurde, hatte ich einfach Spaß, für ihn zu spielen. Du hast aber gesehen, dass er körperliche Beschwerden hatte und nicht immer ganz rund gelaufen ist. Da hast du dich schon manchmal gefragt: Geht es ihm noch gut?

Trotz allem stand für mich sein Umgang mit seinen Mitmenschen im Vordergrund. Das war etwas ganz Besonderes, was ich vorher so nicht kannte. Er hat sich für viele Spieler zu einer Art Vaterfigur entwickelt, und wir waren alle traurig, als er bei Frankfurt aufhörte. Zu hören, dass es ihm während all der Jahre so schlecht ging, da schluckst du dann schon. Er hatte einen riesigen Einfluss auf die erfolgreiche Zeit und hat eine Ära bei den Skyliners geprägt.

Vertrautheit als Kraftquelle

Erst nach der Entlassung nahm ich mir für eine ganze Saison eine Auszeit. Ich begab mich auf direktem Wege zurück ins Krankenhaus nach Frankfurt und zog mich dann nach Finnland zurück, mietete mir in der Nähe meiner Kinder und meiner Ex-Frau ein Apartment und entschleunigte alles in meinem Leben. Meine beiden Söhne waren noch Teenager, und ich wollte einfach nur in ihrer Nähe sein. Ich lernte parallel noch ein wenig Deutsch, reduzierte meine Aktivitäten aber ansonsten aufs gröbste Minimum. Es war das letzte Schuljahr meines älteren Sohnes, und er bekam mehrere Stipendien-Angebote aus den USA. Wir reisten zu einigen der potenziellen Unis, um sie gemeinsam zu besichtigen.

Die Zeit mit meinen Kindern zu haben, war die wirksamste Medizin. Sowohl physisch als auch mental konnte ich richtig aufladen und zurück in die Spur finden. Dadurch schöpfte ich neue Zuversicht und plante ein Comeback für die neue Saison. Die Loyalität und der Rückhalt der Frankfurter während meiner Depression ließ für mich nur einen logischen Schluss zu: Ich kehre nach Frankfurt zurück. Die Entscheidung erwies sich als glückliche Fügung für beide Seiten. Wir prägten eine Ära, bauten erfolgreiche Teams auf, spielten richtig guten Basketball und gewannen Titel zusammen. Es sollte meine längste Coaching-Station werden.

Einzig meine Schmerzen wollten nicht verschwinden. Ich bekam über Jahre hinweg Injektionen in den Rücken, die schmerzlindernd wirken sollten. In der Fachsprache nennt sich das »Thermokoagulation der Facettengelenke«. Die Behandlung fand immer ohne Betäubung und ohne Schmerztabletten statt, weil die Ärzte anhand meiner Reaktion – animalische Schreie – sicherstellen mussten, den richtigen Punkt getroffen zu haben. Die Behandlungen waren das Schmerzhafteste und Schlimmste, was ich je erlebt habe. Ich würde mich dem nie wieder aussetzen. Dennoch lehrte mich diese Zeit den

Umgang mit Schmerzen und Stress. Ich kenne nun meine Grenzen und weiß genau, was ich mir aufladen kann und wann ich die Hand heben muss, weil es zu viel wird. Das zumindest ist eine Menge wert.

Im ersten Jahr nach meiner Rückkehr fuhr ich wieder zwei Mal in der Woche ins Krankenhaus, um einige Tests zu machen. Dass die Ärzte mich kannten und ich in eine vertraute Umgebung eintauchen konnte, half mir sehr. Ohne dieses Support-System wäre ich vermutlich nicht in der Lage gewesen, weiter zu heilen und zugleich zu coachen. Es kam in dieser Phase jedoch noch eine andere, ernstere Baustelle hinzu: Mein Alkoholkonsum steigerte sich. Ich habe schon immer gern ein gutes Glas Rotwein zu einem schönen Abendessen getrunken, allerdings stets aus Freude am Genuss. In Berlin trank ich dann auch mal eine ganze Flasche, um den Tag abzuschließen und den Schmerz auszuhalten. Ich wollte den Tag vergessen, und der Alkohol half mir dabei. Es artete zum Glück nie aus, ich trank nie tagsüber und auch nicht täglich, aber man konnte definitiv nicht mehr von einem gesunden Alkoholkonsum sprechen. Es war ein Fluchtmechanismus, der mich besorgte. Vor allem, weil ich bei meinem Vater miterleben musste, was die negativen Konsequenzen von Alkohol sein können. Er war kein harter Alkoholiker, aber er trank zu viel, und es schadete ihm als Person, seiner Gesundheit und seinen Beziehungen. Ich wollte um jeden Preis vermeiden, dass es jemals so weit bei mir kommen könnte.

Meine Zündschnur im Zusammensein mit den Spielern und normalen Angestellten der Organisation, die mir nie etwas Böses wollten, wurde erschreckend kurz. Es fühlte sich nach einem Kontrollverlust für mich an und ich musste mir regelmäßig eingestehen, dass ich mich selbst nicht mehr all zu gut leiden konnte. An vielen Tagen hoffte ich abends, dass der nächste Tag einfach nicht mehr kommen würde. Mein Wille durchzuhalten und niemals aufzugeben, egal wie schwer und dunkel es wird, war das Einzige, das ich noch an mir selbst respektieren und wertschätzen konnte.

Erst als ich 2016, nach dem Triumph beim FIBA-Europe-Cup mit den Skyliners, während der Vorbereitung auf die neue Saison abermals am Rücken operiert wurde und mich durch fünf Wochen Reha in der Nähe von Göttingen kämpfen musste und mich dabei ein weiteres Mal unerträglichen Schmerzen ausgeliefert sah, war das Gespenst besiegt. Mehr als sieben Jahre nach dem Unfall, der mich in diese Negativspirale befördert hatte. Es war eine lange Leidenszeit, die ich niemandem jemals wünschen würde. Diese fünfwöchige Reha war essenziell für meine finale Genesung. Es gab keinen Stress, stattdessen viel Ruhe, und ich war von Menschen umgeben, die ein ähnliches Schicksal teilten, aber alle auf dem Weg der Besserung waren. Das tat mir unwahrscheinlich gut. Ich fühlte mich angenommen, verstanden und lernte zu verstehen: Es ist nicht alles meine Schuld, und ich bin okay, so wie ich bin.

Ich begann noch während der Reha mit Achtsamkeitsübungen, lernte mich und meinen Körper neu zu fühlen und zu spüren, welche Bedürfnisse ich als Mensch auf allen Ebenen – körperlich, emotional, seelisch – wahrnahm. Und ich lernte, diesen Bedürfnissen ihren Raum zu geben, ihnen nachzukommen, anstatt sie beiseitezuschieben und mich nur auf meine Arbeit zu konzentrieren. Es dauerte eine ganze Weile, bis es mir gelang, mich selbst zu spüren, weil ich jahrelang täglich Tabletten in Form von Antidepressiva zu mir genommen hatte, die den Körper und die Gefühle verstummen ließen. Ich hatte mich wie betäubt gefühlt. Mich langsam an mich selbst heranzutasten und einen Bezug zu mir herzustellen, das fühlte sich gut und richtig an. Dadurch sah ich mich auch in der Lage, ein klares Nein zu kommunizieren, als die eindringliche Bitte aus Frankfurt kam: Ich sollte schon früher wieder als Coach einsteigen, weil es sportlich nicht lief wie gewünscht. Zum ersten Mal seit Jahren hörte ich auf meinen Körper und gab ihm die Zeit, die er noch brauchte. Ich stieg auch nicht direkt zu hundert Prozent ein, sondern vermied in den ersten Wochen alle Auswärtsreisen, weil es mich noch zu sehr anstrengte.

Seit der Reha vor nun mehr acht Jahren, richte ich mir jeden Morgen ein bisschen Zeit für mich und meinen Körper ein. Als Coaches tendieren wir dazu, zu geben und zu geben und noch mehr zu geben. Das lässt sich nachhaltig nur aufrechterhalten, wenn man auch sich selbst etwas gibt. Ich mache das immer als Erstes in der Früh, weil ich abends oft zu müde bin oder die Willensstärke nicht mehr habe, um mir selbst etwas Gutes zu tun. Ich dehne mich viel, mache Fitness, Nordic Walking und schwimme regelmäßig. Diese Körperarbeit wirkt sich positiv auf meinen Geist aus. Sie trägt zu meiner inneren Ruhe bei und hilft mir, aus meiner Mitte heraus zu agieren, Entscheidungen zu treffen und meinen Mitmenschen zu begegnen. Es gibt mir innere Freiheit und nimmt mir meine Ängste. Die täglichen Übungen helfen mir, mich wirklich gut in meiner Haut zu fühlen.

ALS COACHES TENDIEREN WIR DAZU, ZU GEBEN UND ZU GEBEN UND NOCH MEHR ZU GEBEN. DAS LÄSST SICH NACHHALTIG NUR AUFRECHTERHALTEN, WENN MAN AUCH SICH SELBST ETWAS GIBT.

Zu meiner Ex-Frau sagte ich nach der OP: »Ich will mich nie wieder so fühlen und nie wieder in so einen Zustand zurückfallen.« Obwohl wir uns getrennt hatten, unterstützte sie mich während dieser schwierigen Phase, wofür ich ihr bis heute enorm dankbar bin. Wir sind immer noch gute Freunde, und ich weiß ihren Rat und ihre Gedanken sehr zu schätzen. Sie hat oft einen anderen Blick auf mein Leben, der für mich sehr wertvoll ist.

Die Dunkelheit besiegen

Vor meiner Depression stellte ich mir immer wieder die unschöne Frage, warum Menschen sich ihr Leben nehmen und nicht weiterkämpfen. Durch meine Depression konnte ich nicht nur verstehen, sondern in der Tiefe nachempfinden, dass es einen Punkt im Leben geben kann, an dem du nicht mehr willst, keinen Sinn mehr erkennst, keinen Halt mehr in dir findest, der dir den Impuls schenkt, weiterleben zu wollen.

Meiner Erfahrung nach ist es das Wichtigste in so einer Phase, dass man sich traut, um Hilfe zu bitten. Es kann fatale Konsequenzen haben, wenn man sich aus falschem Stolz nicht helfen lässt, oder aus der Angst, man könnte schwach wirken. Es darf kein Tabu und kein Stigma geben, wenn man psychisch erkrankt ist. Egal in welchem Berufsrahmen man sich befindet, es muss endlich okay sein, die Hand zu heben, ohne Konsequenzen für die weitere Karriere fürchten zu müssen. Vor allem im Profisport, wo Leistung die wichtigste Währung ist, müssen wir die Supportstrukturen für Betroffene überdenken. Es kommt nicht von ungefähr, dass immer mehr mutige Sportler die Stimme erheben und ihr Schicksal mit der Öffentlichkeit teilen. Die stumme Mehrheit ist jedoch leider immer noch viel zu groß. Das Knifflige an mentalen Erkrankungen ist das Timing – es ist gar nicht so einfach, den Zeitpunkt zu finden, wann man um Hilfe bittet. Ich habe selbst erlebt, wie fließend der Übergang sein kann, von einem Unwohlsein, das sich sicher bald legen würde, zu einem harten Schlag, der mich an den Rand meines Verstands brachte. Mir war bewusst, dass ich mich etwas zu oft gestresst fühlte und starke Schmerzen aushalten musste, doch ich ahnte nicht ansatzweise, wie schlimm es um mich stand. Da ich kein Experte auf dem Gebiet bin, sondern ein Betroffener, der über Jahre zu kämpfen hatte und dem es am Herzen liegt, für dieses Thema zu sensibilisieren, kann ich keine Tipps geben, wann der richtige Zeitpunkt gekommen ist, um Hilfe zu holen. Eins kann ich allerdings mit Gewissheit sagen: Ich bin ein Wettkämpfer im Herzen, ein Profisportler, fast zwei Meter groß, belastbar und immer körperlich und mental fit gewesen. Ich hätte es nicht für möglich gehalten, dass ich mich jemals an einem solchen Tiefpunkt wiederfinden könnte wie zwischen 2010 und 2016. Ich weiß, was es heißt, sich stark zu fühlen und im Job auch Stärke ausstrahlen und verkörpern zu müssen. Doch erst als ich von meiner Überzeugung loslassen konnte, dass ich immer stark sein muss, und mich dadurch »schwach« zeigte, begann der Heilungsprozess, der mich lehrte, was Stärke wirklich bedeutet. Es geht um die Integration des Weichen und Verwundbaren in uns selbst. Darum, dass wir annehmen und akzeptieren müssen, was wir vorher als Angriffsfläche empfunden haben. Stärke bedeutet, das wir loslassen können, dem Abgrund ins Auge blicken, die Schwere und das Dunkle anerkennen und somit das Leben mit allen Facetten zu einem Teil von uns machen.

Eine Gruppe von Menschen, die einen unterstützen, für einen da ist, auf die man bauen kann, ist ein weiterer ganz wichtiger Punkt, um so eine Phase – egal wie lange diese andauern mag – durchzustehen. Rückblickend kann ich nur dankbar sein, dass einige Menschen, die es offensichtlich gut mit mir meinten, miterlebten, was in Tschechien während des Camps passierte und mir sofort zur Seite standen. Ich bin mir nicht sicher, ob ich auf sie zugegangen wäre, weil ich mich im ersten Augenblick für meinen Zustand schämte und Angst davor hatte, mich so vor anderen zu zeigen. Ich sprach nur mit meinem innersten Kreis über meinen Zustand. Außer meinen Eltern, meiner Frau, meinem besten Freund und ein paar wenigen Menschen innerhalb der Organisation der Skyliners wusste niemand Bescheid, wie es mir ging und dass ich in Behandlung war. Sie waren natürlich alle schwer besorgt, unterstützten mich gleichzeitig, so gut es ging. Das Traurige und fast schon Paradoxe ist: Menschen wachsen über sich hinaus, wenn es darum geht, ihren Mitmenschen zu helfen. Vor allem, wenn sie diese lieben. Viele Menschen blühen

MENSCHEN WACHSEN ÜBER SICH HINAUS, WENN ES DARUM GEHT, IHREN MITMENSCHEN ZU HELFEN.

regelrecht auf, wenn sie für andere da sein dürfen. Wer um Hilfe bittet und sich anderen offenbart, dem wird auch geholfen. Wir stehen uns nur leider viel zu oft selbst im Weg, weil wir aus Stolz und Angst lieber den Mund halten und versuchen, allein klarzukommen.

Als Kanadier kann ich aus Erfahrung sagen: Vor allem in Nordamerika ist das Thema mentale Gesundheit im Hochleistungssport ein riesiges Problem. Die Infrastruktur und die Support-Systeme müssen dringend hinterfragt und neu aufgesetzt werden. Für die meisten Athleten besteht die große Gefahr darin, dass sie zu tief in den Abgrund geraten, bevor sie merken: Hier läuft etwas gehörig falsch. Unser Leben als Sportler besteht daraus, Widerstände zu bekämpfen, mit Kritik umzugehen, negative Presse an uns abtropfen zu lassen und uns niemals schwach zu zeigen. Deswegen fühlt es sich zu Beginn auch normal an, wenn es uns nicht gutgeht. Wir denken, es ist nur eine momentane Krise, die sicher vergehen wird, wie es sonst auch immer der Fall war. Wenn dieser Zustand jedoch allzu lange anhält, appelliere ich aufgrund meiner eigenen Erfahrung an alle, die dies lesen und sich dadurch berührt oder angesprochen fühlen: Sprecht mit einer Person eures Vertrauens und teilt euch mit. Ihr seid nicht allein! Es ist nichts Schlimmes, einen Spezialisten aufzusuchen. Diese fundamentale Einsicht ist oft der erste Schritt aus dem Dunkel, das sich wie eure permanente Lebensrealität anfühlt. Allein dagegen anzukämpfen und sich nicht helfen zu lassen, was leider auch oft mein Modus war, führt dazu, dass ihr nur immer tiefer fallt. Und irgendwann seid ihr so tief gefallen, dass erst mal gar nichts mehr geht.

Ich war an diesem Punkt und ich hoffe, durch mein Beispiel einige davon abhalten zu können, es so weit kommen zu lassen.

Ein weiterer wichtiger Punkt, der mich durch die schweren Jahre getragen hat, war die Liebe zu meiner Arbeit: dem Coaching. Es gibt nichts, was mich so sehr erfüllt, wie mit Spielern zu arbeiten, Teams zu formen und gemeinsame Erfolge zu feiern. Es ist wie eine positive Droge für mich und half mir dabei, lebendig durch die Depression zu kommen. Ich lernte als Spieler und als Coach, dass aufgeben niemals eine Option für mich sein wird, und zum Glück behielt ich mir diese Haltung auch in all den Jahren bei. Sie brachte mich dazu, trotz der düstersten Gedanken, die ich allen an dieser Stelle ersparen möchte, am Leben festzuhalten. Ich glaube, wenn man gewillt ist, zu kämpfen und festzuhalten, dann kann man den Kampf überstehen. Das Wichtigste ist jedoch, dass man das will. Man muss einen Grund haben, weswegen man festhält, sonst gibt der Wille schnell nach. Ich wollte immer drei Dinge von den Ärzten hören: Wie ist es um mich bestellt? Welche Behandlung brauche ich? Was sind die Schritte, die zur Besserung führen? Und dann tat ich alles, um die Antworten auf die Fragen zwei und drei umzusetzen.

Als mir der Job des Nationaltrainers angeboten wurde und ich ernsthaft darüber nachdachte, in den Ruhestand zu gehen, stellte ich mir zwei entscheidende Fragen: Wird mir dieser Job mehr Freude bereiten und mehr zu meinem Lebensglück beitragen, als der tägliche Stress mir zusetzen wird? Und wird es für die Leute, die Teil der Reise sein werden, genauso sein? Ich fühlte ein tiefes Bejahen in meiner Brust, als ich ehrlich in mich hineinspürte. Und ich spürte, dass es eine zentrale Erkenntnis aus den schwierigen Jahren gab, die mir helfen würde: Ich wollte immer noch um jeden Preis gewinnen und würde dieses Gen nie abstellen können. Aber ich hatte gelernt, dass verlieren nicht mehr das Ende der Welt bedeuten darf.

Früher brauchte ich mindestens zwei Tage, um eine Niederlage zu verarbeiten. Die Woche nach einer Niederlage fühlte sich immer so lange furchtbar an, bis wir das nächste Spiel hatten und das Gefühl korrigieren konnten. So wollte ich nicht mehr leben. Früher brauchte ich nach Niederlagen Ablenkung in Form von Comedy-Serien wie *Friends* oder *Two and a Half Men*. Ich machte mir einen Salat, schenkte mir ein Glas Rotwein ein, setzte mich auf die Couch und schaute einige Episoden von einer der beiden Serien. Das lenkte mich kurzzeitig ab, aber ich fühlte mich am nächsten Morgen schon wieder miserabel. Mittlerweile kann ich viel besser mit Stress und Niederlagen umgehen. Das liegt vor allem daran, dass ich sowohl im Reinen mit mir selbst bin als auch mit meiner Spielphilosophie und der Art und Weise, wie ich Beziehungen mit meinem Coaching-Team und den Spielern führe. Ich will immer noch lernen und mich täglich verbessern, spüre dabei aber einen Flow und keine Verbissenheit mehr. Lebendig aus der Depression herausgekommen zu sein, hat dazu geführt, dass ich mich selbst annehmen kann und mich bei mir angekommen fühle.

Rückschläge als Spieler und Trainer

Auch mein Leben als Basketballer war gezeichnet von Rückschlägen und Enttäuschungen. Als Teenager war ich zwar einer der besten Basketballer in Kanada, aber ein Stipendium für eine US-amerikanische Universität bekam ich trotzdem nicht. Ich bekam nicht ein einziges Angebot. Meine beiden großen Ziele zu dem Zeitpunkt lauteten: Ich wollte unbedingt College-Basketball spielen und für die kanadische Nationalmannschaft auflaufen. Beides gestaltete sich deutlich schwieriger, als ich erwartet hatte. Das fühlte sich mies an, war jedoch meine erste große Lektion in Sachen Resilienz-Aufbau.

Ich blieb hartnäckig und kämpfte weiter für meine Ziele. Ich ging für zwei Jahre den Weg über das Junior College und bekam letztlich ein Angebot aus Idaho, was mir ermöglichte, den Traum vom College-Basketball für drei Jahre auszuleben. Ich brauchte drei Anläufe, bis ich es ins Aufgebot der kanadischen Nationalmannschaft schaffte, und war dann oft der zehnte, elfte oder zwölfte Mann, und so lernte ich, was es heißt, von der Bank zu kommen und dem Team trotzdem Energie zu schenken. Eine immens wichtige Erfahrung für meine spätere Trainerkarriere, wie sich herausstellen sollte.

Dass ich den Kopf niemals in den Sand steckte, sollte sich auszahlen: Dadurch, dass ich es im dritten Anlauf ins Team schaffte, war ich dabei, als wir mit der kanadischen Nationalmannschaft die World Student Games in Edmonton gewannen. Wir setzten uns im Halbfinale gegen das zurecht hochgehandelte und stark favorisierte Team der USA durch. In ihrem Team spielten unter anderem Charles Barkley und Karl Marlone. Im Finale schlugen wir Jugoslawien und holten völlig überraschend die Goldmedaille, die bis heute als einer der größten Erfolge im kanadischen Basketball angesehen wird und für mich persönlich noch immer eine der schönsten Erfahrungen meines ganzen Lebens darstellt.

Nach meiner Zeit im amerikanischen College-Basketball wechselte ich in die finnische Profi-Liga. Es fiel mir schwer, mich als Ausländer einzufinden und in die neue Kultur zu integrieren. Immerhin lief es sportlich rund, und ich konnte durch gute Leistungen und Statistiken auf mich aufmerksam machen. Ich wechselte zu einem belgischen Top-Club und wollte richtig durchstarten. Nach guten Leistungen auf internationaler Bühne wähnte ich mich auf dem richtigen Weg. Doch dann verletzte ich mich am Knöchel und wurde aus dem Team gestrichen. Ich war damals Anfang zwanzig, und das war eine sehr harte Erfahrung. Zum Glück fing mich mein finnisches Ex-Team auf und gab mir die Möglichkeit zur Rückkehr.

Auch als Coach ereilte mich ein bitteres Schicksal, als ich meine ersten Gehversuche unternahm. Ich übernahm das Team, in dem ich meine aktive Karriere beendete, UU-Korihait, und erlebte dort das erste und einzige Mal in meiner Karriere als Trainer, wie es sich anfühlt, während der Saison gefeuert zu werden. Mir wurde gesagt, ich sei nicht fürs Coaching geeignet, man werde sich nach einem anderen Trainer umsehen. Es hieß, ich solle mich glücklich schätzen, wenn ich als Trainer eine zweite Chance bekomme. Die vielen Nackenschläge, die ich bis dahin schon bekommen hatte, halfen mir enorm in dieser Situation. Ich bewahrte die Ruhe und wurde schon drei Wochen später von einem anderen finnischen Team kontaktiert.

Aus dem ständigen Scheitern konnte ich eine große Stärke entwickeln. Ich lernte, meine Perspektive zu ändern und das Scheitern als Chance wahrzunehmen. Eine Chance, besser zu werden und mir die Frage zu stellen: Was lerne ich aus dieser Erfahrung und wie kann sie mir auf meinem weiteren Weg helfen?

Eines habe ich begriffen: Widrigkeiten sind ein integraler Bestandteil unseres Lebens. Sie erwarten dich in allen Lebensbereichen. In persönlichen Beziehungen, gesundheitlich, in der Arbeit. Sie anzunehmen, nicht davor wegzulaufen und nicht zu versuchen, die Gefühle, die dadurch hervorgerufen werden, zu unterdrücken, offenbart die größte Gelegenheit zur persönlichen Entwicklung. Und darin liegt die Chance. Wer diese zu nutzen weiß, geht bereichert durchs Leben, weil er dadurch resilienter wird und lernt, das Dunkle in sich zu integrieren, anstatt es zu bekämpfen.

Der Umgang mit Widerständen

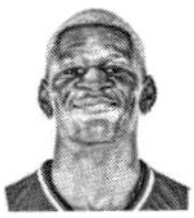

ISAAC BONGA:

Wir mussten einige Rückschläge hinnehmen, um da zu stehen, wo wir heute sind. 2019 war ein Tiefpunkt für uns alle. Ich wurde kurz vor dem Turnier aus dem Kader gestrichen, was persönlich hart war, weil du immer spielen und dabei sein willst. Und dann lief auch noch das Turnier schlecht für uns. Da gab es richtig viel Kritik für das Team, und das sind Momente, die du nie vergisst.

Zum Glück wurde bei uns genau die richtige Reaktion getriggert, was auch für das Team spricht. Gold zu holen bedeutet in diesem Kontext noch mehr, als die meisten Menschen denken würden. Die Leute sehen die Dinge nicht, die du in der Vergangenheit durchgemacht hast – den ganzen Schmerz und die Trauer – und können deshalb nicht nachvollziehen, wie viel dir der Erfolg als Spieler bedeutet. Ich kann mich an so viele Momente im Training erinnern, als wirklich die Köpfe aneinandergeraten sind, weil die zweite Gruppe jedes Mal unbedingt gegen die erste Gruppe gewinnen wollte, um zu zeigen, dass sie auch in jedem Moment bereit für ihren Einsatz ist. Diese Einstellung war einer der Schlüssel für den späteren Erfolg.

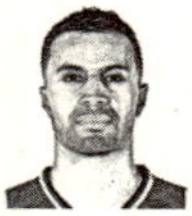

JOHANNES THIEMANN:

Wir haben die Erfahrung des Scheiterns aus den Jahren zuvor gebraucht, allen voran das schmerzhafte Vorrundenaus bei der WM 2019, um zu analysieren, was wir besser machen müssen, und um als Team in solchen Phasen zusammenzustehen. Jeder hat sich an die eigene Nase gefasst und sich gefragt: Was kann ich besser machen, damit wir zukünftig erfolgreicher sind? Gordie kam im perfekten Moment, weil wir Spieler die Bereitschaft hatten, seine Direktheit auch anzunehmen.«

Niemand mag Widerstände, aber sie gehören für uns alle dazu. Wir können dem nicht entkommen, und das ist gut so, weil wir dadurch die Möglichkeit bekommen, zu lernen. Niemand kann seine Ziele im Leben erreichen, ohne mit Widerständen und Rückschlägen klarzukommen. Es gibt drei Wege und Möglichkeiten, wie wir mit Widrigkeiten und Rückschlägen umgehen können:

1. blöd schauen und gar nichts tun,
2. aus dem Fenster schauen, Ausreden suchen und anderen die Schuld für unsere Situation geben und
3. in den Spiegel schauen, die Situation annehmen, Verantwortung übernehmen und den Weg nach vorn ebnen.

Ich habe in meinem Leben immer versucht, die dritte Option zu wählen: das eigene Leben persönlich nehmen. Abgesehen von der Phase, in der ich durch den Alkohol versuchte, vor meinen Themen wegzurennen, gelang mir das im Laufe meiner Spieler- und Trainerlaufbahn ziemlich gut. Ob es mein Unfall war, ob es die Niederlage gegen Spanien war oder die Nichtberücksichtigung als Spieler während meiner aktiven Karriere, ich habe mir immer die Fragen gestellt: Was kann ich aus dieser Situation lernen? Wie habe ich dazu beigetragen, dass die Situation entstehen konnte? Wie kann ich die Situation am besten lösen? Wenn ich nicht bei mir selbst ansetze, nehme ich mir die Chance, besser zu werden und eine wertvolle Lektion zu lernen.

WENN ICH NICHT BEI MIR SELBST ANSETZE, NEHME ICH MIR DIE CHANCE, BESSER ZU WERDEN UND EINE WERTVOLLE LEKTION ZU LERNEN.

Niemand mag die dunklen Phasen des Lebens. Wir wünschen sie niemandem. Doch wenn diese unvermeidlichen Phasen auftreten, müssen wir sie annehmen, so schwer es uns auch fallen mag.

Ich teile meine Erfahrungen, weil ich Mut schenken möchte und zeigen will: Es ist okay, darüber zu sprechen. Auch wir Profis gehen durch solche Phasen. Auch wir Profis sind nicht immer nur stark. Und auch uns Profis tut es gut, angenommen zu werden, wenn wir über unseren Schatten springen und ehrlich über unsere Innenwelt sprechen. Besonders wertvoll an dunklen Zeiten sind die Erkenntnisse über das eigene Umfeld. Wenn du durch eine schwere Phase gehst, zeigt sich immer am schnellsten, wer dich sofort fallen lässt, wer zögert und wer dich unterstützt und an deiner Seite steht – egal wie trist die Lage auch sein mag.

7

LEADERSHIP

»Für mich als Spieler geht es bei gutem Leadership darum, dass ich mich komplett committen kann und in mich und meine Fähigkeiten vertraut wird. Gleichzeitig will ich auch in das, was der Leader macht, vertrauen und mich dem vollends hingeben können.«

Moritz Wagner

Leadership ist eines meiner Lieblingsthemen. Als Coach befasse ich mich fast täglich damit, wie ich ein Team so führen kann, dass wir am Ende gemeinsam erfolgreich sind. Persönlich bin ich das Gegenteil eines geborenen Leaders. Ich musste sehr hart dafür arbeiten, mir die Qualitäten anzueignen, die ich selbst von einer guten Führungskraft erwarte. Wenig, was mit Leadership zu tun hat, fällt mir auf natürliche Art und Weise leicht. Ich habe zum Beispiel sehr viel Sprach- und Stimmtraining in Anspruch genommen, um selbstbewusst und klar vor Gruppen zu sprechen. Mein Auftreten war oft hölzern, und mir war schnell klar: Daran muss ich arbeiten, wenn ich als Coach erfolgreich sein will. Ich war auch nicht unbedingt entscheidungsfreudig, also arbeitete ich daran, auf welcher Basis ich Entscheidungen treffe und wie ich diese kommuniziere. Wenn ich gefragt wurde, was gutes Leadership für mich bedeutet und was mir dabei wichtig ist, wusste ich erst mal nicht recht darauf zu antworten. Bis ich auf folgenden Gedanken kam, den ich interessanterweise vom Konzept der Zeit geborgt habe. Ein bekannter Philosoph hat einmal treffend gesagt: Wenn ihn niemand danach fragt, was die Zeit eigentlich ist, dann weiß er es. Aber wenn er konkret danach gefragt wird und es erklären möchte, dann weiß er es nicht. Mir ging und geht es immer noch ähnlich mit dem Thema Leadership: Leadership lässt sich nur schwer definieren und greifen; aber wenn ich Leadership verkörpert sehe, dann erkenne ich es sofort. Auf jeden großen Leader, dem ich im Laufe meiner Karriere begegnen durfte, trifft diese Aussage zu. Ich habe immer direkt gespürt, in der Gegenwart eines solchen besonderen Menschen zu sein.

Das Wichtigste, was ich lernen musste, um Führungsqualitäten zu entwickeln: meine Angst vorm Versagen zu überwinden. Die meisten Organisationen und Teams kommunizieren keine ambitionierten Ziele und Visionen, weil sie Angst davor haben, diese nicht zu erreichen und dann zur Rechenschaft gezogen zu werden. Etwas Mutiges zu kommunizieren, bedeutet in logischer Konsequenz gleichzeitig auch immer: Daran werde ich mich messen lassen müssen. Das kann hemmend und beflügelnd zugleich wirken. Wenn ich nicht an meine Vision glaube, nicht komplett dahinterstehe, dann hemmt sie mich. Wenn ich selbst felsenfest davon überzeugt bin, dann überträgt sich mein Glaube auf andere und kann sprichwörtlich Berge versetzen. Menschen wollen für Organisationen und in Teams arbeiten, die eine Vision haben und die für etwas stehen. Sie wollen sich zugehörig fühlen und spüren: Wir haben eine klare Identität, verkörpern Werte und wissen, wie wir ausgerichtet sind und warum.

> ERST ALS ICH LERNTE, DIE SACHE, FÜR DIE WIR ALS TEAM ARBEITEN, ÜBER MEIN EGO ZU STELLEN UND MICH IM DIENST DER GROSSEN VISION ZU SEHEN, KONNTE ICH MEINE EIGENEN ÄNGSTE ÜBERWINDEN.

Ich will offen sein: Eine mutige Vision zu kommunizieren und dafür geradezustehen, hat mir lange Zeit auch Angst bereitet. Was ist, wenn es nicht klappt? Was ist, wenn ich versage und dadurch andere enttäusche? Das war zu Beginn meiner Karriere regelmäßig mein innerer Monolog. Erst als ich lernte, die Sache, für die wir als Team arbeiten, über mein Ego zu stellen und mich im Dienst der großen Vision zu sehen, konnte ich meine eigenen Ängste überwinden. Zu verstehen, dass es gar nicht um mich geht, sondern ich nur ein Teil einer größeren Sache bin, führte dazu, dass ich mich selbst nicht mehr so ernst nahm. Und das führte wiederrum dazu, dass ich den Mut aufbringen konnte, große Visionen mit voller Überzeugung zu kommunizieren und auch dahinterzustehen.

Leadership bedeutet demnach auch: den Mut zu haben, eine große und klare Vision auszurufen und sich dieser mit voller Hingabe zu widmen, ohne sich selbst zu wichtig zu nehmen oder sich durch die Angst vor dem Scheitern lähmen zu lassen. In einer Zeit der großen Krisen, der wir uns ausgesetzt sehen, wünsche ich mir diese Haltung auch von unseren politischen Köpfen und den Lenkern unserer Wirtschaft. Wir versuchen unseren Teil im Sport beizutragen, weil Sport Zusammenhalt fördert, Gesellschaften prägt und für Aufbruchsstimmung sorgt.

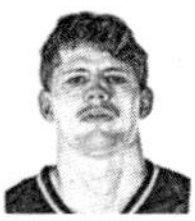

MORITZ WAGNER:

Für mich als Spieler geht es bei gutem Leadership darum, dass ich mich komplett committen kann und in mich und meine Fähigkeiten vertraut wird. Gleichzeitig will ich auch in das, was der Leader macht, vertrauen und mich dem vollends hingeben können. Es klickt dann, wenn ich merke, da ist eine Idee dahinter, die ganz klar ist. Das habe ich bei Gordie sofort gespürt. Es gibt bei ihm diese klare Idee, die er auch schon in mehreren Stationen erfolgreich ausgeführt hat. Für mich war die neu, aber einige Spieler im Team sind damit aufgewachsen und haben gespürt, wie gut die Idee aufgeht.

Leadership greifbar machen

Wenn ich Leadership in drei Begriffen zusammenfassen müsste, wären es: Vision, Richtung und Support. Was ist darunter genau zu verstehen?

Die Vision zielt auf das große Bild ab, das wir gemeinsam erreichen wollen. Mit der Nationalmannschaft war das ganz klar: »Wir holen drei Medaillen in drei Jahren.« Völlig unmissverständlich kommuniziert, verbunden mit einer großen Ambition, die die Spieler angezogen und die einen Nachklang in ihrem Kopf hinterlassen hat.

Bei der Richtung geht es darum, den Fahrplan festzulegen und auf die Art und Weise einzugehen, wie die große Vision erreicht werden soll. Für ein Team ist es wichtig, dass es immer ein Gespür dafür hat, wo es gerade steht. Ein luftleerer Raum löst grundsätzlich Unsicherheit aus, und Unsicherheit ist schlecht für eine produktive Arbeitsatmosphäre.

Und beim Support geht es darum, den Spielern das Gefühl zu vermitteln, dass sie nie allein sind und jederzeit auf den Rückhalt vom Coach zählen können. Dadurch fühlen sie sich bestärkt und können einen guten Job machen.

Von meinem guten Bekannten, dem kanadischen Sportpsychologen Peter Jensen, habe ich hierzu eine wichtige Sache gelernt. Es gibt drei Dinge, die beeinflussen, ob wir außergewöhnlich gut in einer Sache werden:

1. unsere angeborenen Fähigkeiten,
2. unsere Erfahrungen, die maßgeblichen Einfluss darauf haben, wie wir unsere Fähigkeiten im Leben nutzen, und
3. das Investment, das wir gewillt sind, in unsere eigene Entwicklung zu stecken.

Die dritte Komponente, das Investment in uns selbst, liegt dabei komplett in unserer eigenen Hand und sollte demnach auch die meiste Aufmerksamkeit bekommen. Unsere Gene können wir nicht selbst wählen; wie wir erzogen wurden und welche Erfahrungen wir bisher gemacht haben, auch nur bedingt. Aber: Wir können jeden Tag aufs Neue wählen, wie viel und wie intensiv wir uns bemühen. Und genau das ist die Richtung, die ich den Spielern zeigen möchte. Ich kann ihr Engagement natürlich nicht erzwingen, und das ist auch nicht mein Job, denn es muss aus ihnen herauskommen. Unser Job als Coach besteht darin, ihnen bei diesem Engagement zu helfen und ihnen den nötigen Support zu bieten. Die tägliche Bereitschaft zu diesem Investment in die persönliche Entwicklung ist ihre Pflicht. Deshalb sind sie Profis und viele andere nicht.

Wenn es um Support geht, stelle ich meinen Spielern zu Beginn der Zusammenarbeit zwei Fragen:

1. Kann ich komplett ehrlich zu dir sein?
2. Bist du offen, dich coachen zu lassen?

Jeder beantwortet das erst mal mit einem klaren »Ja.« Doch wenn der Zeitpunkt kommt, an dem ich etwas Negatives oder Hartes zu einem Spieler sagen muss, und die Reaktion des Spielers unerfreulich ausfällt, berufe ich mich immer auf diese beiden Fragen und entgegne: »Erinnerst du dich noch daran, als ich dich gefragt habe, ob ich komplett ehrlich zu dir sein kann? Weil jetzt werde ich sehr ehrlich mit dir sein. Ist das immer noch okay?« Dadurch ist der Rahmen gesetzt, und die Spieler können meine Ehrlichkeit annehmen. Sie wissen, dass die Ehrlichkeit mein Job ist, und schätzen es, dass sie bei mir immer wissen, woran sie sind. Durch diese Vorgehensweise übertrage ich den Spielern einen Teil der Verantwortung für unsere Spieler-Trainer-Beziehung.

Letztlich ist Leadership ein Zusammenspiel vieler Attribute und Fähigkeiten. Ich spreche dabei gern von sechs Säulen, die alle relevanten Punkte noch einmal zusammenfassen:

1. Authentisches Auftreten: Ich weiß noch genau, wie es sich aus Spielerperspektive anfühlt, wenn ein Coach versucht, etwas darzustellen, was er nicht ist. Wenn du ganz einfach du selbst bist, spüren das deine Spieler. Und wenn du glaubst, dich verbiegen zu müssen, spüren sie es ebenfalls und verlieren an Vertrauen in dich als Person.

2. Vision: Allen muss klar sein, wohin wir wollen und warum wir dorthin wollen. Das große Ziel muss einen intrinsischen Zug bei den Beteiligten auslösen.

3. Kernwerte: Als Leader ist es wichtig, die gemeinsamen Werte vorzuleben. Bei den Kernwerten geht es darum, wie wir auf dem Weg zum großen Ziel handeln und wofür wir stehen wollen.

4. Beziehungen: Es ist wichtig, sich regelmäßig zu fragen, wie man Beziehungen führen und seinen Mitmenschen begegnen will. Die Beziehungen zu pflegen und sich immer wieder Zeit für die wichtigsten Menschen in seinem Umfeld zu nehmen, ist ein kritischer Faktor, wenn du sie mit auf die Reise nehmen willst und alle füreinander einstehen sollen. Menschen im Team stiefmütterlich zu behandeln, fällt einem immer vor die Füße, weil es sich negativ auf die Teamdynamik auswirkt und sich oft in den Momenten, in denen es am meisten zählt, am stärksten bemerkbar macht. Ich lege viel Wert darauf, dass sich alle eingebunden fühlen, egal welche Rolle sie ausüben. Sie sollen sich gehört und gesehen fühlen.

5. Atmosphäre: Die Stimmung im Team ist ein weiterer Schlüssel. Wenn sich die Menschen nicht wohlfühlen und nicht gern bei dir sind, wird sich das in ihrer Leistung widerspiegeln. Als Leader musst du immer gegensteuern, wenn du merkst, es liegt etwas in

der Luft. Wer ein Hochleistungsteam aufbauen will, das außergewöhnlich gut performt, muss sicherstellen, dass der nötige Rahmen und eine passende Atmosphäre dafür geschaffen werden.

6. Andere befähigen: Als Leader eines Teams oder einer Organisation hast du es mit Menschen zu tun, die Entscheidungen treffen müssen. Sie sollen kreativ sein, eigene Lösungen mitbringen, auch mal unkonventionell denken dürfen und in ihrem Bereich besser als du selbst sein. Dazu ist es wichtig, dass sie sich befähigt fühlen und einen eigenen Handlungsspielraum haben. Das Schlimmste für gute Teammitglieder besteht darin, bevormundet und in ihrem Wirkraum eingeschränkt zu werden. Sie werden nicht lange in einem solchen Team arbeiten wollen.

Neben diesen sechs wesentlichen Punkten gibt es drei weitere Aspekte, die ich in unserer Kultur implementiere, die einen entscheidenden Unterschied im Miteinander ausmachen können:

1. Open Door: Viele Leader sagen gern, dass ihre Tür immer für Mitarbeitende und Teammitglieder offen steht. Das Entscheidende ist jedoch, was passiert, wenn wirklich jemand durch die offene Tür eintritt. Höre ich als Leader dann genau zu? Nehme ich die Botschaft ernst und versuche direkt darauf einzugehen? Oder ist meine Offene-Tür-Haltung ein reines Lippenbekenntnis? Wenn ich meinem Team sage: »Meine Tür steht euch immer offen, kommt zu mir, wenn euch etwas auf dem Herzen liegt«, dann muss ich mich auch daran halten, sonst verliere ich an Glaubwürdigkeit.

2. Engagement: Zuhören ist nicht gleich zuhören. Es macht einen riesigen Unterschied, ob ich jemanden etwas frage und mich die Antwort wirklich interessiert, ob ich aufmerksam zuhöre

und eventuell sogar Rückfragen stelle, oder ob ich im Kopf ganz woanders bin. Eine Person im Team wird es nie vergessen, wenn du ihr wirklich Gehör schenkst und dich aufrichtig für ihr Anliegen interessierst. Wenn du keine Zeit hast, was als Leader oft der Fall ist, reicht eine freundliche Geste oder eine nette Begrüßung. Aber wenn du etwas fragst, dann sei offen für den Raum, den die Antwort erfordert.

3. Anerkennung: Unabhängig davon, wie unbedeutend die Rolle einer Person für Außenstehende erscheinen mag, honoriere ihren Beitrag zum großen Ganzen. In unserem Metier gibt es so viele Menschen hinter den Kulissen, die niemand wahrnimmt, die jedoch dafür sorgen, dass alles läuft und wir als Einheit erfolgreich sein können. Schenkt man ihnen Aufmerksamkeit, werden sie es mit ihrem Einsatz und ihrer Loyalität zurückzahlen und alles dafür tun, positiv zur Stimmung beizutragen. Das Gegenteil kann eintreten, wenn sie sich würdelos behandelt fühlen. Dieses kleine Detail kann einen negativen Dominoeffekt auslösen und sich auf das gesamte Stimmungsbild auswirken.

Wenn ich gefragt werde, was meine zentralen Leadership-Qualitäten sind, bin ich mir oft nicht sicher. Ich kann nur entgegnen, dass ich ganz ich selbst bin und mir in meiner Art treu immer bleibe. Mein bester Freund, Gerry Besselink, mit dem ich als Spieler in der kanadischen Nationalmannschaft zusammengespielt habe und den ich im letzten Jahr seiner Karriere coachen durfte, hat vor fünfundzwanzig Jahren eine Sache zu mir gesagt, die ich nie vergessen werde. Er meinte: »Gordie, wenn es mal nicht laufen sollte und du untergehst, dann geh für das, woran du glaubst, unter. Geh nicht für etwas unter, das ein anderer von dir erwartet.« Daran habe ich mich all die Jahre gehalten, auch in den schwierigsten Phasen. Ich teile diesen Gedanken sogar des Öfteren mit jungen, ambitionierten Coaches, die nach einem Tipp für ihre Karriere fragen. Das eigene Umfeld spürt sofort, wenn du dir selbst untreu wirst, und dann hast du sowieso verloren. Gerry und ich sind in vielerlei Hinsicht wie Brüder füreinander. Er hat auch eine finnische Frau geheiratet, mit der er Kinder hat, und wir haben uns immer gegenseitig unterstützt und Anteil am Schicksal des anderen genommen. Wir sind ausnahmslos füreinander da gewesen und ich finde, es ist unheimlich wichtig im Leben, so eine Person an seiner Seite zu wissen. Ich bezeichne ihn gern als Mr. Positiv. Seine lebensbejahende Haltung und sein Rückhalt in all den Jahren hat mich auch in den dunkelsten Phasen getragen und gestärkt. Ich habe nicht viele Freunde, aber dafür ein paar richtig gute. Gerry ist wie Familie für mich, und Ich kann ihm nicht genug für alles danken, was er in diesem Leben für mich getan hat.

Konflikte: Den Löwen zähmen

Konflikte treten in jedem Team auf, das ist unvermeidlich. Oft sind Konflikte wichtig, um Teams zusammenzuschweißen und ihre Reife und Belastbarkeit zu fördern. Zu Beginn meiner Coaching-Karriere mied ich Konflikte, weil ich Sorge hatte, dass sie sich negativ auf die Teamchemie auswirken könnten. Ich dachte fälschlicherweise, dass Konflikte schlecht sind, und handelte nach dem Motto: Wenn ich etwas nicht sehe und der Sache keine Aufmerksamkeit schenke, dann ist es entweder gar nicht da oder verschwindet von allein. Im Laufe meiner Coaching-Karriere habe ich jedoch gelernt, wie wichtig Konflikte für den gemeinsamen Lernprozess eines Teams sind. Schwache Teams zerbrechen an Konflikten. Starke Teams nutzen die Chance und schöpfen Energie und neue Kraft daraus.

Ein wunderbares Beispiel dafür ist die Szene im WM-Spiel gegen Slowenien. Wir sind wirklich bescheiden in das Spiel gestartet. Wir lagen schnell zweistellig zurück, und mir war klar, dass ich in unserer Defense ein paar Anpassungen vornehmen muss. Also nahm ich dafür eine Auszeit, in der ich – wie bereits erwähnt – nur wenig Zeit hatte, um die nötigen Akzente zu setzen und meine Botschaft zu transportieren. Dennis und Daniel, die bereits auf dem Platz viel miteinander diskutiert hatten, diskutierten auch während der Auszeit noch weiter. Also musste ich eingreifen, bin kurz laut geworden und habe meinen Unmut darüber geteilt, dass ich noch nicht die volle Aufmerksamkeit hatte. Dennis und Daniel habe ich aus dem Spiel genommen, um ein Zeichen zu setzen und ihnen eine kurze Denkpause zu geben. Ihre Reaktion zeigte ihre Größe. Sie nahmen sich in den Arm, lachten gemeinsam, feuerten ihre Mitspieler gemeinsam von der Bank aus an und lieferten, als sie zurück auf dem Platz waren, dann ein unglaubliches Spiel ab. Aber nicht nur ihre Reaktion, sondern die gesamte Teamreaktion imponierte mir sehr. Die Jungs, die für sie übernahmen, da denke ich vor allem an einige starke Aktionen von Niels und Johannes Thiemann, lieferten sofort ab, und wir drehten das Spiel auf sensationelle Art und Weise. Das war ein echter Make-or-break-Moment für uns. Wenn wir kein starkes Team gewesen wären, hätte uns die Aktion ganz sicher das Genick gebrochen.

Wenn es um Konflikte geht, hat mich meine Erfahrung drei Dinge gelehrt:

1. Identifiziere zuerst das genaue Problem.
2. Finde dann die Ursache, die zum Problem geführt hat.
3. Finde abschließend einen Weg, das Problem zu lösen.

Das Schöne an der Aktion mit Dennis und Daniel war: Den dritten Punkt übernahmen die Jungs selbst. Sie sprachen sich aus und das Problem war gelöst. Allerdings war es mir ein großes Anliegen, das Gespräch mit Dennis am nächsten Tag noch einmal zu suchen. Ich hatte ihn im Eifer des Gefechts gepackt, weil ich ihn zur Bank bringen und zum Hinsetzen bewegen wollte. Die Art gefiel ihm nicht, was für mich in der Retrospektive völlig nachvollziehbar ist. Also sagte ich ihm, dass ich damit nur bezwecken wollte, die Auszeit wie geplant zu nutzen, es sonst keine Bedeutung hatte, ich es trotzdem nicht hätte tun sollen und entschuldigte mich dafür bei ihm. Er nahm das gut auf und meinte sofort, dass alles entspannt sei und nichts passiert wäre. Wenn du es mit derartigen Wettkämpfern zu tun hast, dann passiert immer mal wieder etwas Hitziges, weil natürlich auch Emotionen im Spiel sind. Daran lässt sich nichts ändern. Im Normalfall versuche ich immer, mich im Griff zu haben und sicherzustellen, dass so etwas nicht vor laufender Kamera passiert.

Tatsächlich habe ich in dieser Situation in den zwei Jahren als Nationaltrainer zum allerersten Mal meine Stimme vor den Spielern erhoben. Ich schreie sonst nicht herum und werde nicht laut, um Aufmerksamkeit zu bekommen oder Stärke zu demonstrieren. Im Gegenteil: Ich erachte es eher als Schwäche, wenn man als Leader laut werden muss. Allerdings entstehen Situationen wie diese meist unerwartet. Ich kann mich darauf vorbereiten, wie ich auf Spielszenen und gewisse Dynamiken reagiere, aber nicht auf jeden möglichen zwischenmenschlichen Disput. Zumindest kann man dann entscheiden, wie man im Nachgang mit derartigen Situationen umgehen möchte. Und meine Art ist es, so etwas direkt anzusprechen und aus der Welt zu schaffen – so wie ich es dann mit Dennis und Daniel getan habe.

ICH ERACHTE ES EHER ALS SCHWÄCHE, WENN MAN ALS LEADER LAUT WERDEN MUSS.

Für meine Philosophie im Umgang mit Konflikten nutze ich – wie schon mit den Rennpferden und Schweinen – ein Bild aus dem Tierreich. Ich sage den Spielern gern: Ich zähme lieber einen Löwen, als einer Katze das Brüllen beizubringen. Damit meine ich, dass es mir lieber ist, starke Wettkämpfer im Team zu haben, die einen eigenen Willen mitbringen und die ich gelegentlich in ihrem Eifer ein wenig einfangen muss, als dass ich Spielern ein Wettkämpferherz antrainiere.

Zwischen starken Charakteren kracht es manchmal, das gehört dazu. Das gibt uns die Chance, besser zu werden und gemeinsam zu wachsen. In Trainingseinheiten lasse ich deshalb oft ein Team mit Dennis als Anführer und ein Team mit Franz als Anführer gegeneinander antreten. Sie sind beide enorm ehrgeizig und haben große Wettkämpfer-Herzen. Sie wollen immer gewinnen, und diese Haltung hebt das Level von allen anderen mit an. Konflikte, genauso wie jegliche Rückschläge und Widrigkeiten im Leben, können immer in zwei Richtungen ausschlagen: Sie können dafür sorgen, dass du daraus lernst und gestärkt aus der Situation hervorgehst, sie können dich aber auch brechen. Uns ist es bei der Nationalmannschaft gelungen, eine Kultur zu etablieren, in der grundsätzlich Ersteres der Fall ist.

Die Messlatte immer höher legen

Ist die gemeinsame Vision klar kommuniziert worden, ist es höchst unwahrscheinlich, dass die Spieler ihr eigenes Ding machen und in eine andere Richtung laufen. Zumindest habe ich es noch nie erlebt. Ich bemühe gern das Bild einer Treppe in Richtung Himmel – in Anlehnung an den Song von Led Zeppelin. Ich male ein Bild auf und gebe die Richtung vor, in die wir uns kontinuierlich bewegen wollen. Und ich sage ganz klar: Wir gehen Schritt für Schritt, klettern Stufe um Stufe. Wir bleiben nie stehen. Jeden Tag bauen wir auf dem Bestehenden auf und entwickeln uns ein Stückchen weiter. Wir bauen unsere Gewohnheiten auf, schaffen Automatismen und studieren Abläufe ein, damit all das in den entscheidenden Momenten ineinandergreift und wir als Team ideal funktionieren. Mein Job als Leader ist es, nie lockerzulassen, sondern die sogenannten

Basics immer und immer wieder durchzugehen, bis sie perfekt sitzen, und auch dann nicht lockerzulassen. Die Details machen den Unterschied, das Fundament muss robust sein. Wir studieren unsere defensiven und offensiven Abläufe und Konzepte gebetsmühlenartig ein, und dadurch werden sie zu blinden Gewohnheiten, die uns Sicherheit auf dem Platz geben. Wir wissen alle, was wir zu tun haben, und das ist auch ein Teil von Leadership. Wenn alle Personen wissen, welchen Auftrag sie zu erfüllen haben, damit das große Ganze erfolgreich aufgeht, kann nicht mehr viel schiefgehen. Doch dafür müssen die Gewohnheiten sitzen und deswegen verbringe ich viel Zeit mit der Frage: »Welche Gewohnheiten und Abläufe tun uns besonders gut und wie kann ich sie etablieren?« So wie die Spieler ihre eigenen Rituale unmittelbar vor dem Spiel haben, gibt es klare Abläufe für das Team am Tag vor den Spielen und am Spieltag selbst. Es ist klar abgestimmt, wie viele Video-Sequenzen wir vor den Spielen zeigen, wie viele Botschaften wir den Spielern am Spieltag noch mit auf den Weg geben und was ich in der Umkleide vor dem Spiel noch anspreche. Die Spieler befinden sich da bereits im Tunnel und sind in ihrer Gedankenwelt. Das Schlimmste, was ich da machen kann, ist zu viel zu sagen und sie mit Input zu überladen. Sie bekommen deshalb nur noch kurze, knackige Botschaften von mir mit. Es ist kein neuer Input mehr, sondern hebt das bereits Besprochene noch einmal hervor. Ich schreibe es immer bewusst auf unser Board in der Kabine, damit es für alle visuell sichtbar ist und ich die Möglichkeit habe, mich in der Halbzeitpause erneut darauf zu beziehen. Ich kann dann fragen, wie wir uns in den Punkten verhalten haben, wo wir noch nachbessern müssen, was wir eventuell in dem Spiel komplett streichen und dafür ergänzen müssen. Abschließend gibt

WENN ALLE PERSONEN WISSEN, WELCHEN AUFTRAG SIE ZU ERFÜLLEN HABEN, DAMIT DAS GROSSE GANZE ERFOLGREICH AUFGEHT, KANN NICHT MEHR VIEL SCHIEFGEHEN.

es eine finale Motivationsbotschaft von mir und dann gehen wir mit vollem Fokus ins Spiel.

Als Leader muss ich festlegen, worin wir als Team besonders stark sein wollen. Vor allem, wenn die Zeit begrenzt ist und dadurch offensichtlich wird, dass wir nicht in allem Weltklasse sein können. Nach der Heim-EM haben wir den Spielern gesagt, dass wir uns für die WM in drei Bereichen entscheidend verbessern müssen, um den letzten Schritt erfolgreich zu gehen:

1. Die Defense muss stabiler stehen und weniger zulassen.
2. Wir müssen mehr Punkte aus der Defense heraus erzielen und die leichten Körbe mitnehmen.
3. Wir brauchen mehr Offensive Rebounds.

Offensive Rebounds in Kombination mit mehr leichten Körben, die durch Aktionen aus der Defense heraus erzielt werden, lassen Spiele zu unseren Gunsten kippen. Also haben wir diese drei Aspekte in den Mittelpunkt gerückt und kommuniziert, dass wir uns darin verbessern müssen, wenn wir Gold holen wollen. Der Schachzug ist aufgegangen. Und für die Olympischen Spiele werden wir dasselbe tun. Einfach nur zu sagen, wir wollen eine Medaille holen, reicht nicht aus. Wir müssen genau abstecken, worin wir uns weiter verbessern wollen, worin wir diesmal die Besten sein wollen und wie uns die Umsetzung gelingen soll. Die Frage lautet dabei stets: Sind wir mit dem zufrieden, wo wir uns gerade befinden, oder ergreifen wir erneut die Initiative, um noch besser zu werden? Die Entscheidung liegt bei uns selbst. Und der Ball befindet sich bei mir als Chef-Trainer. Ich mache mir als Erster mit meinem Coaching-Team Gedanken darüber, worin wir besser werden können. Dann kommuniziere ich sehr klar: Wenn wir an unser Ziel kommen wollen, dann müssen wir in den folgenden Aspekten noch zulegen, sonst wird es uns nicht gelingen.

8 LEBEN

»Unsere Geschichte von der Nationalmannschaft zeigt sehr schön: Wenn du über Jahre dranbleibst, immer weiter an dich glaubst und dich von Niederlagen nicht vom Weg abbringen lässt, dann wirst du irgendwann selbst erstaunt sein, wo dich das Leben hinführt.«
Johannes Thiemann

Die Nationalmannschaft zu coachen, hat nicht nur meine Karriere wiederbelebt, sondern mein ganzes Leben. Ich habe seit Amtsantritt viel Lebensenergie zurückgewonnen, und wir konnten besondere Erfolge feiern. Aber es sind nicht die Medaillen, die mir dieses Gefühl von neuem Lebenshauch vermitteln, es sind die Menschen: Mein Coaching-Team, die Spieler und unser gesamtes Umfeld – wir sind wie eine Familie. Wenn wir für die Spiele zusammenkommen, fühlt es sich so an, als wären wir eine Familie an Weihnachten und kämen aus der ganzen Welt zusammen, um die gemeinsame Zeit zu zelebrieren. Als ich mich nach dem gewonnenen Finale bei allen Beteiligten einzeln bedankte und ihre wichtige Rolle für den Sieg hervorhob, sagte ich zu den Jungs, dass sie großartige Basketballer seien, aber noch bessere Menschen. Das kam aus tiefstem Herzen und ist ein Spiegel dessen, worum es meiner Ansicht nach im Leben geht: um Menschlichkeit.

Auf Konferenzen und bei Tagungen von großen Organisationen werde ich regelmäßig eingeladen, um über Teamspirit, Leadership und Erfolg zu sprechen. Neuerdings kommt dabei oft das Thema KI auf. Ich werde dann gefragt, wie ich KI im täglichen Leben nutze und welche Rolle die künstliche Intelligenz in meinem Job spielt.

Als Laie auf dem Gebiet halte ich mich mit steilen Thesen zurück und höre lieber zu, was die Experten und Expertinnen im Raum dazu sagen – vor allem, wenn ich bei Tech-Unternehmen eingeladen bin. Eine Sache betone ich jedoch ausnahmslos bei dem Thema: die Menschlichkeit. Wir können die intelligentesten Maschinen des Universums entwickeln, die schneller rechnen, mehr Daten verarbeiten und womöglich in einigen Fällen auch klügere Schlüsse als wir Menschen ziehen. Doch alle Expertenmeinungen und Artikel, die ich zu dem Thema hören und lesen durfte, sind sich in einer Sache einig: Sobald der Mensch aus der Gleichung gestrichen wird, nimmt die Leistung und das Ergebnis immer ab.

Das Zusammenspiel von Mensch und Maschine ist in vielen Bereichen die vielversprechendste Variante. Das trifft auch auf den Sport zu. Uns hilft KI bei der Auswertung der irren Menge an Daten, die mittlerweile im Training und in den Spielen generiert werden. Wir können dadurch bessere taktische Maßnahmen ergreifen und uns noch gezielter auf den Gegner einstellen. Ich bin gespannt, was da in den kommenden Jahren noch alles auf uns zukommt.

Wenn ich jedoch gefragt werde, was ich glaube, wie lange es meinen Job noch geben wird, muss ich lachen. Denn mein Job und unsere Arbeit als Team lebt von etwas, das Maschinen nicht hervorbringen und Statistiken nicht abbilden können: Energie, Herz, Seele und der Fähigkeit, sich vom Leben berühren zu lassen. Die Spieler berühren mich und ich berühre sie und dadurch entsteht etwas gänzlich Neues. Eine zwischenmenschliche Verbindung, die das Leben lebenswert macht. Ich weiß genau, wovon ich spreche, weil ich während meiner Depression, durch die vielen Medikamente und meinen düsteren Gesamtzustand diese Fähigkeit über Jahre weitestgehend verloren hatte. Das Leben berührte mich kaum in dieser Phase und fühlte sich deshalb für mich nicht mehr lebenswert an. Maschinen sind nicht dazu in der Lage, sich auf vergleichbare Art und Weise vom Leben berühren zu lassen, da ihnen die Konzepte von zwischenmenschlicher Energie fremd sind und ihnen niemals zugesprochen werden können. Sie haben kein Herz und keine Seele. Menschlichkeit ist unser Alleinstellungsmerkmal und es kommt in den Momenten am stärksten zum Vorschein, in denen wir uns besonders lebendig fühlen. Das ist dann der Fall, wenn wir in unserem Element sind, dem nachgehen, wofür es sich aus unserer Sicht am meisten zu leben lohnt, und von Menschen umgeben sind, auf die das ebenfalls zutrifft.

Durch die Achtsamkeitsübungen, die ich seit meiner Reha 2016 täglich praktiziere, kann ich – für mich sprechend – noch einen Schritt weitergehen und sagen, dass ich dann am besten bin, wenn ich mich in voller Präsenz übe und mich ganz im Augenblick befinde. Auch hierzu gibt es eine enge Parallele zum Basketball. Sie wird oft mit Coach-Legende Phil Jackson und Michael Jordan, über deren bekannten Dialog ich bereits sprach, in Verbindung gebracht. Phil Jackson war dafür bekannt, mit seinen Spielern zu meditieren und sie in Präsenz zu schulen. Und über Michael Jordan wird unter anderem gesagt, dass seine größte Waffe nichts mit dem Ball zu tun hatte, sondern mit seiner beinahe mystischen Gabe, vollends präsent zu sein. Was hinter ihm und vor ihm lag, spielte für ihn keine Rolle. Er lebte im Moment, weil er wusste, dass er alles andere nicht beeinflussen kann.

Limitationen im Denken loslassen

In all den Jahren als junger, aufstrebender Spieler, als Profi und Nationalspieler, als Trainer verschiedener Vereine in zahlreichen Ländern und von mehreren Nationalmannschaften, aber auch als Vater von drei Kindern, habe ich immer wieder eine Sache beobachtet, die mich nachdenklich stimmt: Wir Menschen begrenzen uns selbst. Wir kennen oftmals die Gründe, warum wir Dinge nicht erreichen können, warum Vorhaben nicht klappen werden und warum wir es nicht wert sind, unseren Traum zu leben. Nur die wenigsten wissen aber, wozu sie wirklich in der Lage sind. Sie kennen ihre Ängste, die oft von außen auf sie projiziert wurden, fürchten nun, dass sie scheitern könnten, und begraben deshalb ihre Träume, ohne ihnen eine echte Chance gegeben zu haben. Wir müssen lernen, dass es nichts Schlimmes ist, etwas auszuprobieren und es nicht im ersten Anlauf hinzubekommen. Das ist sogar gut so. Widerstände treten auf, um zu testen, wie sehr wir etwas wollen. Widerstände sind nicht da, um uns zu stoppen. Sie sind ein Feedback, dass wir auf dem richtigen Weg sind und noch mehr lernen müssen, um unser Ziel zu erreichen. Mal ehrlich: Wenn man etwas auf dem Silbertablett serviert bekommt, für das man nicht kämpfen musste, dann schmeckt es nicht einmal halb so gut. Die Anstrengung macht den Erfolg erst süß. Ich musste mich wie der größte Versager fühlen, habe unzählige Abende meinen Schmerz mit Alkohol heruntergespült und mich mit letzten Kräften am Leben festgehalten, bevor ich meine größten Erfolge feiern konnte.

Es gibt niemanden, der unsere Träume begraben kann, außer uns selbst. Meine Reise hat mir mehrfach gezeigt: Es gibt keine Limits im Leben, außer wenn wir sie uns setzen. Wenn wir gewillt sind, täglich an uns zu arbeiten und in uns selbst zu investieren, werden wir eines Morgens staunend aufwachen und realisieren: Die zweifelnde Stimme in uns ist verstummt, wir konnten zur besten Version unseres Selbst werden.

WENN WIR GEWILLT SIND, TÄGLICH AN UNS ZU ARBEITEN UND IN UNS SELBST ZU INVESTIEREN, WERDEN WIR EINES MORGENS STAUNEND AUFWACHEN UND REALISIEREN: DIE ZWEIFELNDE STIMME IN UNS IST VERSTUMMT, WIR KONNTEN ZUR BESTEN VERSION UNSERES SELBST WERDEN.

Die Aussage »Ich kann das nicht« sollte nicht Teil unseres Sprachgebrauchs sein. Wenn wir diesen Satz sagen, haben wir es meistens nicht probiert – oder zumindest nicht ausreichend versucht. Die Entscheidung, es nicht weiter zu probieren, liegt in den meisten Fällen bei uns selbst.

Es mag abgedroschen klingen, ich wiederhole es hier trotzdem, weil alle, die da sind, wo sie sein wollen, zustimmend nicken werden, und alle, die unzufrieden sind, es nicht oft genug hören können: Wenn du etwas im Leben willst, dann lege alles, was in dir steckt, in diese Sache und hole sie dir. Selbst wenn der Plan nicht aufgeht, wird sich dein Aufwand mehr als lohnen, weil der Einsatz dich zu einem besseren, disziplinierteren, fähigeren Menschen macht. Du wirst weit von dem Punkt entfernt sein, an dem du gestartet bist. Es geht nicht um Perfektion, sondern darum, dass du dich nicht in dein Schicksal ergibst und weiter an dir arbeitest. Ohne den täglichen Einsatz wird es nicht klappen. Es gibt keine Abkürzungen, wenn es um die wichtigen Dinge im Leben geht.

Ich bin schon immer introvertiert gewesen, liebe es bis heute, Zeit für mich allein zu haben. Ich war nie ein guter Netzwerker, kein natürlicher Leader und war lange unbeholfen in meiner Kommunikation. Deswegen wurde mir auch abgeraten, mich dem professionellen Coaching zu widmen. Zwar habe ich einen hohen Basketball-IQ mitgebracht und eine große Liebe für den Sport sowie für die Zusammenarbeit mit Menschen. Aber alles andere – und das sind erstaunlich viele Dinge – musste ich mir durch harte Arbeit aneignen: den natürlichen Aufbau von Beziehungen, die klare Kommunikation, das unaufgeregte Sprechen vor Menschen, die Konsequenz in der Umsetzung auch harter Entscheidungen, das Feingefühl bei der Zusammenstellung der Teams und vieles mehr.

Ich habe mir einen Plan erstellt, was ich im Leben erreichen wollte, und habe mich selbst hinterfragt, warum diese Ziele für mich von Bedeutung waren. Als ich mit beidem klar war, habe ich mich mit aller Hingabe meinen Zielen gewidmet und mir fest vorgenommen, mich durch nichts von meinem Weg abbringen zu lassen. Selbst wenn es viele Anläufe benötigen würde, um kanadischer Nationalspieler zu werden, ich versprach mir selbst, niemals aufzugeben.

Eine Vision fürs Leben

Nicht nur bei der Teamgestaltung, sondern auch im Leben frage ich mich, was meine Vision ist und wie ich meinen Weg gestalten will. Ich frage mich, wer ich sein will, wofür ich stehen will und welche Werte mir dabei wichtig sind. Und dann breche ich das auf alle Bereiche meines Lebens herunter. Wie aus allen Kapiteln offensichtlich hervorgegangen sein dürfte: Ich arbeite sehr gern mit der Zahl Drei und gebe gern drei Botschaften zu Themen mit an die Hand. Auch bei den Lebensvisionen behalte ich dieses Vorgehen bei. Ich breche meine Vorhaben gern auf drei Jahre herunter, weil ich finde, dass das eine gute Zeitspanne ist, in der sich viel bewegen lässt und die sich gleichzeitig noch greifbar anfühlt. »Drei Medaillen in drei Jahren«, war die Vision als Nationaltrainer. Im Leben frage ich mich regelmäßig, wo ich in drei Jahren stehen will, was mir in diesem Zeitraum am wichtigsten ist und wie es mir gelingen kann, an mein Ziel zu kommen. Ich versuche, die nötigen Handlungsschritte so herunterzubrechen, dass ich mich nicht überwältigt fühle, sondern auf Tages- und Wochenbasis genau weiß, was zu tun ist, um meinem Ziel beständig näher zu kommen.

Wenn ich in meinem Leben nicht etwas gefunden hätte, das mir die größte Freude bereitet, wäre ich heute nicht mehr hier. Ich hätte gegen die Depression verloren. Ich bin ein guter Coach und liebe meinen Beruf aus tiefstem Herzen. Dass ich aktuell mit so besonderen Jungs arbeiten darf, ist ein zusätzliches Geschenk. Dass die Jungs mir mein Leben zurückgaben, sage ich nicht leichtfertig. Als ich die Depression überwunden hatte, verspürte ich eine große Erleichterung. Die Schmerzen waren weg und die Schwere, das tiefe Dunkel ebenfalls. Doch an dessen Stelle trat kein Gefühl der Erfüllung. Es war lediglich eine Befreiung. Ich war am Leben, fühlte mich aber nicht sonderlich lebendig. Das veränderte sich durch meinen Job als Nationaltrainer – vor allem wegen der Spieler. Ich liebe diese Jungs. Es ist mir eine Ehre, mit ihnen arbeiten zu dürfen, und ich würde alles für sie tun. Und wenn ich sehe, wie glücklich es sie macht, diese einmaligen Erfolge mit der Nationalmannschaft zu feiern, erfüllt mich das mit dem größten Stolz. Durch die Zusammenarbeit und den Teamspirit, den wir haben, fühle ich mich um Jahre jünger und energiegeladen. Als Coach bin ich es gewohnt, ständig zu geben. Energie, Aufmerksamkeit, Ausrichtung, Stärke und vieles mehr. Diese Gruppe an Spielern gibt mir alles zurück.

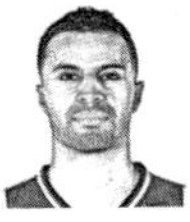

JOHANNES THIEMANN:

Ich studiere parallel zum Basketball interessehalber Wirtschaftspsychologie und finde generell psychologische Themen sehr spannend. In dem Bereich kann ich viel von Gordie lernen. Wie er die Ansprachen aufbaut, ein Teamgefühl erzeugt, die Geschlossenheit durch kleine Gesten hervorhebt, die Trainings gestaltet, mit uns Spielern kommuniziert und ein super Gespür hat, wann etwas überstrapaziert wird, das ist alles oberste Kategorie. Ich nehme da sehr viel für mein Leben mit. Durch Gordie und das Leben als Basketballer habe ich gelernt: Wenn man geduldig ist, kann man im Leben fast alles erreichen. Es ist erstaunlich, was alles möglich ist, wenn man einen langen Atem mitbringt. Vor allem in der heutigen Zeit, in der die meisten auf schnellen Erfolg aus sind, wenig Bereitschaft mitbringen, auch längerfristig in sich zu investieren, und oft aufgeben, wenn nach kurzer Zeit die Erfolge ausbleiben. Unsere Geschichte von der Nationalmannschaft zeigt sehr schön: Wenn du über Jahre dranbleibst, immer weiter an dich glaubst und dich von Niederlagen nicht vom Weg abbringen lässt, dann wirst du irgendwann selbst erstaunt sein, wo dich das Leben hinführt.

Ausblick Olympia: Den Berg weiter erklimmen

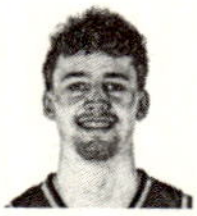

FRANZ WAGNER:

Uns mit dem WM-Sieg zu belohnen, war natürlich eine unglaubliche Krönung. Aber das bleibende Gefühl mit Blick auf den Sommer 2023 sind die simplen Dinge im Miteinander: das Kartenspielen, die gemeinsamen Spaziergänge, das Schwimmen im Meer, die guten Gespräche, zusammen in der Sauna zu sitzen und dieser einmalige Zusammenhalt, der dafür gesorgt hat, dass man einfach gern beieinander ist. Darum geht es doch letztlich, dafür bin ich Basketballer geworden. Ich finde auch, dass es die einzige Art ist, wie man langfristig als Profi klarkommen kann. Wenn du dein Gemüt immer nur vom Gewinnen abhängig machst, wenn nach den Siegen alles gut und nach den Niederlagen alles schlecht ist, dann wirst du verrückt. Einen inneren Kompass zu haben und zu wissen, du spielst für einen bestimmten Vibe im Team, für das Zusammensein, das gibt dir eine innere Ruhe, die dir wiederrum hilft, bessere Leistungen zu bringen. Wenn ich irgendwann zurückblicken und ehrlich sagen kann: Ich habe alles aus mir rausgeholt und die Zeit genossen, würde ich das als den größten Erfolg – mehr noch als die Titel – sehen. Das Leben ist viel zu kurz, um sich jeden Tag durchzukrampfen. Es geht um die Momente, die du mit anderen teilst und nie wieder vergisst.

Erfolg zu bestätigen, ist oft schwerer, als ihn im ersten Schritt zu haben. Wir sind jetzt für eine ganze Weile der amtierende Weltmeister, und das ist eine schöne Sache. Allerdings stehen wir vor einer wichtigen Entscheidung: Wir können auf dem aufbauen, was wir 2023 geschaffen haben. Oder wir können uns einfach gut fühlen mit dem, was wir haben.

Letzteres führt leider so gut wie immer zu Bequemlichkeit, und Bequemlichkeit ist der schnellste Weg für den Aufzug nach unten. Bevor wir etwas Neues starten, ist es wichtig, über die Punkte zu sprechen, die uns in Manila den Erfolg brachten. Alle Spieler kamen in bester physischer Verfassung ins Camp, und sie waren hungrig. Wenn wir hier nur einen Millimeter nachgeben, werden wir bei den darauffolgenden Turnieren nie wieder um Gold mitspielen. Wenn du oben stehen willst, musst du gewillt sein, den nötigen Preis dafür zu zahlen.

Wie zwischen der EM und der WM, als wir drei Punkte ausgerufen haben, in denen wir uns verbessern müssen, werden wir das auch zukünftig machen. Wir müssen uns beständig verbessern, um konkurrenzfähig zu bleiben. Wir sind zum ersten Mal in unserer Geschichte die Gejagten, und dafür müssen wir bereit sein. Unsere Haltung ist eindeutig: Der Erfolg von gestern ist wenig wert, wenn wir nicht gewillt sind, heute die Arbeit dafür zu erledigen, um ihn morgen zu bestätigen. Und dafür müssen wir besser werden, obwohl wir schon ausgezeichnet waren. In unserer Position zu sein, ist ein Privileg, für das wir sehr hart gearbeitet haben. Wir nehmen unsere Rolle an und geben weiterhin alles, um Deutschland stolz zu machen und die Beliebtheit von Basketball weiter voranzutreiben. Nichts wird dabei mehr helfen, als weiterhin erfolgreich zu sein.

Das Schöne an den hohen Erwartungen ist bei diesem speziellen Team: Wir Trainer und vor allem die Spieler setzen die Messlatte ohnehin immer höher, als es die Außenwelt tut. Wir sind unsere schärfsten Kritiker, wir erwarten das Allerbeste von uns. Wir sind Profis, und wir sind immer noch hungrig. Wir gehen in ein Turnier und vergessen dabei nicht, wie wir es überhaupt dorthin geschafft haben. Unser Erfolg ist uns gelungen, weil wir unserem Leitsatz treu geblieben sind: Die Last der Reise, darf die Lust der Reise auf Dauer niemals übertreffen. Die Jungs leben diesen

Gedanken. Das macht es auch mir als Trainer leichter. Der Druck und die Erwartungen dürfen sich nie auf die Freude und das große Glück auswirken, dass wir unser Land bei den größten Turnieren gegen die besten Spieler und Nationen der Welt vertreten dürfen. Olympische Spiele zu bestreiten, ist ein Kindheitstraum. Und Kindheitsträume sollte man in vollen Zügen auskosten. Wir werden wie immer hart spielen und kämpfen, aber wir werden auch das Zusammensein genießen.

Wir sind angetreten, um drei Medaillen in drei Jahren zu holen. Das war die Vision. Die Spieler wissen, dass unser Job noch nicht erledigt ist. Sie wissen auch, dass wir schon zwei Medaillen geholt haben, und das stärkt unser Selbstbewusstsein. Jetzt gilt es, alles in die Waagschale zu legen, um Nummer drei zu holen. Die Details besprechen wir wie immer teamintern. Und dann wird angegriffen!

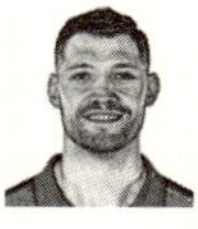

BRET BRIELMAIER:

Was diese Gruppe an Spielern so besonders macht: Sie geben sich nie zufrieden. Sie haben ein klares Ziel, und das sind drei Medaillen in drei Jahren. Der Auftrag ist noch nicht erfüllt. Sie wollen etwas erreichen, das extrem schwer ist, und das motiviert sie. Egal mit welchem Spieler du sprichst, spürst du sofort, dass sie dafür brennen, den dritten Schritt zu machen. Sie wissen, wie hart es wird, aber der Glaube und das Feuer sind entfacht. Sie werden alles dafür tun, ein drittes Mal ihre größte Stärke auszuspielen: ihren einmaligen Teamzusammenhalt, der den olympischen Gedanken wunderschön widerspiegelt.

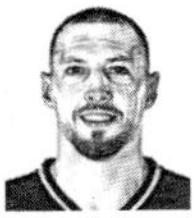

DANIEL THEIS:

Mit Deutschland bei Olympia zu spielen, war mein größtes Ziel. Dass wir mit dem Halbfinaleinzug bei der WM automatisch qualifiziert waren und dadurch kein Qualifikationsturnier spielen müssen, das hat uns alle riesig gefreut. Das stand noch auf meiner Bucket-Liste mit dem Team. Dadurch wird auch der Dreijahresplan von Gordie und das Commitment, das wir ihm gegeben haben, zu einer runden Geschichte. Wie gehen als amtierender Weltmeister in das Turnier und werden uns vor niemandem verstecken.

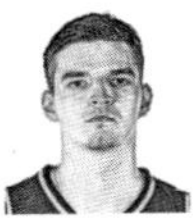

JUSTUS HOLLATZ:

Es ist das Größte für uns Sportler, einmal bei Olympia mit dabei zu sein. Wir kommen da diesmal auch nicht als irgendwer an, sondern als amtierender Weltmeister, und wir werden alles geben. Natürlich ist damit auch ein gewisser Druck verbunden, aber die Vorfreude ist riesig. Und der Druck ist ja auch ein Privileg, weil er zeigt: Wir haben einiges richtig gemacht. So eine Erwartungshaltung, wie sie jetzt besteht, musst du dir erst verdienen. Und niemand hat vergessen, was Gordie in seinem ersten Meeting gesagt hat: »Wir haben einen Dreijahresplan, und wir wollen drei Medaillen.« Es fehlt noch das dritte Jahr, das ist in den Köpfen von uns allen. Wir sind heiß darauf, den Plan zu erfüllen.

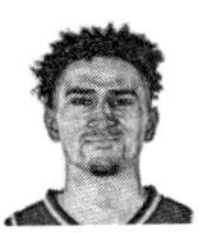

MAODO LO:

Olympia kannst du als Sportler nicht ausblenden. Da denke ich sehr gern dran. Ich verspüre eine riesige Vorfreude und merke, dass ich schon positiv angespannt bin. Ich bin mehr als bereit loszulegen und freue mich auf den Sommer mit dem Team. Es ist zwar schade, dass die Basketballer die Vorrunde in Lille haben, aber dadurch ist die Motivation noch größer, nach Paris zu kommen.

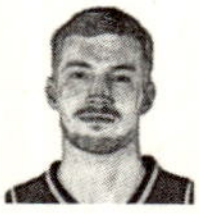

NIELS GIFFEY:

Ich freue mich riesig auf Olympia. Vor allem wenn bei den Amis wirklich alle Top-Stars mitkommen. Das sind dann auch die Spieler, mit denen ich groß geworden bin, die meine Heroes waren. Die Jungs von der WM respektieren wir natürlich, aber in diesem Sommer haben wir die Möglichkeit, die Helden unserer Kindheit zu schlagen.

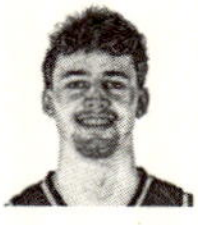

FRANZ WAGNER:

Olympia ist für viele Sportler ein Lebenstraum. Ich freue mich schon riesig darauf. Ich hoffe auch, dass wir zumindest ein klein wenig von den anderen Sportarten mitbekommen und den Vibe vor Ort möglichst lange und intensiv genießen können. Darauf und auf die Zeit mit den Jungs freue ich mich am meisten. Am Ende ist es ein Spiel, bei dem du nie weißt, wie es ausgeht. Die Kunst besteht für mich darin, es zu genießen, alles zu geben, und dann kannst du immer gut mit dir und dem Outcome leben.

Nationaltrainer von Deutschland zu sein, ist eine riesige Ehre für mich. Schon jetzt durfte ich mit unglaublichen Menschen und einzigartigen Spielern zusammenarbeiten. Auf persönlicher Ebene bin ich den Berg weiter hinaufgeklettert. Für diesen Job musste ich mich auf allen Ebenen strecken. Ich musste viel dazulernen, um den Anforderungen gerecht zu werden. Die Aufgabe und die

Zusammenarbeit mit dem Team haben mich zu einem besseren Menschen gemacht. Das verdanke ich dem DBB und den Jungs. Sie haben mir eine tiefere Freude am Leben, am Coachen und am Zusammensein geschenkt. Jetzt lebe ich wieder! Und fühle mich dabei auch noch jünger und will wieder länger arbeiten und aktiv bleiben.

Nicht auszudenken, was passiert wäre, wenn ich damals tatsächlich in den Ruhestand gegangen wäre. Ich hätte das größte Glücksgefühl und den größten Erfolg auf sportlicher Ebene nicht erlebt. Und viel schlimmer noch: Ich wäre nie Teil dieses Teams geworden!

NACHWORT: JONATHAN SIERCK

Am Tag nach der Bambi-Verleihung 2023, bei der die Basketballer ausgezeichnet wurden, erhalte ich morgens einen Anruf. Der Innovationsbeauftragte des DFB, Thorsten Hermes, ruft an und erzählt mir, dass er in der letzten Nacht, nachdem die Gala vorbei war, in einem Taxi mit Gordon Herbert saß, weil sie in dasselbe Hotel mussten. Er meinte, Gordon sei ein total spannender Gesprächspartner und irgendwann müsste ich ihn unbedingt mal treffen und mich mit ihm austauschen.

Das Sommermärchen der Basketballer hatte ich als Sportfan natürlich verfolgt und das gesamte Turnier über mitgefiebert. Ich war angetan von der Dynamik dieser Mannschaft, der besonderen Stimmung, die das Team ausstrahlte, und vom Auftreten des Nationaltrainers Gordon Herbert. Entsprechend erfreut war ich über den Anruf von Thorsten und sagte ihm: »Ich hoffe, dass sich das irgendwann mal ergibt.«

Drei Tage später war ich zu Gast in einem Hotel in München. Beim Einchecken sah ich Gordon Herbert an einem Tisch sitzen und musste innerlich schmunzeln. Ich schrieb Thorsten, dass es keine solchen Zufälle geben kann und ich gerade im selben Hotel sei wie Gordon Herbert. Allerdings wollte ich ihn in diesem Moment nicht stören, weshalb ich erst mal in mein Zimmer ging und mich fürs Abendessen fertig machte.

Am nächsten Morgen sah ich ihn im Fitness-Bereich wieder und danach beim Frühstücksbuffet. Ich wusste zwar zu dem Zeitpunkt noch nicht, wie viel Gordie die Zahl Drei bedeutet, dachte mir jedoch, dass in diesem Fall alle guten Dinge drei sein müssten, und ging auf ihn zu. Ich erzählte ihm von Thorstens Anruf, sprach offen über meine Bewunderung für die sensationelle Teamleistung bei der WM und tauchte sofort mit ihm in das Thema Leadership ein. Ich wusste, dass uns dieses Thema verbinden würde, weil es für ihn Tagesgeschäft ist und mich ebenfalls beruflich beschäftigt. Wir verstanden uns auf Anhieb gut. Dann erzählte er, dass er seit dem WM-Titel von Anfragen sämtlicher Art überrannt würde, auch von mehreren Buchanfragen.

Wir trafen uns am nächsten Morgen zum Frühstück wieder und besprachen die Optionen. Seine Offenheit und sein Vertrauen erstaunten mich. Er wusste genau, was er wollte. Die Botschaften, die er in die Welt tragen wollte, waren klar und passend für ein besonderes Buch. Der Ton sollte nahbar sein und viele Perspektiven der Spieler und Wegbegleiter beinhalten. Die Aussicht, Gordon Herbert bei seinem Buch zu unterstützen, begeisterte mich sofort, und ich freute mich riesig auf unser Vorhaben. Daran änderte auch der ambitionierte Zeitrahmen nichts: Das Buch sollte noch vor Olympia erscheinen.

Das Vertrauen, die Ehrlichkeit, der direkte und offene Umgang, der im Laufe des Buchs von allen Spielern hervorgehoben und im Austausch mit ihnen noch viel umfassender beschrieben wurde, all das spürte ich vom ersten Tag der Zusammenarbeit mit Gordie. Es wurde schnell klar, warum die Spieler über ihn als »Familie« sprachen und meinten, sie würden alles für ihn tun. Seine wertschätzende Art, die nie aufgesetzt daherkommt, in Kombination mit seiner Demut, beeindruckten mich am meisten. Egal mit wem und in welchem Setting wir uns trafen, er verlor nie den Blick für seine Mitmenschen und begegnete jedem Gesprächspartner gleich – offen, interessiert, unprätentiös. Er nahm mich zu Basketballspielen mit und bot – völlig ungebeten – während des Spiels an, Plätze zu tauschen, damit ich mich mit seinen Sitznachbarn unterhalten konnte. Diese kleinen Gesten der Aufmerksamkeit erlebte ich oft mit ihm. Sie kommen völlig natürlich aus ihm heraus. Als David Krämer mir erzählte, dass Gordie niemals einen Spieler täuschen würde und du immer weißt, woran du bei ihm bist, weil er ehrlich zu dir ist, konnte ich das gut nachempfinden. Ich glaube, dass seine dunkle Phase auch eine Reinigung für ihn war. Man spürt in seiner Gegenwart nämlich, dass man es mit einem reinen Menschen zu tun hat, dem jegliche böse Absichten völlig fremd sind, und deshalb vertraust du ihm.

Gordie war in jedem der vielen Gespräche und Treffen mehr als großzügig mit seiner Zeit, Aufmerksamkeit und Geduld. Er kam immer bestens vorbereitet und erleichterte den gesamten Schreibprozess dadurch ungemein. Als er nach einer Japan-Reise gesundheitlich angeschlagen zurückkam und wir uns ein gesamtes Wochenende geblockt hatten, merkte ich, wie sehr er kämpft. Aufgrund des straffen Zeitplans brauchte ich ihn händeringend an dem Wochenende und er zog es – ohne auch nur eine Sekunde darüber nachzudenken, es ausfallen zu lassen – konsequent und wie immer höchstprofessionell durch. Seine umsichtige, rücksichts- und respektvolle Art sorgten dafür, dass der gesamte Entstehungsprozess dieses Buchs einer wahren Freude glich. Wie sehr es beflügeln kann, wenn jemand einem derart vertraut, wie es bei Gordie der Fall ist, spürte ich während der gesamten gemeinsamen Reise. Es war eine zusätzliche Motivationsspritze und ich wollte dem mir entgegengebrachten Vertrauen und seiner Offenheit mit meinem Beitrag zu seinem Buch gerecht werden. Was ebenfalls motivierte, waren die Gespräche mit den Spielern. Sie sprachen alle von Herzen und nahmen sich viel Zeit, um tief über ihre Zeit bei der Nationalmannschaft und die Zusammenarbeit mit Gordie zu reflektieren. Ihre Freude an der gemeinsamen Reise, ihre Leidenschaft für den Sport und ihr demütiger Stolz darauf, dass es ihnen gelungen war, Sportgeschichte zu schreiben, waren ansteckend. Ich freute mich auf und über jedes Gespräch, weil ich sofort spüren konnte, wie sehr das Geleistete sie immer noch berührt, wie viel es ihnen bedeutet und dass sie in keinem Augenblick routiniert Floskeln abspulten, sondern ihre echten Gefühle teilten. Mich hat das sehr bewegt und ich hoffe, ihre Geschichten im Buch erzeugten einen ähnlichen Effekt beim Lesen.

In Summe ist dieses Buch ein Spiegel dessen, was Gordie auszeichnet: ein Gemeinschaftsprojekt. Alle Spieler wirkten mit, sein Trainerteam, Wegbegleiter, Freunde, Ärzte und Mentoren von ihm standen sofort für Gespräche zur Verfügung, und wir stimmten uns alle eng miteinander ab, um ein Werk ins Leben zu rufen, das ehrlich ist und wichtige Botschaften fürs Leben vermittelt.

DANKSAGUNG

Was für ein Ritt! Vor ein paar Jahren hätte ich mir nie erträumen können, ein eigenes Buch in den Händen zu halten. Dass du dich als Leser mit mir auf diese Reise begeben hast, bedeutet mir viel. Danke für dein Interesse und deine Zeit. Das ist nicht selbstverständlich in Zeiten der hart umkämpften Aufmerksamkeitsökonomie. Ich hoffe, du konntest viele wertvolle Gedanken für dich und dein Leben mitnehmen.

Erfolg geht immer nur als Team. Ob im Sport, im Leben oder bei einem besonderen Projekt wie diesem Buch. Ohne das Zusammenwirken vieler Freunde, Spieler, Wegbegleiter und des Verlags hätte es dieses Buch nicht gegeben.

Als Erstes möchte ich den Spielern danken, dass sie so großzügig an dem Buch mitgearbeitet haben. Danke für das einmalige Teamwork und euer Vertrauen. Es ist mir eine Ehre, euer Coach zu sein.

Vielen Dank auch an Dirk für dein Vorwort. Ich erinnere mich noch gern an unser erstes Treffen 2000 in Würzburg zurück. Seitdem sage ich gern über dich: »Dirk ist ein noch besserer Mensch, als er ein Basketballspieler ist. Und er ist einer der Größten der gesamten Geschichte.«

Danke an Holger Geschwindner und Frank Feldmann für euer Sparring und eure enge Begleitung des Buchs. Ich schätze den Austausch mit euch jedes Mal aufs Neue.

Ohne mein einzigartiges Coaching-Team wären die Erfolge der letzten Jahre nicht möglich gewesen. Danke Klaus Perwas, für deine Loyalität und deine Geradlinigkeit. Danke Bret Brielmaier für deinen Optimismus und deine wertvollen Impulse. Danke Sebastian Gleim, Alan Ibrahimagic und Mario Dungandzic, dass ihr immer für das Team da seid und beim Scouting unterstützt. Danke an unseren Fitnesstrainer Arne Greskowiak, du hältst das

Team in Shape und motivierst uns alle mit deinem Einsatz, deinen Ideen und deinem Teamspirit. Danke Jens Leutenecker für deine messerscharfen Analysen, die in der Spielvor- und -nachbereitung ein entscheidender Trumpf sind. Dein Einsatz bei der WM und die Art und Weise, wie du zu uns gereist bist und uns begleitet hast, bleibt unvergessen. Danke an Team-Manager Heikel Ben Meftah. Du machst die vielen kleinen Dinge im Hintergrund mit größter Hingabe und vereinfachst uns allen das Leben damit!

Oft wird nur das Team vor der Kamera, das auf und neben dem Court steht, wahrgenommen. Doch ohne unser ganzes Staff-Team gäbe es keinen Weltmeistertitel. Danke für euer Herzblut und euren unermüdlichen Einsatz. Wir sehen das!

Danke an den gesamten DBB für die gute Zusammenarbeit und euer Vertrauen in mich! Besonderer Dank gilt Ingo Weiss und Armin Andres. Ich werde nie vergessen, dass ihr mir diese besondere Chance ermöglicht habt.

Ich möchte der gesamten Organisation der Frankfurter Skyliners danken. Ihr standet mir in meinen dunkelsten Stunden zur Seite und habt mich nie fallen lassen. Die Zeit mit euch, die geteilten Höhen und Tiefen, werde ich für immer bei mir tragen. Besonderer Dank gilt Gunnar Wöbke, der immer zu mir stand, und Prof. Dr. Axel Dignass. Danke, dass ich mich immer auf dich verlassen kann, Axel.

Bedanken möchte ich mich außerdem bei meinen vielen Mitspielern auf der ganzen Welt, den zahlreichen Trainern, Mentoren und Förderern, die immer an mich geglaubt haben; bei all meinen Spielern, den Trainerteams bei allen Stationen und den Staff-Teams, die alles für den Erfolg geben und oft zu wenig Aufmerksamkeit und Anerkennung dafür bekommen.

Danke an meinen besten Freund Gerry Besselink. Du bist wie ein Bruder für mich. Einen Freund wie dich in meinen Leben zu haben, gibt mir Zuversicht und stärkt mich in meinem täglichen

Tun. Danke für deine Positivität, die unzähligen guten Gespräche und alles, was ich von dir lernen darf.

Danke an meinen Basketball-Mentor, Ken Shields. Du hast mich mehr als jeder andere in meiner Basketball-Philosophie geprägt und mich in meiner Coaching-Karriere extrem vorangebracht.

Dank geht an den Verleger Christian Jund, für deine einzigartige Leidenschaft, Bücher in die Welt zu bringen. Danke an dein Team rund um Macielle Montoya. Ich danke euch für die kollegiale Zusammenarbeit. Danke auch an unseren Lektor Matthias Teiting. Die Zusammenarbeit mit dir war erneut eine große Bereicherung für das finale Skript.

Danke an Nils Schwarz für das Coverbild und Lucas Kröger, Basti Sevastos und Christoph Büker für die Bilder im Innenteil.

Danke an meinen Co-Autor Jonathan Sierck. Ich hatte von Beginn an ein gutes Gefühl und habe die vertrauensvolle Zusammenarbeit sehr genossen. Danke für deinen besonderen Einsatz und dafür, dass dir kein Weg zu weit war, um dieses Buch in dieser Form möglich zu machen.

Danke an Marcel Hagmann für das inhaltliche Sparring zum Text und das Feedback zum roten Faden.

Beim Lesen wird euch aufgefallen sein, dass ich die Zahl Drei mag und gern mit drei Botschaften, Themen und Punkten arbeite. Das gilt auch für mein Leben. Eines der drei wichtigsten Dinge im Leben ist für mich die Familie. Ihnen will ich ganz besonders Danke sagen. Danke an meine Eltern, Adele Rose und Frederick. Ihr habt mir die wichtigsten Werte fürs Leben vermittelt und standet mir immer zu Seite.

Danke an meine Ex-Frau Sari Herbert für ihre jahrelange Freundschaft, unsere starke Verbundenheit und den Support in den letzten fünfunddreißig und mehr Jahren. Danke, dass ich mich immer bei dir melden kann und du mir mit deinem Rat und deiner Weitsicht zur Seite stehst.

Und Danke an meine drei Kinder, denen dieses Buch gewidmet ist. Ich bin sehr stolz auf euch!

Als Letztes möchte ich mich noch bei den vielen treuen Fans und Unterstützern bedanken, die unsere Arbeit im Profisport erst ermöglichen. Euer Support beflügelt uns in jedem Spiel. Danke für euren einmaligen Rückhalt.

Euer Gordie

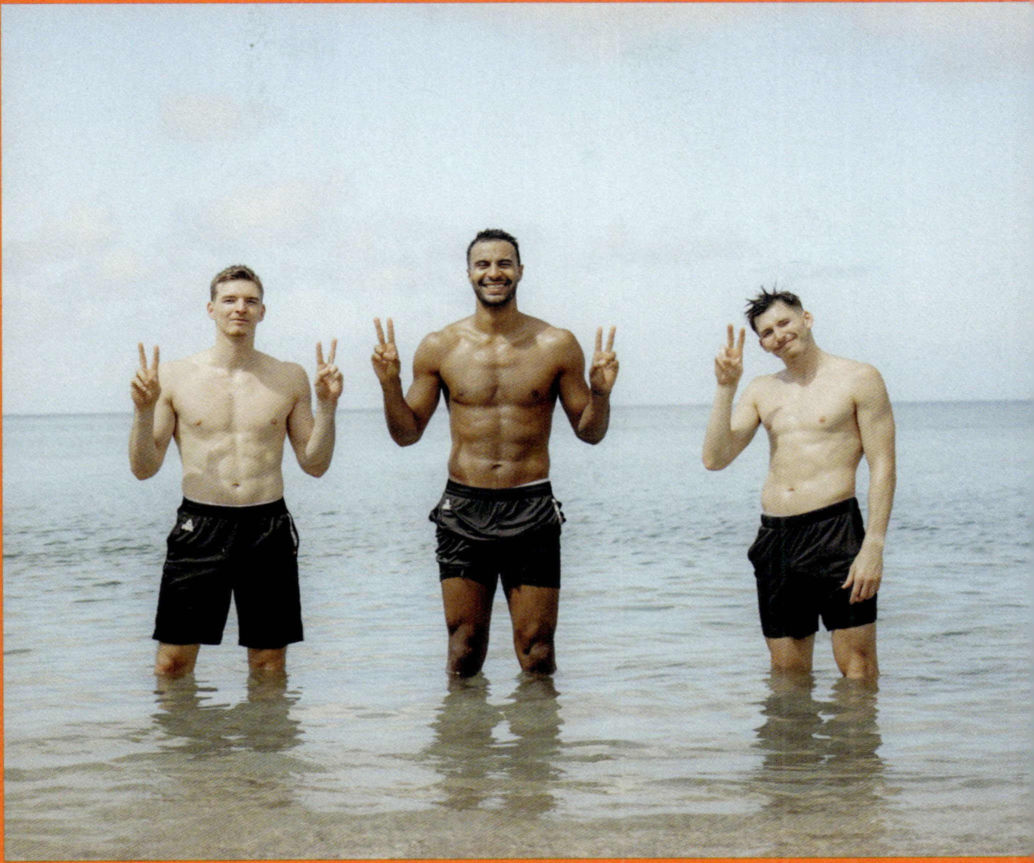

© Basti Sevastos

Kraft tanken im paradiesischen Okinawa. Justus, Johannes und David (v. l. n. r.) im Meer. Der Standort Okinawa hat uns alle beflügelt.

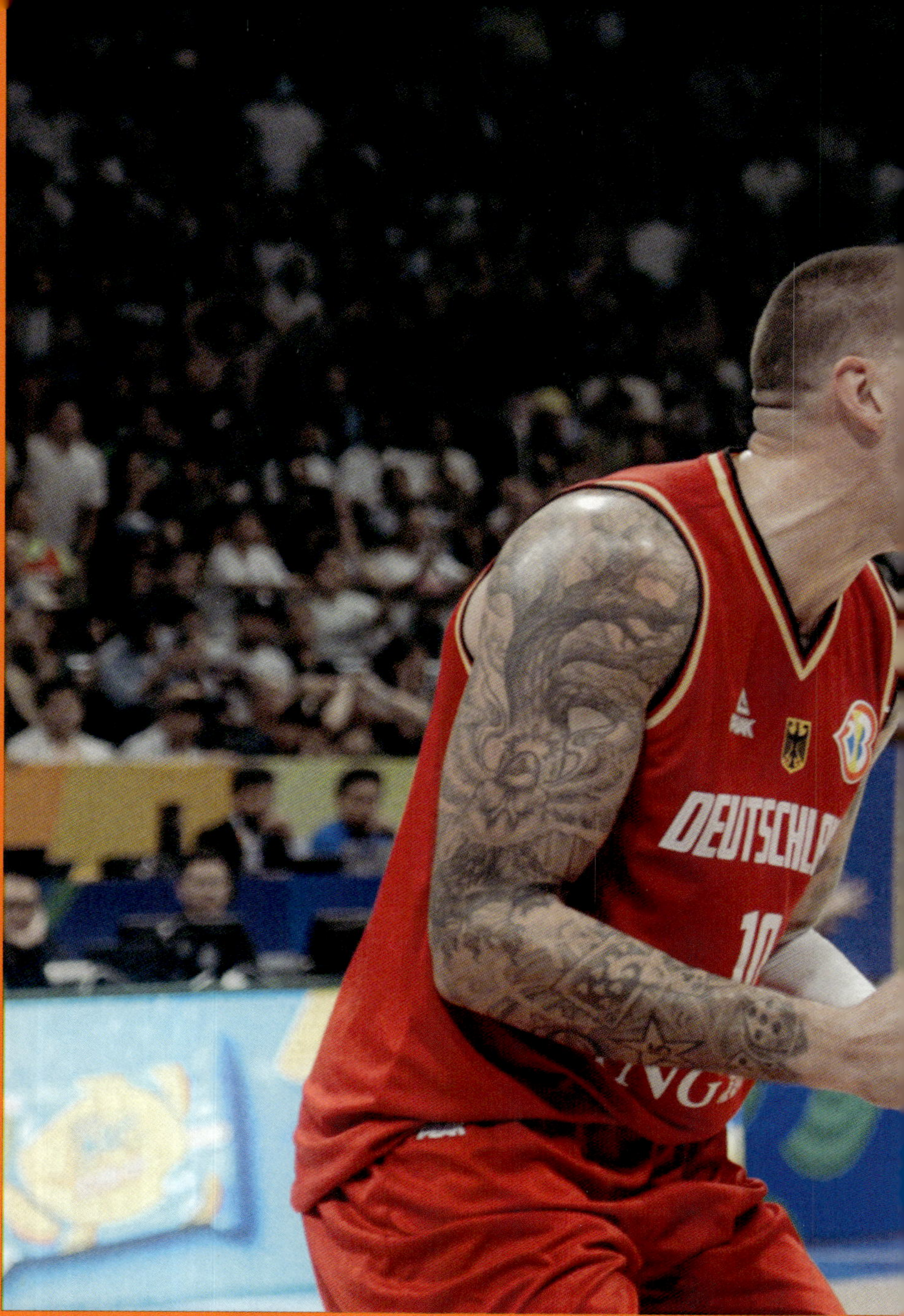

Voller Einsatz! Im Spiel gegen die USA haben wir von Beginn an alles auf dem Platz gelassen. Die Energie von Daniel symbolisiert den Charakter unseres Teams.

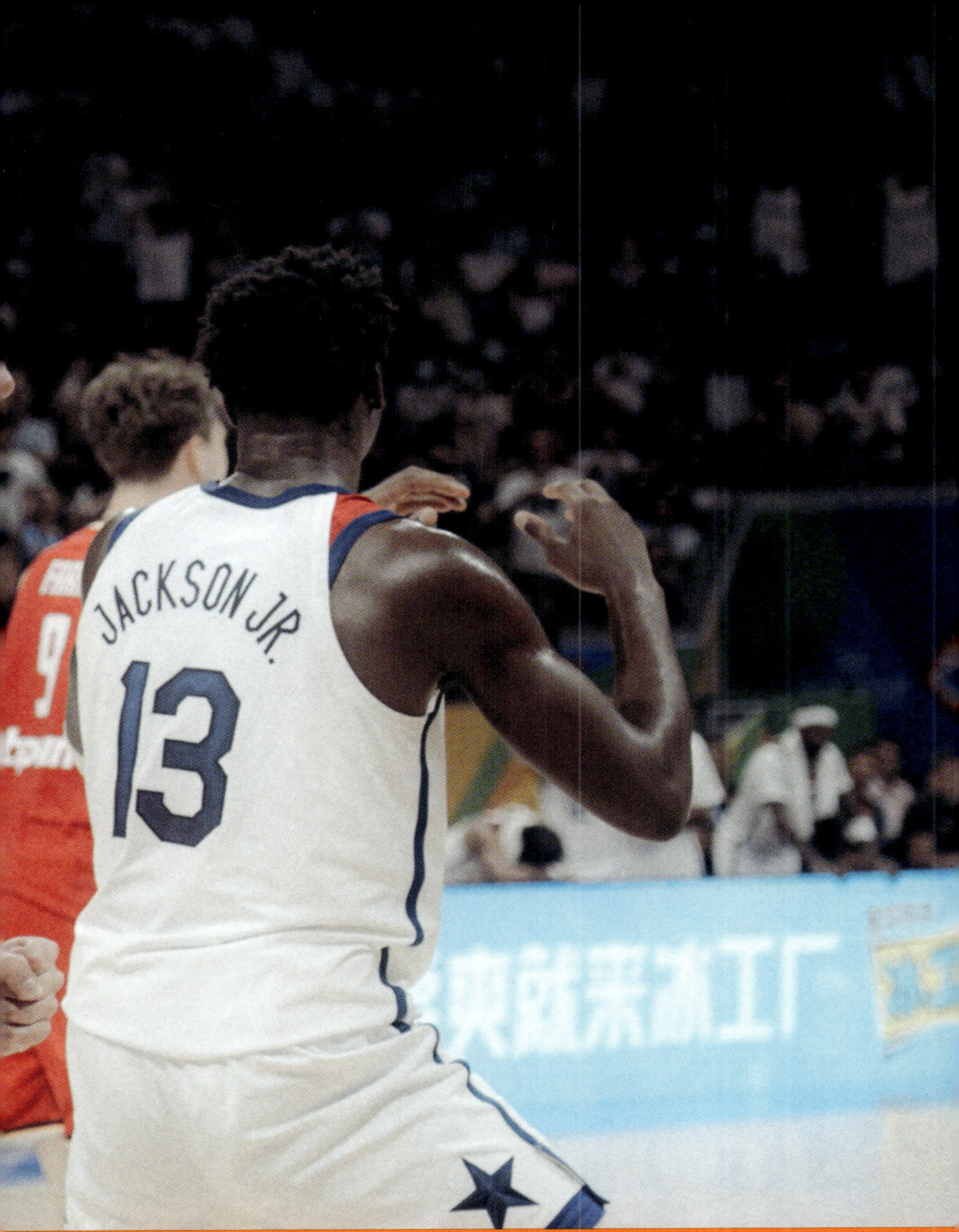

© Lucas Kröger

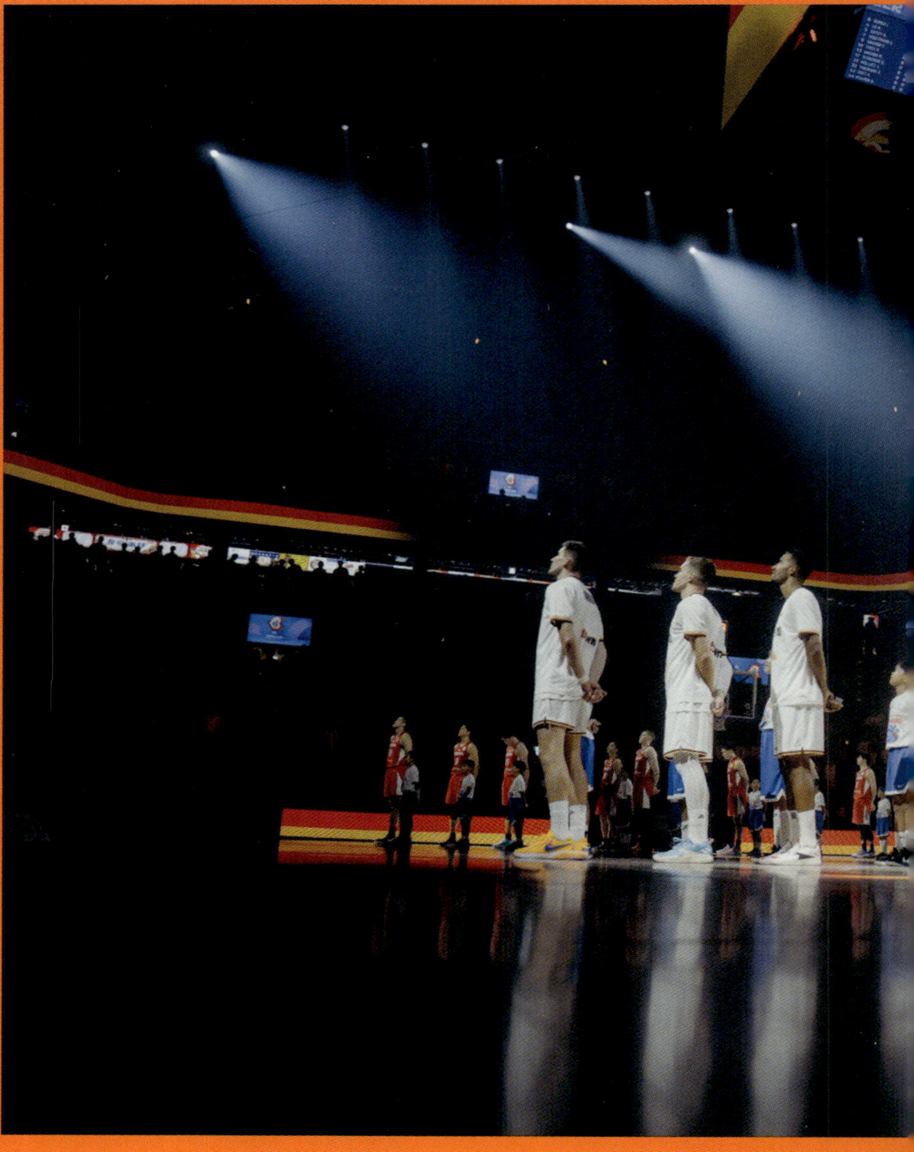

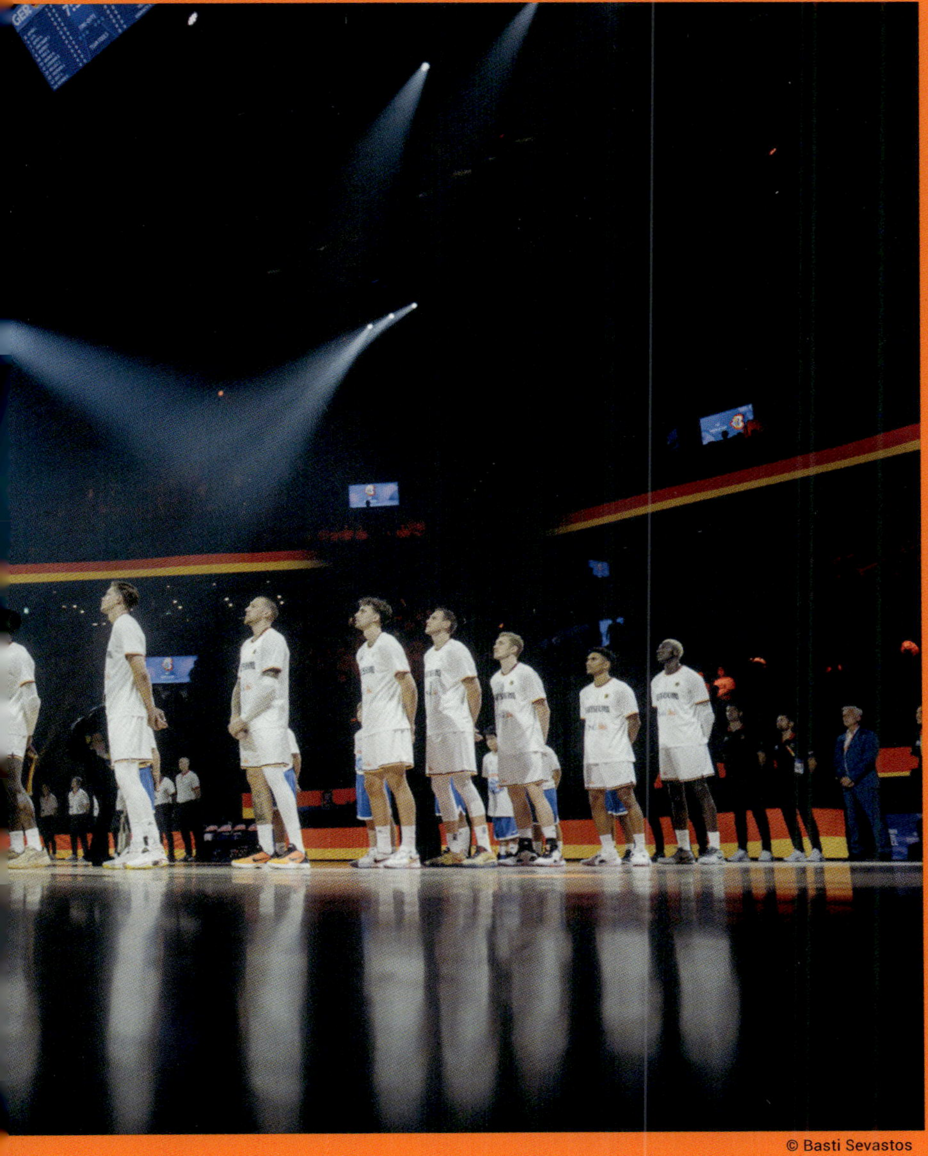

© Basti Sevastos

Unsere zwölf Mann beim Auftaktspiel der WM 2023 gegen Japan.
Ich liebe dieses Team.

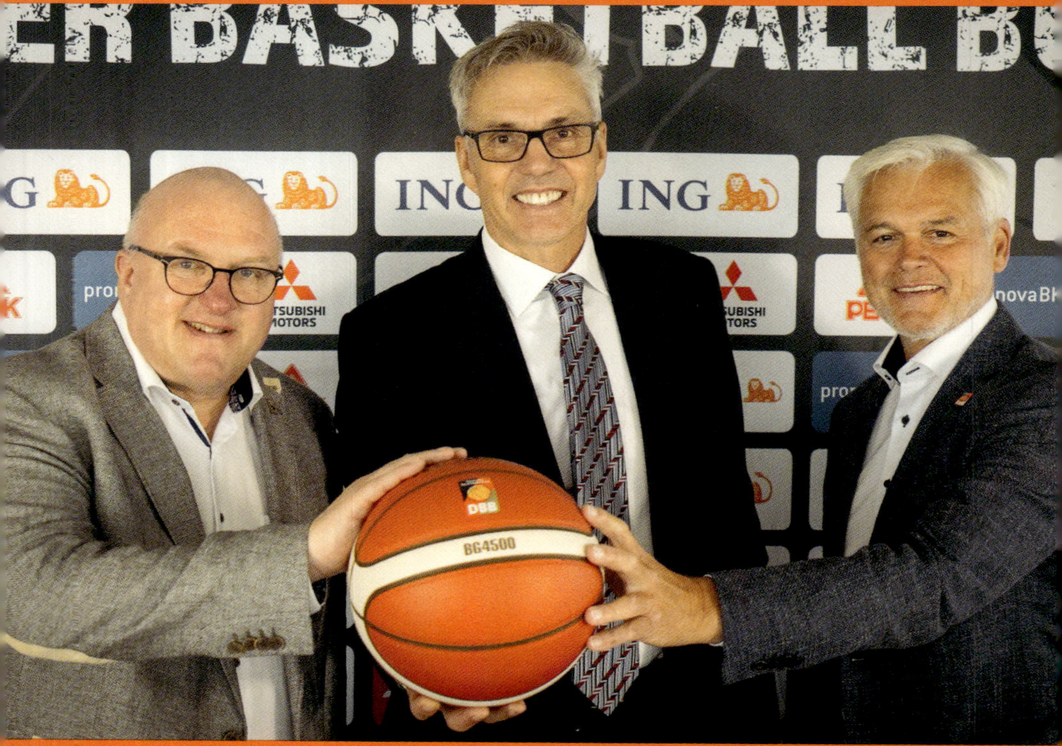

© Lucas Krög

Die Reise beginnt: Zusammen mit DBB-Präsident Ingo Weiss und Vizepräsident Armin Andres beim Amtsantritt als Nationaltrainer.

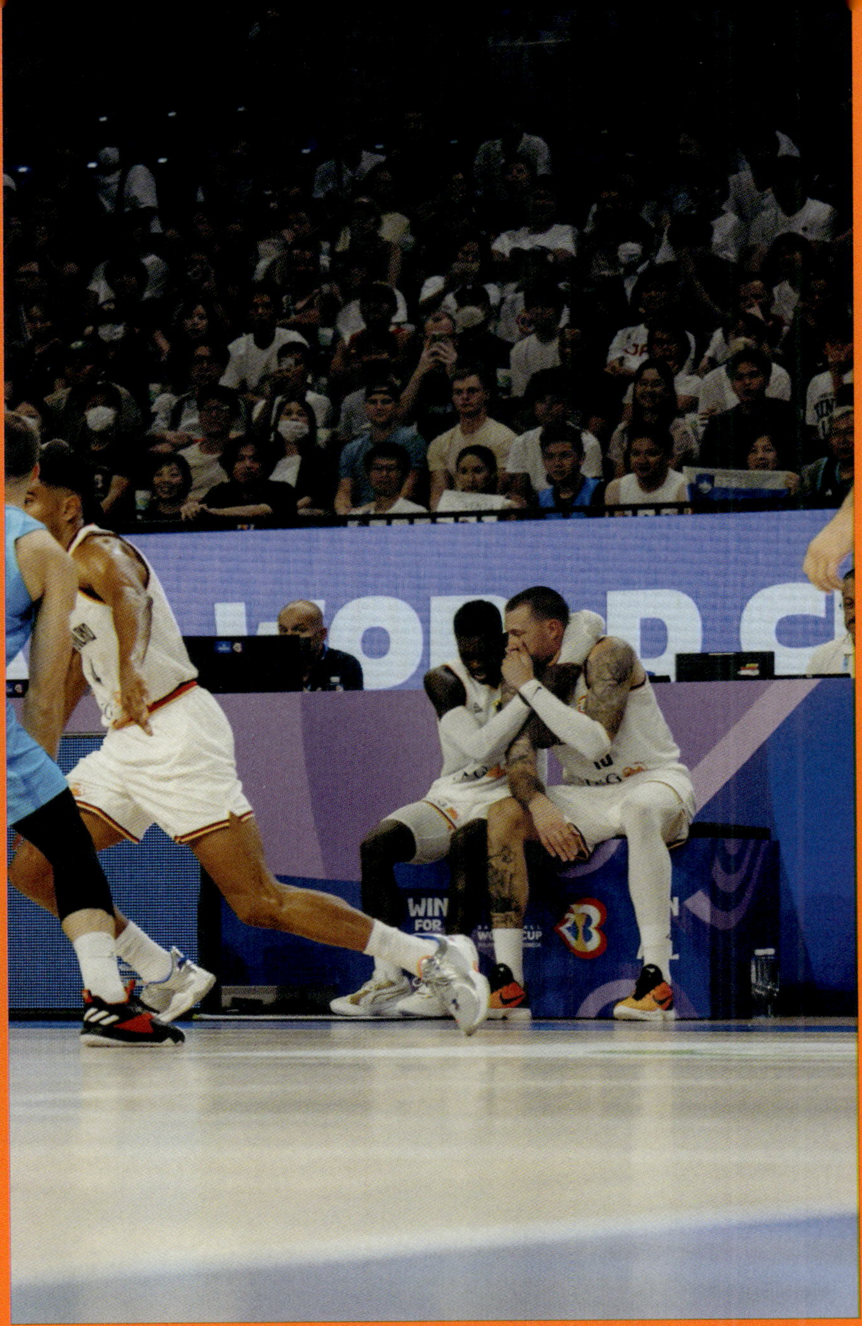

Make-or-break-Moment: Dennis und Daniel vertragen sich wieder. Eine Schlüsselszene für das gesamte Team.

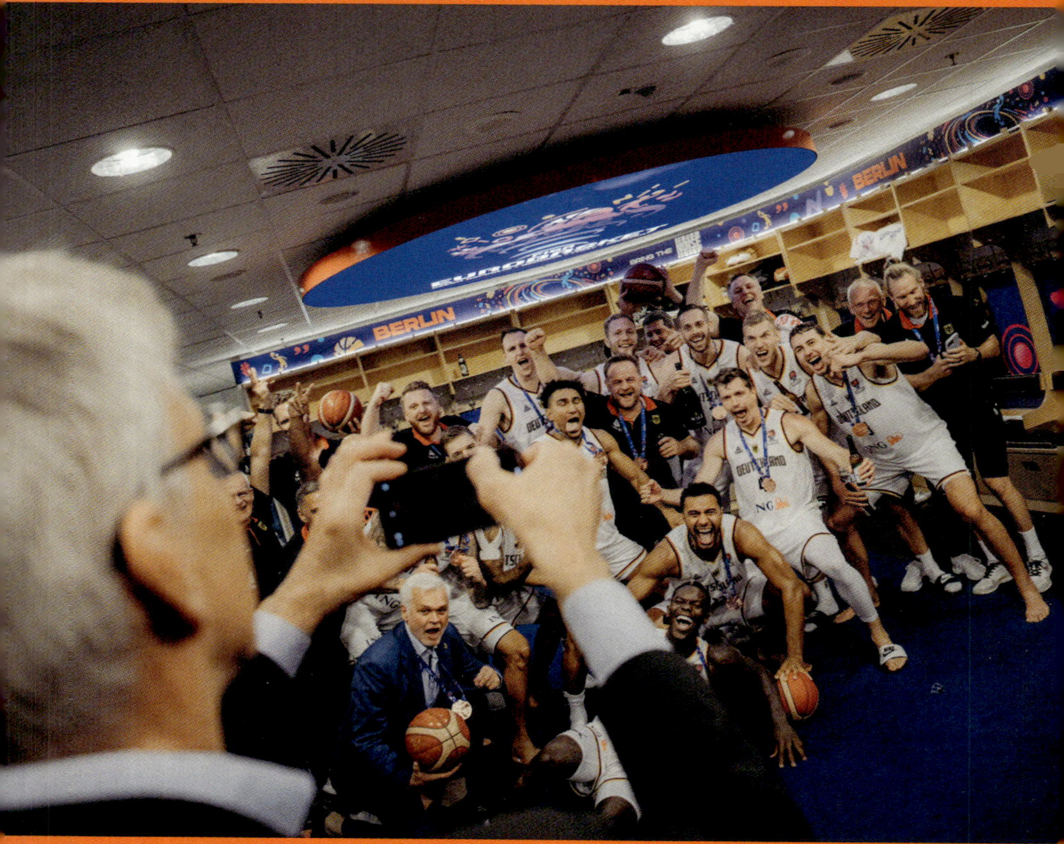

Der erste Schritt der Vision ist geschafft: Das Team feiert die Bronzemedaille in Berlin nach dem schweren Spiel gegen Polen.

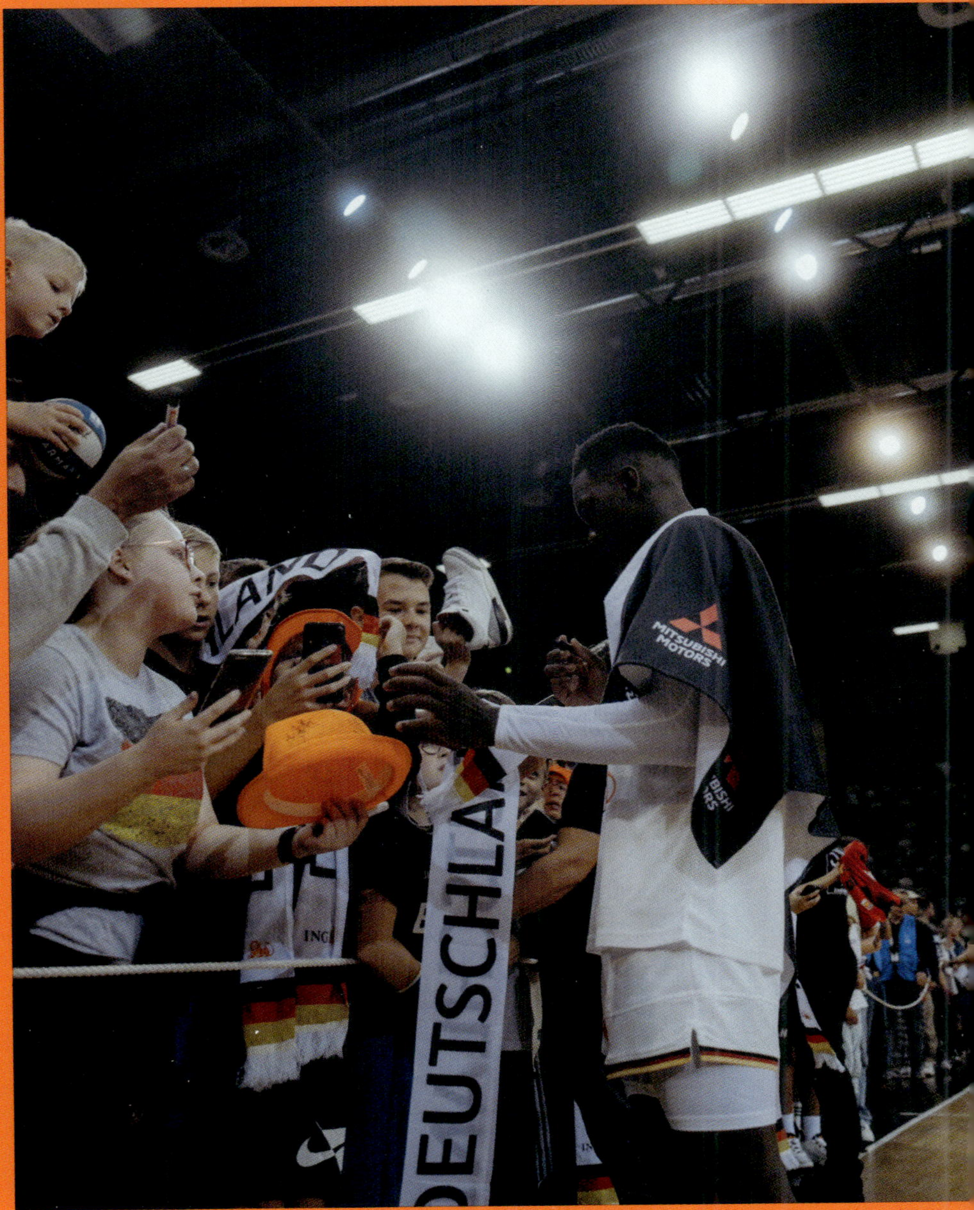

© Basti Sevastos

Die Fan-Nähe wird bei uns großgeschrieben. Unsere Wertschätzung für ihren Support ist riesig. Ohne die Fans wäre unser Erfolg nicht möglich.

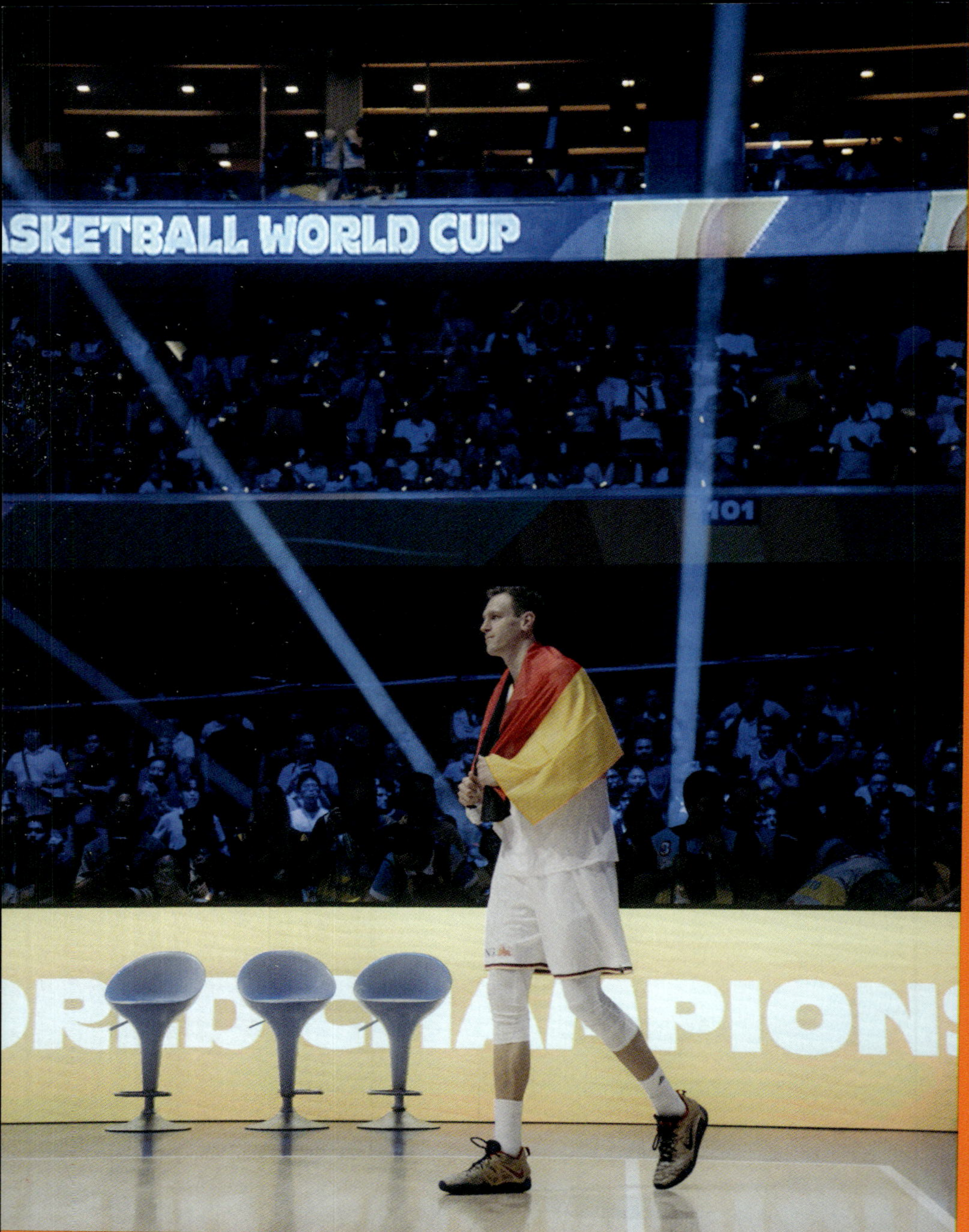

© Lucas Kröger

Unser Glue Guy Jo Voigtmann bei der Siegerehrung der WM. Wir konnten die Bedeutung des historischen Weltmeistertitels erst mal nur schwer begreifen.

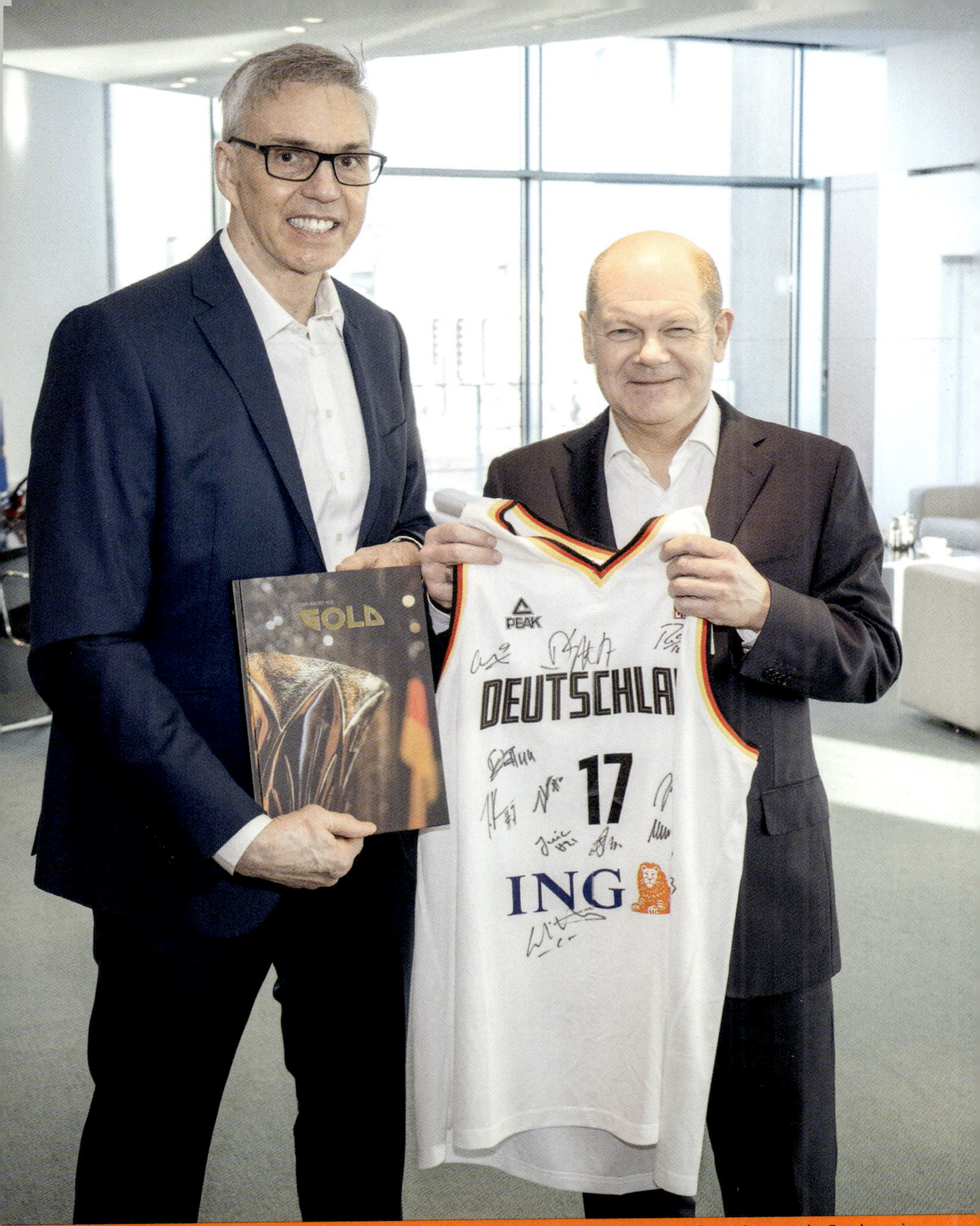

Zu Besuch bei Olaf Scholz im Kanzleramt: Wir sprachen über die WM, Leadership und Politik. Eine besondere Ehre!

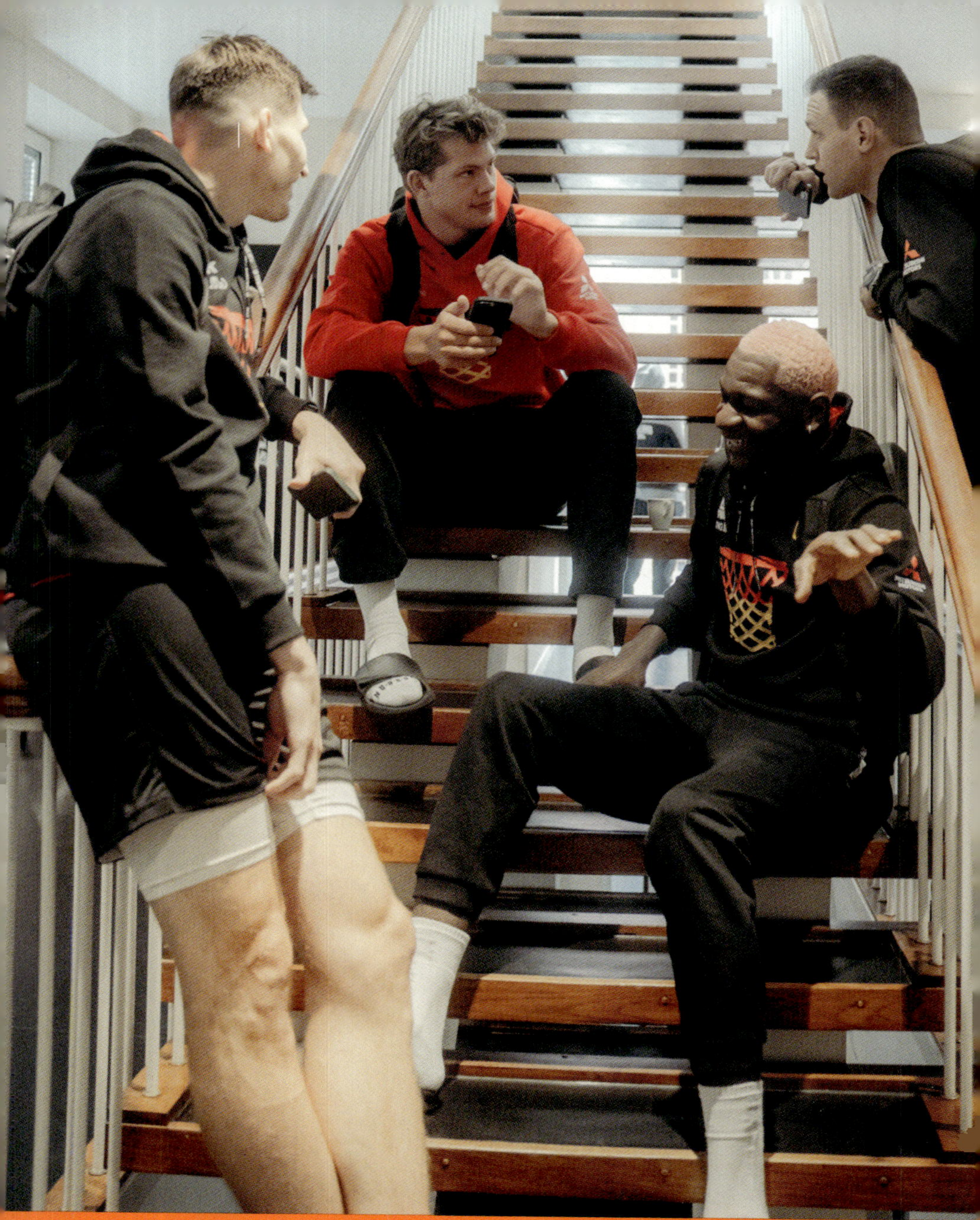

Zusammensein genießen: Der Wohlfühlfaktor bei der Nationalmannschaft hatte von Beginn an höchste Priorität bei uns.

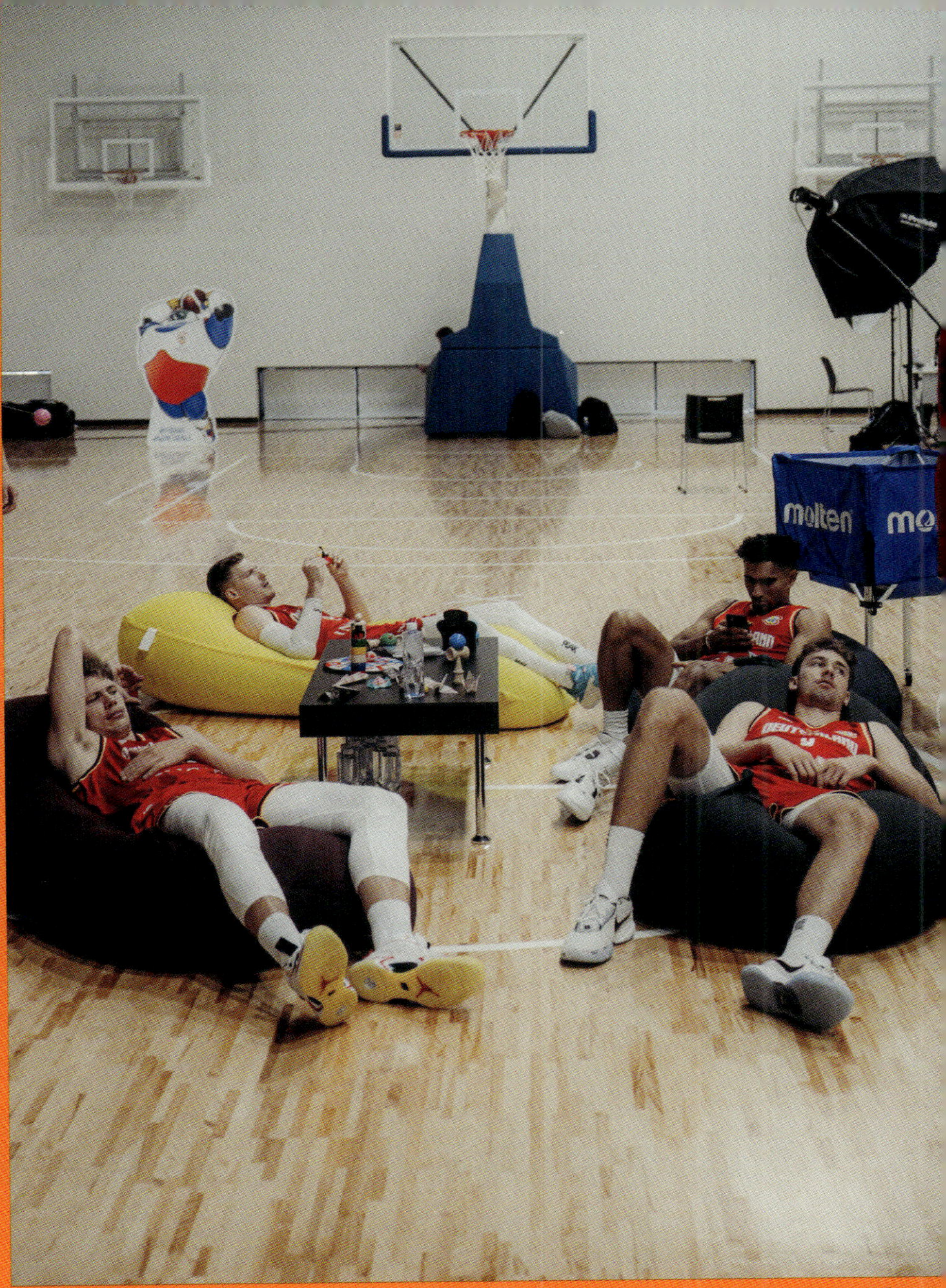

Runterkommen und Durchatmen: Die Schlagzahl bei der WM war extrem hoch. Kurze Regenerationsphasen waren deshalb besonders wichtig.

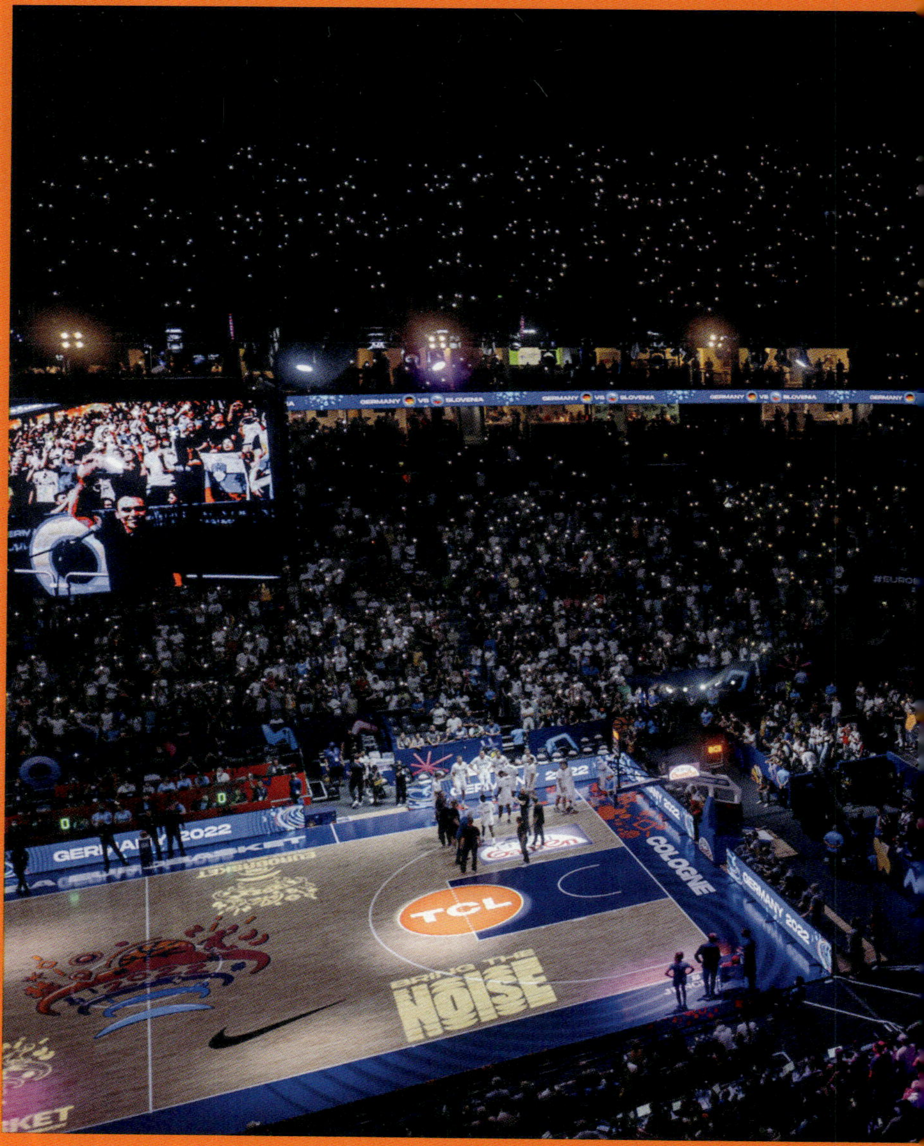

Wir wollten Euphorie bei den Fans im eigenen Land erzeugen.
Die Stimmung bei der Heim-EM war einzigartig.
Danke an unsere Fans!

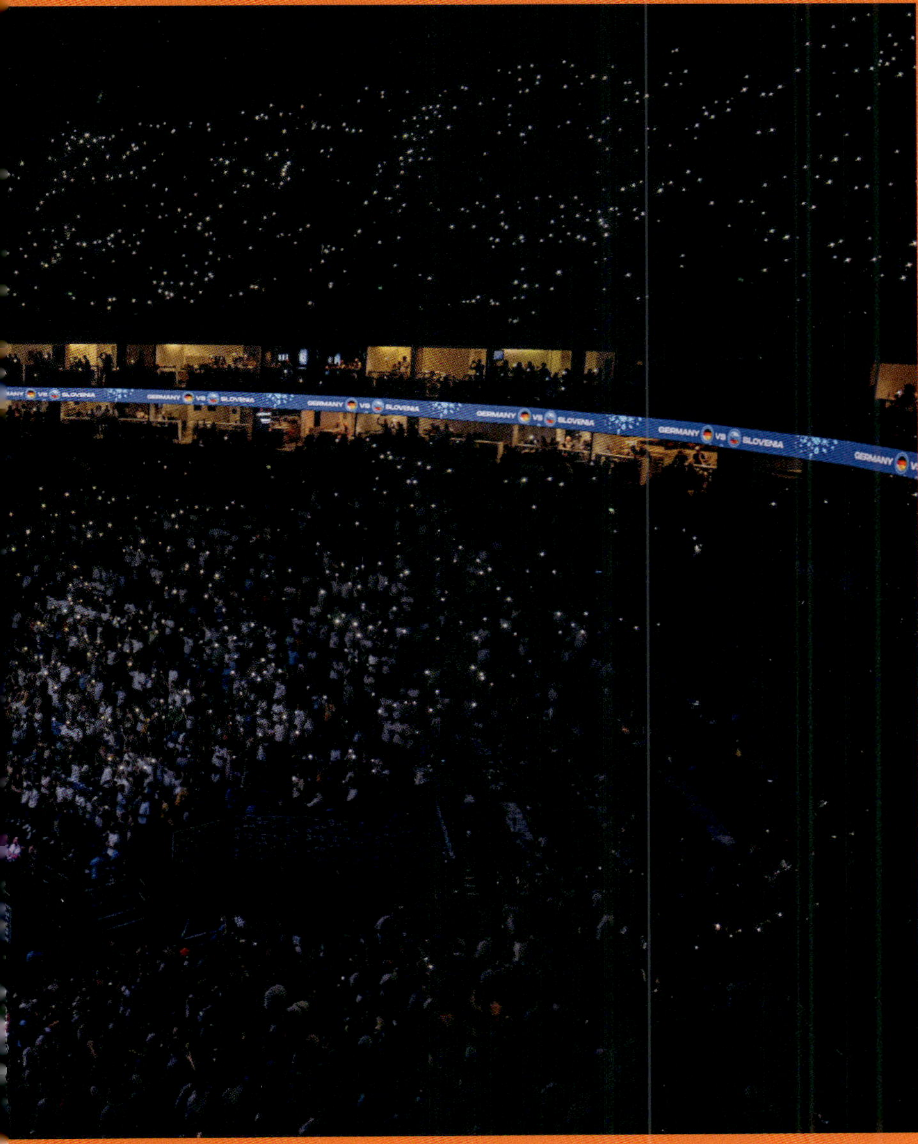

© Basti Sevastos

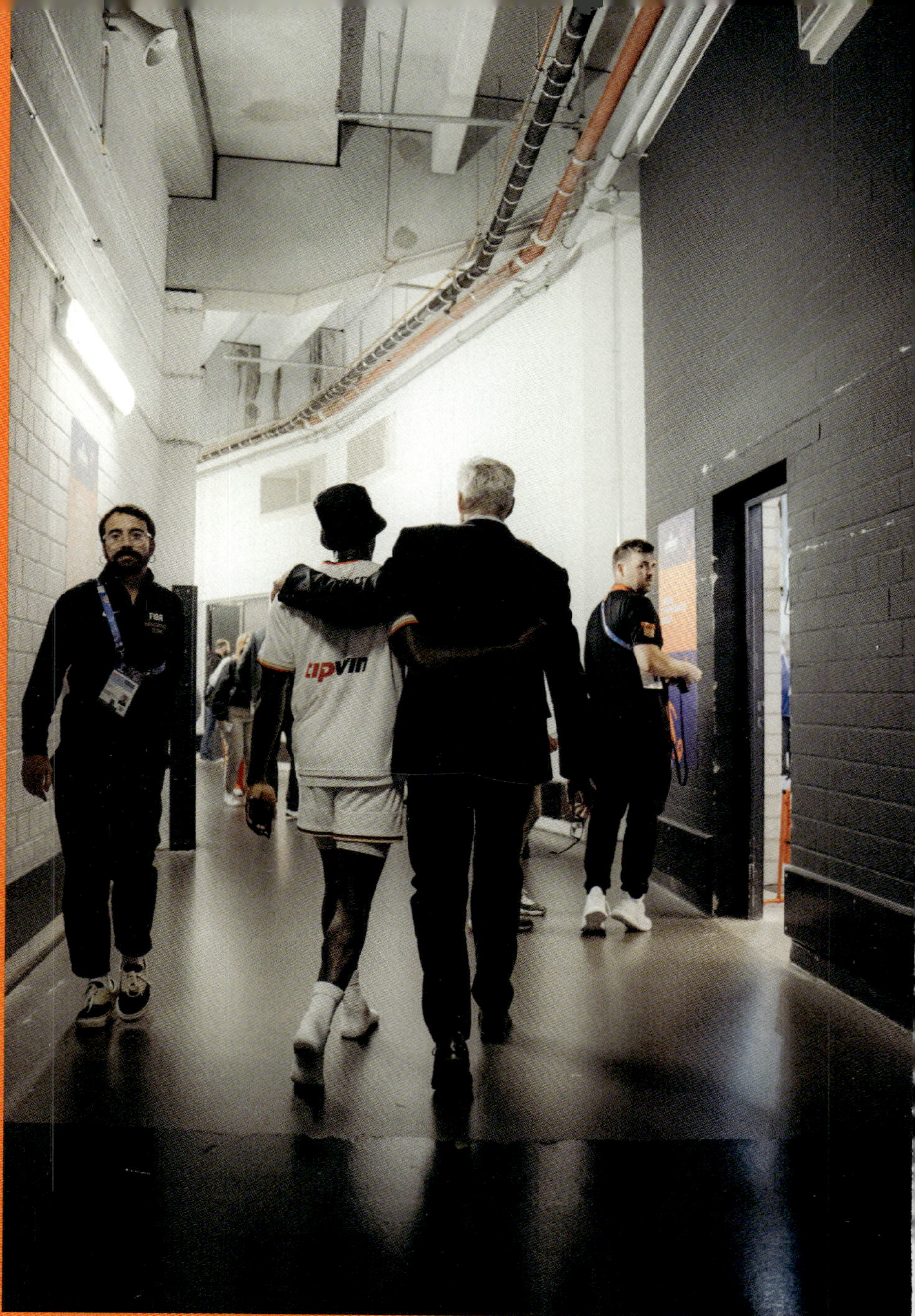

In den Katakomben mit unserem Kapitän und Leader Dennis Schröder. Er geht voran und trägt unser Team.